体育赛事组织与管理

主　编　陈　松　梁　青
副主编　刘志强　崔凤海　白　光
　　　　张新吾　赵　杨

东北大学出版社
·沈　阳·

图书在版编目（CIP）数据

体育赛事组织与管理 / 陈松，梁青主编. — 沈阳 ：
东北大学出版社，2020. 8（2025. 1 重印）
ISBN 978-7-5517-2468-5

Ⅰ. ①体… Ⅱ. ①陈… ②梁… Ⅲ. ①运动竞赛－组
织管理－高等学校－教材 Ⅳ. ①G808. 22

中国版本图书馆 CIP 数据核字(2020)第 135819 号

出 版 者：东北大学出版社
地址：沈阳市和平区文化路三号巷 11 号
邮编：110819
电话：024－83683655(总编室) 83687331(营销部)
传真：024－83687332(总编室) 83680180(营销部)
网址：http://www. neupress. com
E-mail: neuph@ neupress. com
印 刷 者：辽宁一诺广告印务有限公司
发 行 者：东北大学出版社
幅面尺寸：185mm×260mm
印 张：14. 75
字 数：368 千字
出版时间：2020 年 8 第 1 版
印刷时间：2025 年 1 月第 3 次印刷
策划编辑：张德喜
责任编辑：郎 坤
责任校对：一 方
封面设计：潘正一
责任出版：唐敏志

ISBN 978-7-5517-2468-5 定 价：48.00 元

前言

随着科技的进步与发展，我国的体育产业得以迅猛发展，因此，《体育产业发展“十三五”规划》中将“竞赛与表演”列为体育产业的第一项主要内容。目前，不单单是大型综合性体育赛事及大型单项体育赛事发展迅速，群众体育赛事也迅猛地发展起来，赛事公司也如雨后春笋般不断地发展壮大。这些赛事的组织与管理均需要大批的专业人才，需要专业的图书作为指导。同时，为进一步适应新时期高等体育教育教学改革和教材建设的需要，着力提高“体育赛事组织与管理”课程的教学质量，不断完善和提高体育专业学生体育赛事组织与管理方面的能力和综合素质，以进一步提高培养体育人才的质量，我们结合现代体育赛事和高等体育专业教学的实际，参考了有关体育赛事管理、体育竞赛组织方面的专著、教材和讲义等资料的知识体系和内容结构，并吸取了有关最新研究成果，编写了本教材。

本教材力求系统性和实用性相统一，强调知识性和运用性相一致。本着简明扼要、通俗易懂、注重实用的原则，着力体现内容的独立性与整体性、理论性与实践性相结合的特点，并在实用性和可操作性的知识内容之后附有一定的案例。本教材除讲授体育赛事组织与管理的基本知识、基础理论和具体管理实践方法和手段之外，以体育赛事活动中竞赛的组织与管理及竞赛方法的运用为重点内容，使学生学习之后，能够具有组织和运作小型体育竞赛的能力。本教材可作为高校体育专业的研究生、本专科学生教材，也可以作为广大体育爱好者了解体育赛事组织与管理方面知识的自学读本。

本教材的编写突出以下特色：第一，运用近几年我国举办大型体育赛事的经验来进行案例分析，使学习者能够有效地理解大型体育赛事的情况，避免纯理论化的论述；第二，较详细地介绍了我国举办国际、国内大型综合性体育赛事的组织机构及职能，使学习者可以全面了解大型体育赛事各个工作机构的具体职责和工作任务；第三，较详细地介绍了赛事的核心部门组委会体育部下设竞赛团队的具体工作职责及内容，这是体育专业学生今后担任赛事组织管理者必须掌握的重要内容；第四，在论述通用的竞赛组织方法的基础上，分别论述了各种竞赛方法在不同项目中的实际应用及案例。

本教材由东北大学陈松、梁青担任主编，由西安交通大学刘志强、辽宁石油化工大学崔凤海、大连大学白光、辽宁省交通高等专科学校张新吾、沈阳市第一二〇中学赵杨担任副主编。

本教材共10章，由陈松、梁青设计思路框架，由梁青负责全书的统稿。具体编写分工如下：第一章第一节、第三节由赵崇乐编写，第二节、第四节由梁青编写；第二章、第三章、第四章、第五章由梁青、张新吾编写；第六章由张新吾、韩贝宁编写；第七章第一节由金刚、刘冠铭编写，第二节由王一鸣、刘力瑜、张新吾、王兴华编写，第三节由张新吾、佟彦旭编写，第四节由佟彦旭编写，第五节由杨海东、李一良编写，第六节由杨譞、毛羽鹏编写；第八章、第九章由赵崇乐编写；第十章第一节由赵崇乐编写，第二节由解欣编写。

本教材在编写过程中，吸收、借鉴了国内外专家学者的研究成果，由于篇幅限制，难以将这些专家学者一一列出，在此谨致歉意，切望谅解。本教材的出版得到了东北大学教务处和东北大学出版社的支持与帮助，在此表示深深的谢意。由于编写人员水平有限，本教材中难免存在不妥之处，恳请读者批评指正。

编　者

2020年5月

目 录

第一章 绪 论

第一节 体育赛事的起源与发展

体育赛事自诞生以来，受到自身发展要素和外界社会环境等多重因素的综合影响，并随着人类社会、经济的发展逐渐发展演变。从形式和内容来看，体育赛事从最初的宗教祭祀活动，逐渐演变为项目繁多、参与人数众多的体育游戏，到后来发展成为人们主动安排并按照一定比赛规则进行的竞技较量活动。随着人类社会、经济的不断发展，体育赛事的形式逐渐多样化、内容日益丰富、规模不断扩大，体育赛事的内涵和外延与其诞生之时相比，已经有了很大的改变，体育赛事也开始具备了新的特征。时至今日，体育赛事已经发展成为集社会、政治、经济、文化等多因素为一体的、复杂的、综合的特殊事件。

一、体育赛事的萌芽显现——民众娱乐的体育游戏

关于体育赛事的起源，学术界有着许多分歧，分歧主要源自对体育赛事概念的不同理解。目前学界比较公认的体育赛事起源是古希腊诗人荷马于《伊利亚特》中描写的关于在战争中祭祀朋友牺牲所举办的一场体育竞赛，这一事件成为体育赛事的发端。随着新的文物资料的不断出现，学界对于体育赛事的起源探索进入更加复杂和多样的时期，而且，学者开始从新的角度对体育赛事的起源进行分析，即体育赛事出现的原因是什么、目的是什么，而并非仅仅局限于对体育赛事形式、内容、时间的考究上。目前，对体育赛事起源的研究比较一致的观点是：古代体育竞赛活动是由民间游戏发展而成的，大型体育赛事则是由古代人类举办的宗教祭祀仪式逐渐演变形成的。随着人类社会生产力的不断发展、生活方式的改变，不同国家和地区、不同民族的人们开始越来越多地为迎合自身身体需求和精神需求而发明和创造新型体育游戏项目。例如，国际足联认定足球运动的起源是我国古代的“蹴鞠”，这是一种民众娱乐的体育游戏。发展到汉代，蹴鞠运动已经趋于规范化，开始使用皮革制作的实心球，每场比赛都有一名裁判，但没有类似于现代足球的球门，所以以球和人同时攻入对方底线为胜。到了宋代，开始出现一些类似当今足球俱乐部的球会组织，使得蹴鞠比赛更加规范和正式。及至元代和明代，出于对当时我国民众的身体素质状况和比赛精彩程度的考虑，人们将球门调整得更低更宽。到了清代，出现了冰上足球，这项运动则是清朝王公贵族传统的体育活动。而在中世纪以后的西方国家中，资本主义制度在欧洲部分地区开始萌芽。运动项目的发展更是受到文艺复兴与启蒙运动的人文主义和理性主义精神的影响，这就为现代体育赛事的发展奠定了基础。19 世纪初期，田径、足球、橄榄球、曲棍球、水球等项目已经十分流行，这些运动项目的发展和推广成为后来的体育

赛事雏形。体育竞赛活动在这个阶段，由于文化、地理、经济方面的差异导致运动项目规则的差异十分明显。但是，随着体育竞赛活动的不断发展，不同地区的体育比赛形成了自身的特点和特色，代表了不同国家和地区人们的生活状态和形象。尽管这一时期各国、各地区之间尚未开展深入的交流，体育比赛也多以民众之间的游戏为主，但是，这些体育活动作为一种人们的社交活动存在，并逐渐蔓延开来，举办的规模越来越大，其内容也越来越丰富，从而成为喜庆节日的惯例表现形式。

二、体育赛事的初步形成——舆论导向的集聚活动

在人类漫长的历史进程中，体育一直都是人类生活中不可或缺的重要元素。古代社会中，人类以身体活动为基础进行的有目的、有组织、有计划的集聚性活动，逐步成为社会事件的展示形态。正是那些具有文化历史意义节日的聚集活动，为体育赛事的产生奠定了组织基础。以古代希腊奥运会为例，它的形成与当时希腊的社会、政治、文化和宗教有着紧密的联系，当时各城邦之间战争不断，士兵们都通过体育锻炼来增强自己的身体素质。同时作为一个宗教文明的国家，对于神的祭祀是十分重大的一个事件，这就促进了奥林匹克运动会这一大型祭祀活动的产生。同时，当时的人们厌恶无休无止的战争，盼望通过合理的方式减少战争，来解决城邦之间的问题。奥林匹克运动会恰好作为城邦之间公共外交的一种手段，可以提供结束纷争、实现和平的一个机会。

人类进入文明社会以后，社会实践活动由原始的简单协作变成复杂的“大技术”和“大实践”。随着社会经济的迅速发展，公众具有了相对平等的社会地位，为公众从事社会舆论活动提供了物质上的保障，人们可以对于大型体育赛事的相关问题表达自己的态度，从而形成了一种社会舆论，而且已不再是处于简单的交流状态，大型体育赛事作为当时社会活动的主要信息源，为公众交往与合作提供了必需的空间。由此可见，大型体育赛事从诞生之日起就承担起使各地区和民族实行休战、加强交流以及聚集人口、影响人们价值取向等公共外交的作用。

三、体育赛事的逐步发展——传播文化的运动竞赛

随着民众娱乐性质的体育竞赛活动不断发展，体育竞赛的民族性、地区性及竞赛规则的不确定性均已限制了体育赛事本身的发展。正因如此，很多体育游戏在这个阶段都开始正式进行规则的调整，以满足不同人群的需求。由于很多体育游戏和运动项目深受不同地域的人们所喜爱，因此不断地充实了这些游戏的运动内容，相关人员开始制定许多限制性的规则，并不断改革比赛的方式。体育赛事开始了逐步规范化的改革，并形成了一定的模式。同时，体育竞赛规则的改变使得适用的范围不断扩大，同时也开启了体育赛事的一个重要功能，即加强不同国家和地区的文化交流，促进各民族之间的文化传播。例如，流行于宋元明三代的“捶丸”与现代的高尔夫相类似。清代末期西方国家的军事和文化的侵略，造成中国体育项目传承的断层，而民国时期本就不多的体育活动同样因为受到西方体育文化的影响而失去了中国的特色。新中国成立以来，我国提倡将东西方体育思想、文化和项目相结合，并不断发展和推广我国传统民间体育项目，目的就是为了不断地推动具有中国特色的体育赛事，借此发挥中国体育文化在全世界的影响作用。体育竞赛的逐步规范引发了体育竞赛项目的广泛传播，也引发了不同国家和地区的文化碰撞。因此体育文化成为构成国家软实力的一项不可或缺的内容，营造良好的国际舆论环境，显然需要一种有效

的传播手段和强大的传播能力。在大型体育赛事举办过程中，包容和融合不同国家、不同地区、不同民族和不同群体对于体育赛事的认知和理解；在此过程中，不同种类、不同形式、不同内容的体育赛事文化传播到世界各个国家，促进了各国文化交流，为更加了解彼此搭建了平台。

四、体育赛事的完美形式——国际化的特殊事件

现代奥运会的举办是现代体育赛事发展过程中的一个重要标志，因为现代奥运会是当今国际体育赛事中规模最大、影响力最为深远的大型体育赛事之一。1890 年顾拜旦第一次访问了奥林匹克运动发源地——奥林匹亚。1892 年 11 月 25 日，顾拜旦在“法国体联”成立 3 周年之际，发表了一篇题为《复兴奥林匹克》的演说，第一次向人们提出了创办现代奥运会的提议。1894 年 6 月 23 日，国际奥林匹克委员会成立，这一天对于奥林匹克运动和世界体育赛事都具有划时代的意义。1984 年美国洛杉矶奥运会成功举办，其商业营销运作管理模式使得之后任何体育赛事活动的内涵和外延发生了巨大变化。体育赛事前一阶段的“运动竞赛”模式开始被打破，已经超出纯粹由运动员、裁判员所呈现的体育比赛的范畴，发展成为一种提供竞赛产品和相关服务产品的特殊事件，对举办地的社会、文化、自然、环境、政治、经济、旅游等多个领域产生巨大影响。在经济全球化、政府职能转变、信息技术创新、传播手段日益丰富的今天，体育赛事将体育和娱乐、传媒紧密联系起来，并进一步增强了体育赛事与受众之间的互动，成为国家外交和公共活动的一个主要渠道。按照国际体育赛事的相关规定，若要申请举办类似奥运会、世界杯等大型体育赛事，要求举办国家和地区必须具备良好的城市基础设施和必需的体育场馆设施条件；具有相关的赛事运营团队及经验；要求举办国家和地区的政府给予大型体育赛事财务、人力、安保、住宿、交通等各种相关资源条件的支持。大型体育赛事通过跨文化的传播，正在把每个参与者从“陌生人”转变成为“世界公民”。这从侧面反映出当今的大型体育赛事已经成为一个有效开展公共外交，进一步展示举办国家综合国力的理想舞台。

第二节 体育赛事的基本理论

一、体育赛事的定义

（一）体育赛事的概念

体育赛事从最早见诸报端至今也仅有十余年的时间。体育赛事这一概念的出现源于经济、社会和文化等背景的变迁，是对体育运动竞赛变化而产生认识上的提高，赋予其丰富的时代内涵，凸显了社会性、文化性和产业性。学术界对体育赛事的界定也是仁者见仁智者见智，至今也还没有形成一致的意见。

“什么是体育赛事?”以及这一问题的提出，都是哲学的主张。当然，要明确这个问题，必须从体育赛事的概念入手。换句话说，就是根据定义来明确体育赛事的概念，而概念也必须按照定义进行严密分析。逻辑学中明确指出，明确概念既可以从内涵的角度，也可以从外延的角度。定义就是明确概念内涵的逻辑方法。内涵是指概念所反映的客观事物的本质属性，定义就是揭示内涵，也就是揭示概念所反映的客观事物本质属性的逻辑方

法。下定义的方法简单概括起来就是：邻近的属概念加种差，用公式表达就是“被定义概念=种差+邻近的属概念”。首先确定体育赛事的邻近属概念。有的学者说，“体育赛事的概念是从运动竞赛的概念中演化而来的”。但随着社会的发展，体育竞赛的本质和表现形式已发生巨大变化，已成为受社会政治、经济、文化等多种因素影响的、复杂的、综合的特殊活动，其产业和经济价值日益凸显，因而其内涵和外延发生了很大变化。显而易见，“运动竞赛”只是“体育赛事”概念的下位概念。传统的运动竞赛等同于体育赛事的观点已明显不合时宜。从近年的研究文献来看，从不同的属性对体育赛事进行概念界定大致有两类：第一类把体育赛事看作一种特殊事件。如，叶庆晖认为“体育赛事的属概念就是特殊事件”。王守恒也持这种观点，认为“体育赛事是一种提供竞赛产品和相关服务产品的特殊事件”。学者李南筑在著作《体育赛事经济学》中指出，“体育赛事有三个本质属性，即运动、比赛和事件”。第二类把体育赛事看作一种活动。如，肖林鹏认为体育赛事是对以体育比赛为核心的一系列活动的总称。杨铁黎认为，体育赛事就是各种竞赛活动的总称。邢尊明也认为体育赛事就是以体育比赛为核心的社会大型活动。

为什么会出现两种种差认知呢？究其原因，在于持“体育赛事为事件”观点的学者主要是参照国外学者“event（事件）”的一次性、不可重复性的特征来理解的。所谓“事件”是指在特定时间和地点、特定的情形下发生的引人注目的事情。事件的范围可以从当地村庄事件到来自全世界参加者的国际事件。有些学者则进一步把“event”划分为“ordinary event”和“special event”两类。有些学者则把大型体育比赛划归至特殊事件中。也认为国庆日、重大市民活动、独特的文化演出、大型体育比赛、团体典礼、贸易促销和产品投放等都应属于“special event”。“特殊事件”这个术语值得学界深入思考。其概念的核心可能会并不在于“事件”，而在于“特殊”或“特殊性”（specialty）。伯恩斯和缪尔思很早就注意到特殊事件的四个重要特征：第一，特殊事件所产生的需求不只是针对事件本身，还会带来对相关服务（如住宿、餐饮、交通、娱乐）的大量需求；第二，这些需求都被压缩在相对较短的时间（如1天到几个星期）内，而上述各种服务无法提前生产并保存起来，这就造成了典型的“峰聚现象”；第三，峰聚现象将对收益水平及其分配情况产生重要影响；第四，本地对于特殊事件的再投资带来的影响可能比较小，真正重要的影响来自事件自身通过商品和服务的输出所吸引的外地投资，其中服务的输出尤为重要。

事件在《现代汉语词典》（第7版）中的释义为“历史上或社会上发生的不平常的大事情”。因此，我们可以推断国外使用“special event”的语境时涵盖了“大”这一特点。而事实上，体育赛事是一个比较宽泛的概念，可以分为超大型、大型和一般体育赛事，如奥运会、亚运会、全运会、邀请赛、热身赛等。因此，研究认为，将所有大、中、小的体育赛事都界定为事件，在逻辑上犯了“定义项的外延与被定义项的外延不全同”的错误。我们认为，把体育赛事视作一种活动更符合逻辑学规则。所谓活动是指人社会性地、自觉地、有目的地认识世界和改造世界的一切行为过程。活动的范围非常广泛，可以是各种规模的，也可以是各种性质的，毫无疑问，事件只是活动的一个下位概念。但是，有些学者提出的体育赛事概念过于笼统，“以体育比赛为核心的一系列活动”“各种体育竞赛活动”“社会大型活动”都没有揭示体育赛事作为一种活动区别于其他活动的共同属性。随着我国体育产业化、市场化和社会化趋势的日益明显，作为体育产业的核心内容，无论是何种类型的体育赛事，用市场化的手段和产业化的要求发展已成为一种必然。因此，从经济学角度来分析，体育赛事已经成为一项具有典型投入-产出性质的生产活动。这也是符合当前体育赛事的时代内涵和产业化运营背景要求的。至于体育赛事概念的种差，目前学界意见基本一致，都认为体育赛事是以体育竞技比赛为核心的，本书也认同这一主张。从竞技运动的发端及演进历史可以看出，竞技比赛最初是由单个运动员或运动团体在裁判员裁决下完成竞技较量。随着现代西方竞技运动的兴起和奥林匹克运动的复兴，以及全球化、经济、政治、文化、社会等发展；同时，受经济的影响和商业价值的驱动，体育竞技活动才变得愈发复杂起来，被赋予更为丰富的内涵和外延。

通过上述对体育赛事概念的种差和邻近属概念的分析，以及结合研究中对体育赛事影响的考量，本书认为：体育赛事是指以体育竞技比赛为核心内容，具有经济、社会、文化等价值的，一次性或经常发生的，且有明确期限的活动。

（二）相关概念的辨析

1. 体育活动与体育赛事

体育活动具有个体和社会（组织）两个层面上的含义。从个体层面上来说，体育活动是指个体以强身健体、休闲娱乐等为目标进行的活动，或是为了不断发展和提高个体或集体的体格、体能、运动能力、运动成绩等而进行的科学系统的活动；从社会层面来说，体育活动是指不同层级的社会组织系统为实现其所需要的目标而进行的以体育比赛为中介的组织活动（刘清早，2013）

从定义上看，体育活动与体育赛事有相互交叉的部分，但不完全重合。两者都包括以体育为活动内容，为实现所需要的目标而进行的社会活动。但体育赛事不包含个体以强身健体、休闲娱乐等为目标进行的活动，并且体育赛事更加受到规则、习俗和传统的影响，有着更大的市场潜力，能够提供除体育竞赛以外的竞赛产品和相关服务产品。

2. 体育竞赛与体育赛事

王嵘海和刘爱华（2005）将体育竞赛定义为“在规则的统一规定下，采用公平合理的竞赛方法，运用人的体能、智慧及所掌握从事该项运动的技战术能力，按特定的形式进行的，比较位移速度的快与慢，投掷物体和跨越距离的远与近，越过高度的高与低，举起质量的大与小，以及在直接对抗或间接对抗的情况下比完成动作质量的优与劣、准确度的精与误、最后得分的多少等竞技活动的过程”。李艳和郭恒涛（2013）认为体育竞赛“是各类体育运动项目比赛的总称。它是参赛双方或多方在特定的场地范围内，在裁判人员的主持下，以增强体质、丰富社会文化生活以及在比赛中夺取优胜为目的，以比赛项目为内容，依据统一的规则要求而进行的个人或集体之间的技能、技艺、心理和智能的较量，是竞技体育与社会发生关联，并作用于社会的媒介”。

从以上对体育竞赛的定义来看，第一个定义只是对体育竞赛的狭义解释，并没有将体育竞赛赛场之外的因素包括进来。第二个定义虽然指出了体育竞赛与社会之间存在一定的联系，但并未超出体育竞技活动的范畴。由以上看出，体育竞赛的定义都强调竞技体育比赛的层面，更关注“竞”的方面，并没有明确体育竞赛与社会之间的相互作用，而体育赛事除了体育竞技的内容之外，更强调对社会、文化、政治和经济的作用。

二、体育赛事的种类

体育赛事的种类很多，由于分类原则不同，分类方法也各有不同。一般常用的分类方法有以下五种。

（一）按照比赛项目的规模分类

1. 超大型赛事

这种赛事的举办，会对举办城市以及社区整体经济产生影响，并且还会有较大的影响产生于全球范围内和广大媒体范围内，比如奥运会、亚运会、全运会等。具体来讲，超大型赛事往往有这些方面的特点：首先是赛事有着较大的规模和较高的水平，有着众多的参与人数和出席人数，有着较为广大的媒体覆盖面和较高的参与度，有着十分广大的市场目标；其次通过超大型赛事的举办，不仅会促使较大的社会效益和经济效益产生于举办城市和社区，还会在很大程度上影响到社会、文化、政治、经济等各个方面。

2. 大型赛事

这种体育赛事的举办，会导致较大的影响产生于举办城市和社区，并且还会有较大的经济效益产生，引起诸多媒体的关注，比如青运会、少数民族运动会等。具体表现为：有着较大的赛事规模和较高的水平，能够受到人们的重视，需要非常复杂的组织，有着较大的市场吸引力和较高的媒体关注度，并且会在较大程度上影响到举办城市的经济、文化以及社会发展等。

3. 一般赛事

这种赛事的举办，产生的效果类似于较大事件，虽然能够吸引非常多的观众，但是却没有较大的规模和较高的水平，有一定的经济效益产生，比如邀请赛、热身赛等。一般赛事举办频率较高，因为其在提高市场吸引力方面的作用较大，如果能够良好运作就会有较大的市场效益产生，因此受到了政府和体育机构的重视。一般赛事往往有着多种多样的形式和规模且灵活性较高，有着较多的参与人员和较强的市场亲和力，并且推广起来没有较大的难度。通过一般赛事的举办，举办方可以获得较大的利益。

（二）按照比赛项目的数量分类

1. 综合性运动会

综合性运动会是一系列单项比赛集中在一次运动会进行的综合竞赛形式。目的在于检查训练质量和体育运动全面开展的情况；推动群众体育活动的发展；促进运动技术水平的提高；增加集体荣誉感和民族精神。其特点是项目多、规模大、竞赛组织工作复杂和注重礼仪程序。

2. 单项比赛

单项比赛是一种专门项目的竞赛形式。目的在于检查某一运动项目的开展情况和专项技术水平，促进该项运动水平的提高。其特点是项目单一、便于组织。

（三）按照赛事目的和任务分类

1. 锦标赛

锦标赛通常是进行一个运动项目的比赛，又称“单项锦标赛”。一般由主管体育运动的政府机关监管、各单项协会主办。通常是一年或两年举行一次。集体项目按规定的名次，单项按规定的报名标准组织比赛并计算单项赛团体总分。其目的是交流和总结该项运动教学与训练的经验，增加比赛机会，培养新生力量，促进运动技术水平的提高。

2. 冠军赛

冠军赛是按报名标准组织的单项比赛。只记单项名次，不计团体总分。通常是一年举行一次，并以个人竞争的运动项目为多，如田径、拳击、跳水等。其目的是检查总结该运动项目的开展情况和教学训练经验，促进该项运动水平不断发展和提高。

3. 联赛

联赛一般指集体球类项目按年度组织的同一运动级别代表队之间的竞赛。按名次分甲、乙级并实行升降级制度，赛后根据成绩重新调整运动队的级别。是按照运动队的运动水平分别举办的比赛，通常一年举行一次。其目的是检查训练工作质量、交流经验、互相学习、提高运动技术水平。

4. 邀请赛

邀请赛是东道主邀请外队在本地进行的比赛。目的是相互学习、促进友谊。一般均属非正式的比赛活动，由主办单位承担主要的竞赛经费。

5. 选拔赛

选拔赛是为挑选优秀运动队或运动员，准备参加更高一级竞赛而组织的比赛。根据运动员的素质条件、运动潜质、培养价值而选择，不受当场比赛名次的限制。

6. 表演赛

表演赛是为宣传、推广某项运动，活跃文化生活而组织的比赛。其目的在于充分发挥技术、战术，使人在欣赏体育表演后，从中得到启发和享受，一般不过分追求胜负名次。

7. 对抗赛

对抗赛是同一级别并水平相当的运动员或运动队之间进行的比赛。目的是为检查和提高训练质量。可以有双边、多边、定期、不定期的。其特点是参加单位少、规模小、实力相近，便于利用业余时间进行，组织方便，不受制度限制。

8. 友谊赛

友谊赛是为交流经验，增进团结和友谊而举行的双边比赛。不计较胜负，注重友谊和交流效果。用于国与国或省市政府之间的政治活动。

9. 达标赛

这是指在参加一项竞赛的人数过多时，先进行及格赛，达到预定成绩标准或在规定名额以内者，才能正式参加的比赛。目的是精减参赛人数、提高运动水平。

10. 冠名杯赛

这是20世纪80年代中期开始为鼓励社会办体育而新兴起的体育竞争与企业竞争融为一体的比赛。适用于正式比赛以及综合性运动会中的单项比赛。由企业负担部分或全部竞赛经费，该项竞赛的名称则冠以某一赞助单位名称或产品名称为杯名。

11. 等级赛

这是按国家体育总局颁布的各项运动等级标准而为运动员专门举行的达等级比赛。一般运动项目均设有运动健将和一、二、三级运动员四个运动等级。国际象棋和中国象棋则专设有特级大师、国家大师和一、二、三级棋士五个等级。此类比赛目的单一，参赛运动员个人达标意识强烈，没有明显的名次竞争环境。属于评分的项目，运动员只需达到某一等级的规定动作标准；集体球类项目和棋类只需达到某一等级的规定胜率；以时间、距离或环境为依据的项目的运动员只需达到某一等级的规定数据要求，便可获得相应等级称号。另外，在一定级别的竞赛中取得相应标准的运动成绩或胜率，也可作为依据获得等级称号。各运动等级称号的审批手续由各级体育局按照管理权限逐级办理。

12. 段位赛

这是围棋运动的专用等级制度，按照其特殊规定，根据运动员胜负场次决定段位的高低。在我国，目前分国家段位体系和地方段位体系两个层次。国家段位体系最高为九段，以下设八个段位，最低为初段，五段以上为高级棋手，类似于其他项目的运动健将等级，而四段以下（含四段）相当于其他项目的一级运动员。这类比赛的特点是等级划分严格，竞争激烈。通过段位赛的胜负场次决定运动员升级与否。全国每年只举行一次段位赛。在其他比赛中无论运动员比赛成绩如何，均不可以升级。

13. 巡回赛（积分赛）

TOURNAMENT 简写为 TOUR，其实就是多站点积分赛。一部分体育项目的竞赛成绩可以独立积分制，并可以同场竞技，因此类似球类对局的联赛那样，这类项目的比赛可以用巡回赛赛制。汽车运动中的“F1/A1”、帆船运动中的“美洲杯”、航空体育中的热气球赛事，都可以如同高尔夫球一样，采取巡回赛制。

14. 公开赛

公开赛指不限制参加人员身份，职业及业余者皆可参加的比赛。经常或每年举办公开赛的运动项目有：网球、高尔夫球、羽毛球、桌球、围棋和国际象棋。它是以单人或双人为主体的运动项目。

（四）按照参赛者的组织系统分类

1. 区域性竞赛

这是各层次特定行政区域内所组织的本地区各行各业都可以参加的比赛。包括综合性运动会和单项竞赛两种形式。其目的在于促进区域性体育运动技术水平的提高，调动本行政区域内群众参加体育锻炼的积极性。其特点是竞争性强，广受地方政府和大众关注。

2. 行业、系统性竞赛

这是本行业或本产业系统举办的、只允许本系统所属单位参加的比赛。一般包括综合性运动会和单项竞赛两种形式。其目的在于宣传行业、企业精神，激发本系统职工的工作热情，提高企业声誉，增加凝聚力。其特点是竞争性强，突出团队精神，社会效益明显。

3. 优秀运动队的比赛

这是以省、直辖市、自治区以上的优秀运动队参加的比赛。其目的和特点同全国锦标赛、冠军赛。

4. 业余训练系统的比赛

这是以地、市、县级以上基层业余体校和运动学校的学生参加的比赛。其目的在于为国家培养选拔后备力量，使青少年运动员在正规比赛中得到锻炼，以提高竞技能力。其特点是注重运动员的全面发展，一般在赛前均进行身体素质测验或达标赛。

5. 跨行业、跨系统的比赛

这是多以经济实力较强的不同行业的大、中企业为参赛单位。其目的在于通过体育赛事促进企业间的沟通，提高企业声誉，宣传产品质量。其特点是场上体育竞赛激烈，场下产品交流和贸易洽谈繁忙。组织这样的比赛可以节省体育事业经费，社会效益明显。

（五）按照参赛者的年龄分类

按参赛对象的年龄段分组竞赛是竞技体育和群众体育赛事中为鼓舞斗志、公平竞争、促进提高所采取的一种常用的竞赛形式，一般分为以下几个年龄段或年龄组。

儿童组：10 岁以下；少年组：10—15 岁；青年组：16—22 岁；成年组：22 岁以上；中老年组：45—60 岁；老年组：60 岁以上。

此外，还有学前阶段的幼儿，少年甲、乙组比赛，或中年组等更细的分组。

体育竞赛除上述五种常用的分类方法外，还有按赛制划分、按比赛的经费来源划分、按季节划分、按性别划分等多种方法。根据竞赛规律，在竞赛管理工作中，任何竞赛种类都离不开综合性运动会或单项竞赛这两种基本的赛事组织形式。为此，从实用观点出发，本章基本遵循按项目数量分类的原则，着重介绍既适用于综合性运动会，也适用于单项赛事的组织程序及管理方法，以便于体育管理工作者在工作实践中应用。

三、体育赛事的利益相关者

利益相关者是一个管理学概念，利益相关者是“受一件事的原因或者结果影响的任何人、集团或者组织”。其理论研究起步于20世纪60年代，它极大地挑战了以股东利益最大化为目标的“股东至上理念”，随后得到管理学、伦理学、法学和社会学等众多学科的关注，但企业一直是该理论的绝对研究主体。直到20世纪90年代初期以后，其研究主体开始从企业扩展到政府、社区、城市、社会团体以及相关的政治、经济和社会环境等，一些会展、旅游和工业项目也纷纷开始利用利益相关者理论分析有关问题。体育赛事是一个复杂的项目系统，它所牵涉的利益相关者很多。从体育赛事对举办地影响的角度看，一方面，体育赛事的部分利益相关者可能与赛事某些影响的产生直接相关，比如，媒体与赛事对城市知名度的影响有直接关系；另一方面，赛事的部分利益相关者可能是赛事某些影响的直接或间接受体，比如，举办地政府可能会从体育赛事的举办中直接获得收益。

基于此，本书很有必要对体育赛事的利益相关者问题进行深入分析。关于体育赛事的利益相关者问题，国内外已有一些学者做过研究。马斯特曼认为，在早期体育赛事的主要利益相关者常常只限定在参加比赛的运动员和裁判员，但随着体育赛事的发展，赛事的消费者逐渐成为体育赛事的主要利益相关者。他还进一步列出了体育赛事的主要利益相关者，包括运动员、裁判员、随队人员、供应者、赛事管理者、工作人员、观众、媒体和贵宾（VIP）等。Getz认为，体育赛事的主要利益相关者包括赛事组织者、赞助商和合作伙伴、消费者及贵宾、城市社区等。国内学者叶庆辉进一步扩充了Getz关于体育赛事利益相关者的观点，他认为，体育赛事利益相关者包括主办组织、主办社区、赞助商和经费支持者、供应商、媒体（电台、电视台和报纸）、工作团队（受雇职员和志愿者）、参与者和观众等。

上述学者对体育赛事包括哪些利益相关者这一问题进行了较为全面的分析。结合我国体育赛事运作的实际，本书认为，当前我国体育赛事的主要利益相关者包括赛事主办组织、赛事所有权人、举办地政府、主办社区、媒体、赞助商、赛事观众、赛事参与者（运动员、裁判员及教练员）等。这些赛事的利益相关者大致可分为两个类别：第一类包括赛事所有权人、赛事主办组织、赛事参与者等，它们是构成体育赛事的重要组成部分，称为体育赛事的内部利益相关者；第二类包括举办地政府、主办社区、媒体、观众等，它们是体育赛事的内部核心系统与外部环境的联系，称为体育赛事的外部利益相关者。本书重点分析的是体育赛事对举办地的综合影响，和体育赛事的外部利益相关者之间的关系，故本书下面将对举办地政府、主办社区、媒体、观众等几个体育赛事的外部利益相关者分别进行阐述。

（一）举办地政府

政府作为一种社会组织，有广义和狭义之分。广义上的政府是指所有的国家机构，包括立法、司法和行政机构，它可以视为等同于国家；狭义的政府是指国家的行政机关，包括中央政府与地方政府，多数情况下是指代表国家的中央政府。本书所指的“政府”是狭义的概念，是中央政府与地方政府的统称。在我国现阶段，政府是体育赛事中最主要的利益相关者之一，与体育赛事的综合影响直接相关。首先，成功运作一项体育赛事要得到政府的大力支持和参与，从这个层面看，政府与体育赛事综合影响的产生直接关联。现阶段，在我国举办体育赛事要得到政府的支持主要有以下两方面重要原因：一是政府控制着大量的体育赛事资源。《中华人民共和国体育法》第三十一条明确规定：“国家对体育竞赛实行分级分类管理。全国综合性运动会由国务院体育行政部门管理或者由国务院体育行政部门会同有关组织管理；全国单项体育竞赛由该项运动的全国性协会负责管理；地方综合性运动会和地方单项体育竞赛的管理办法由地方人民政府制定。”如全运会、城运会等综合性运动会以及全国各单项体育赛事的所有权几乎都在政府的掌控之中。二是从赛事运营的实际看，政府在体育赛事运营中某些环节的作用是赛事顺利完成的前提，是体育赛事成功举办的必要条件。

当前，政府在体育赛事的运营中必须参与的环节主要有：第一，赛事的申办。近些年，越来越多的国家和地区已经逐渐认识到体育赛事对举办城市和地区的经济价值和社会价值，很多国家和城市都已将举办大型体育赛事作为展示城市形象、提升城市品位的重要方式。但由于体育赛事尤其是大型体育赛事供给数量的有限性，赛事的申办激烈竞争的局面导致了两个最直接的结果：一是赛事的申办费用大幅攀升；二是政府的作用在赛事的申办过程中越来越重要。第二，赛事的组织。一方面，举办规模较大的体育赛事是一个系统、复杂的工程，牵涉到举办城市和地区的方方面面，它的成功举办需要社会各个部门的有效配合，各个部门之间的协调是赛事成功举办的至关重要的环节，必须由政府出面才能确保赛事的顺利举行；另一方面，举办一项体育赛事要牵涉到交通、公安等一系列公共资源的使用，而这些资源目前基本上由政府直接控制，需通过政府的行政力量来调配。因此，要成功举办大型体育赛事，政府在赛事组织方面的作用不可或缺。同时，政府是体育赛事的主要需求者，是体育赛事综合影响的受体。

（二）主办社区

社区一词最早由德国社会学家 F. 滕尼斯于 1881 年使用，当时是指“由具有共同的习俗和价值观念的同质人口组成的、关系密切的社会团体或共同体”。从滕尼斯开始到现在，人们对它的理解发生了很大的变化，目前关于社区的定义和解释也就多种多样，但大致可分为两大类：一类强调精神层面（即人群的共同体——如成员必须具有共同的传统、价值等）；一类强调地域的共同体（即具有共同的居住地，即“在一个地区内共同生活的人群”）。我国社会学界对社区概念所持的观点基本一致，即将上述两类定义综合起来，认为社区是指“居住在一定地域的、以一定的社会联系和社会关系为纽带、以同质人口为主体的人群生活的共同体，是一个相对独立的地域社会”。还认为社区主要由四大部分组成：一是人群。一定数量的人口尤其是结成群体的人口是社区形成和发展的首要因素，人口的数量、规模、疏密程度以及人口的素质等是影响社区的首要方面。二是地域界限。这是一个社区存在和发展的基本条件，一定范围内的地域空间是社区居民从事生产、生活的依托，离开这一基本的自然环境，社区就如同整个社会一样无所存在。三是服务设施。这是社区得以依托和存在的服务条件，没有必要的服务设施的社区很难存在和发展，这一点在城市社区中显得尤其重要。四是成员有认同感。社区居民在感情或心理上具有共同的地域观念、乡土观念，大家在长期的生活中有共同的习俗、价值观、规范等。根据我国社会学界的观点，本书中的主办社区是指居住在体育赛事举办地的共同体，是相对独立的地域社会。结合本书的研究重点，笔者认为，主办社区与体育赛事综合影响关系较为密切的有：主办社区的居民，主办社区的环境，主办社区的宾馆、饭店、商业、娱乐等服务设施及条件等，它们既与体育赛事综合影响的产生关系密切，同时还是赛事综合影响的直接受体。

主办社区的居民是体育赛事运营人员和赛事志愿者的主要力量，他们的支持和参与对赛事的成功举办起着很关键性作用。Arthur 和 Andrew 的一项研究表明，主办社区居民参与体育赛事的运营是非常重要的，没有主办社区居民的参与和介入，体育赛事组织者很难取得成功。另外他们还认为，主办社区居民可以以多种形式参与其中，如赛事志愿者、救护工作人员、赛事宣传者、赛事配套服务的提供者，等等。

2008 年北京奥运会成功申办的一个有利因素就是民众的大力支持，据一家独立的调查公司对北京市民进行的入户调查显示，有高达 94.6%的市民支持北京申办 2008 年奥运会。当然，体育赛事的举办也会对主办社区居民产生影响，国外这方面的研究也较多，如 Fredline 就对城市举办汽车赛事对社区居民的影响问题进行过较为深入的研究。

主办社区的环境无疑是举办体育赛事的有力保障，它主要包括社区的基础设施环境和自然环境。其中主办社区的基础设施环境主要由举办体育赛事所需要的基础设施组成，如体育场馆、道路、宾馆饭店以及一些临时建筑物等。对于一些小型的体育赛事，主办社区已有的基础设施基本能够满足赛事的需要，但对于奥运会、足球世界杯等大型体育赛事则往往需要主办社区新建或改建一批基础设施。赛事结束后，这些体育场馆等基础设施就成为赛事给主办社区留下的财产。

主办社区的自然环境与体育赛事也同样有一定的联系，如北京奥运会青岛帆船赛区因海面上的蓝藻而成为人们关注的焦点。主办社区的服务设施和条件对于成功举办体育赛事也非常重要。由于体育赛事的聚集效应，数以万计的观众和赛事相关人员在短时间内聚集在主办社区，这就对主办社区的服务设施和条件提出了较高的要求。主办社区的服务设施和条件反映了主办社区在比赛日期间服务赛事观众和相关群体的能力，具体包括对观众和相关群体交通、物流、食宿、娱乐、购物需求的满足。通常情况下，服务设施和条件的完善程度和服务质量的高低是判断某一社区举办赛事能力大小的重要标志。对于城市发展水平高、服务设施齐全的主办社区来讲，赛事活动能促进城市运营水平的进一步提高，挖掘城市内在的发展潜力；对于条件相对较差的主办社区来讲，将涉及旧城改造、交通疏理、城建换代等多个问题，在较短的时间内集中解决了历史遗留下来的痼疾，冲破了城市发展的瓶颈，为城市发展提速扫清了障碍。

（三）媒体

当今时代，体育赛事已经成为城市品牌战略的一个很重要的组成部分。例如，在一些大型的国际性体育赛事举办期间，举办地一些负责城市营销的组织和机构往往会向体育赛事的主办方或者媒体提供有关城市的宣传片，以便在赛事休息的时候播放。通常这些宣传片都是经过精心策划的，其目的是向世界展示举办地的风采，提升城市的知名度，并能够吸引更多的外地游客前来旅游。但是，并不是所有的媒体都在这些城市营销的组织和机构掌控之下，部分媒体也有可能会进行一些有损举办地形象的负面报道，特别是当体育赛事的组织出现问题的时候，例如 1996 年亚特兰大奥运会的爆炸事件，促使媒体对举办地进行了很多负面的报道。当然，如果体育赛事是在一些政治上的敏感地区举办，媒体负面的报道有可能更多。此外，媒体对体育赛事潜在负面报道的量还与赛事的规模有一定关联，通常情况下，赛事的规模越大，媒体对体育赛事潜在的负面报道就会越多。

（四）观众

这里所指的观众是广义的概念，既包括直接到比赛现场观看体育赛事的现场观众，同时还包括通过电视、网络等媒体观看体育赛事的观众。成功的国际体育赛事告诉我们，观众和运动员、教练员、裁判员一样，已经成为体育赛事不可或缺的主体，它是体育赛事重要的利益相关者之一，与体育赛事的诸多方面关系密切。第一，体育赛事的精彩程度决定着观众的数量。通常情况下，体育赛事的项目越普及、级别越高、悬念越强则观众越多。第二，体育赛事的观众与体育赛事的质量直接相关。观众是体育赛事的重要组成部分，尤其是现场观众在赛场其实是与运动员形成了一种互动的局面，运动员的表现与赛场观众的观赛行为息息相关，观众的行为符合观赛礼仪，运动员的表现则更好，体育赛事的质量就越高。正因为如此，2008 年北京奥组委专门制定了“观众观赛礼仪”“观众入场须知”等书面材料提示观众观赛注意事项。总而言之，一流的体育赛事应该有一流的观众。第三，体育赛事观众的多少直接影响赛事组织者的收入。体育赛事的观众与赛事组织者的收入有巨大关联，体育赛事观众的多少不仅直接决定了体育赛事的门票收入，同时还间接地对媒体、赞助商等体育赛事的其他消费者有着重大影响，体育赛事观众的多少直接决定着体育赛事电视转播权和广告权的交易价格。第四，体育赛事观众的结构与赛事对举办城市的经济影响直接相关。到现场来看比赛的观众一般分为两种，一种是来自举办地的观众，另一种是从外地甚至境外前来观看比赛的观众，从目前国外对体育赛事经济影响分析的思路看，通常情况下，举办地观众的观赛消费不能纳入体育赛事经济影响的分析体系，只有外地观众的消费才能对举办城市的经济产生影响，因此，一项体育赛事的外地观众越多，对举办城市的经济影响就越大。这也是各个城市都争相申办大型国际性体育赛事的原因之一。

第三节　体育赛事的特征与价值

一、体育赛事的特征

（一）体育赛事的聚集性特征

在当代，理解和掌控注意力已经成为商业成功至关重要的因素。有学者将这种新出现的经济形式称为“注意力经济”。体育赛事项目具有高度的聚集性，从传播影响方式和观众参与的角度来看，体育赛事是一种眼球经济，一种注意力产业。在体育赛事举办期间，大量的人流、物流、信息流和资金流会在一个固定的时间和空间里聚集，形成特有的集合效应。这种集合效应主要表现在以下三个方面：一是大量人流的空间聚集。人流的聚集意味着对赛事举办地相关产业需求的增加，而需求的增加必然推动这些产业的发展，从而使举办地收入增加，并为其带来综合经济效益。二是大量信息流的时间聚集。在赛事举办期间，观众和媒体的关注点将迅速聚焦在赛事举办地，通过与各方的接触以及不同思想和价值观的交流与辐射将产生巨大的积极影响，为举办城市和国家带来巨大的无形价值。三是大量物流的空间聚集。大量人流的聚集势必会带来物流的聚集。据北京奥组委透露，2008年北京奥运会共汇集来自200多个参赛国和地区的运动员、官员、记者和观众上百万人，使用器材超过120万件，物流经济总量超过400亿元人民币。

体育赛事在短时期内的这种集合效应是体育赛事对举办地产生综合影响的根源。但需要指出的是，体育赛事的集合效应也有两面性，如果这种集合效应在赛事举办地所承受的限度之内，则表现为聚集经济，而如果超过了赛事举办地所承受的限度，达到了难以容纳的程度，那就会表现为聚集不经济，这时体育赛事就会给举办地带来很多负面影响。

（二）体育赛事的体验性特征

体育赛事是一种“体验经济”已经成为各界的共识，经济学家派恩指出，“所谓体验，就是指人们用一种从本质上说以个人化的方式来度过一段时间，并从中获得过程中呈现出来的一系列可回忆的事件”。在体育赛事现场，大家不是为赛事纪念品付账，而是为自己的愉快买单，为体验而付出。对于体育赛事的消费者来说，体育赛事消费是一种娱乐消费，是一种诉诸服务业的体验经济方式，一种文化体验产业。它决定着体育赛事在总体上的服务产业性质和体验、感受等精神性、文化性乃至心理愉悦的服务方式，有着极强的相互感染、相互交流、相互激发印证和情感泄导的功效。正因为体育赛事的这一特征，使得很多体育运动迷对观看高水平的体育赛事乐此不疲，这也是促进体育赛事举办地旅游业，给举办地带来新的消费的关键所在。当然，体育赛事的这一特征也会对举办地的居民带来一定程度的影响。

（三）体育赛事的外部性特征

所谓外部性是指一定的经济行为对外部的影响，而造成私人（企业或个人）成本与社会成本、私人利益与社会利益之间相偏离的现象，包括正外部性和负外部性。体育赛事的外部性主要表现为正外部性，指的是赛事项目运营主体利益与社会利益之间相偏离的现象。这种正外部性体现在以下几个方面：第一，对其他相关产业的拉动效应。体育赛事作为一种经济现象，不仅能够为主办者以及体育产业带来直接的经济收益，还可以以产业链的形式影响到其他相关产业，产生巨大的间接收益，如旅游业、餐饮业、酒店业、房地产业、新闻业、广告业等都是受益者。第二，对举办国家（地区）或城市知名度的影响。体育赛事是一种无国界限制、无种族歧视的活动，是有效提高国家（地区）或城市知名度的途径，成功举办体育赛事能够在很大程度上提高城市知名度。第三，对举办地居民的积极影响。体育赛事作为一种文化活动，极大地丰富了举办地居民的业余生活，同时，它还能够提升举办地居民运动健身的热情等，这些都是体育赛事对举办地居民正外部性的表现。当然，体育赛事所产生的负外部性也是不可忽视的，如赛事举办期间，举办地的犯罪率提高、交通堵塞、环境污染等，这一点应该引起学者和政策制定者的足够重视。

（四）体育赛事的综合性特征

现阶段，对举办地来说，体育赛事已经成为一种综合性的经济活动。通常情况下，举办一项体育赛事往往要涉及举办地的社会、经济、文化等方方面面，牵涉的关联主体非常多。体育赛事作为一种经济活动，它是人流、物流、信息流和资金流的大汇集。其中，直接服务人流的有酒店业、餐饮业、旅游业、零售业、娱乐业、交通业、安保业、医疗保健业等；直接服务物流的有交通业、储运业、邮政业、保险业和海关、商检、外运等；直接服务信息流的有咨询业、通信业、广告业、传媒业等；直接服务资金流的有银行业、保险业、信托业等，以及会计、律师、咨询等中介机构。举办体育赛事能够调动如此多的行业和产业协同运作，说明体育赛事的综合性非常强，这也直接决定了体育赛事对举办地影响的复杂性。

此外，由于体育赛事的产业辐射和带动能力很强，它是一个城市值得发展和重视的重点产业。但体育赛事的综合性特征，又决定了举办体育赛事所需要的条件是很苛刻的，因此，发展体育赛事产业并不容易。对于举办体育赛事来说，交通、酒店、通信、信息、传媒等硬件设施固然重要，但更重要的是能够创造适合体育赛事经济发展的软环境，形成体育赛事经济商业氛围和体育赛事文化。也只有在这样的大环境下，再通过合理的规划，才有可能实现体育赛事对举办地影响最大化。

二、体育赛事的价值

（一）体育赛事的经济价值

体育赛事作为体育产业发展过程中的重要内容，具有一定的经济价值。在城市间的竞争不断升级的环境下，体育赛事在当今社会逐渐成为城市的产品，同时还具有传播载体的功能，特别是由于传媒技术的发展，体育赛事与城市经济相互作用。当一个城市举办体育赛事，特别是一些重大体育赛事的时候，便会吸引到各个群体的需求划分以及利益分配等，其中最直接的影响就是加速举办地的资金流动。在市场化运作的前提下，体育赛事的举办能够为举办地带来一些新的经济收入，这些在举办地按照经济发展的一般规律循环。但是由于体育赛事本身的特殊性，各个群体的利益诉求在很大程度上是暂时性的缓慢增长，一般都会在体育赛事的举办期间集中爆发。并且体育赛事能够创造多大的经济价值也取决于体育赛事的规模。

体育赛事的经济价值体现在很多方面，包含了食宿、交通、旅游、通信、建筑等多个领域，并且都起到了直接或间接的影响。体育赛事的经济价值主要体现为三个方面。

1. 体育赛事经济价值的直接体现

体育赛事经济价值的直接体现主要是体育赛事吸引投资，改变举办地的消费层次和水平。体育赛事的举办在筹办过程中会产生巨额支出，在支出的费用中，有很大一部分用于媒体联络、硬件设施以及安保服务等，这些对商品和服务的消费具有一定的刚性，属于体育赛事的必要支出。通常与体育赛事相配套的体育场馆也要开始修建，甚至会专门划分出一个区域用于体育场馆的建设。这些支出会引起当地若干经济部门的需求产生变化。据不完全统计，2008 年北京奥运会在场馆改造补贴以及赛时使用的帐篷、活动板房、围栏、隔断、管线等临时设施投入和租赁支出，赛时计时计分系统、通信等技术支出，体育器材购置、租赁支出，举办“好运北京”测试赛的支出以及赛时对各场馆的能源消耗、运行保障等补助支出，赛时电视转播、住宿、交通、医疗、餐饮等服务支出，开闭幕式的创意、组织、实施，火炬的境内外传递、奥运宣传和主题活动支出，用于支付工作人员工资和用于工作人员、志愿者的招募、培训、激励、制服等人力资源支出，北京奥组委行政办公、法律咨询，以及涵盖运动员、技术官员、工作人员和志愿者的人身保险和财产保险，收费卡等运行支出，对残奥会的补助支出等共花费 193. 43 元人民币。广州亚运会组委会支出共计 58. 27 亿元。这些项目及资金给举办地带来不菲的经济收入。

2. 体育赛事经济价值的间接体现

体育赛事经济价值的间接体现是指由于体育赛事的举办促进其他行业所增长的经济收

入。如大型体育赛事的举办会吸引观众前去举办地观看比赛，在当地进行消费，促进当地旅游业、餐饮业、零售业、娱乐业等相关产业的收入在短期内爆发式增长。

（1）促进举办地旅游业的发展

每一场较大型的体育赛事必然会有外地的运动员、观众前来，在比赛之余会游览举办地及周边的景点，形成旅游高峰期，增加当地旅游收入。

（2）促进举办地餐饮业的发展

在体育赛事举办期间，举办地的各餐饮服务机构都会根据体育赛事的需要提供具有当地特色或者符合体育赛事文化的餐饮，吸引游客品尝，并且一些便利店也会迎来促销黄金期，获取更多收入。

3. 体育赛事经济价值的二次体现

因为体育赛事的举办会促进举办地各行业经济效益的增长，各行业从业者的个人经济收益也会有所提高，从而提高个人消费水平，带动举办地更大范围的经济发展。如借助体育赛事的良机进行创业并获得收入后，便会考虑购置不动产、日常用品等，为当地 GDP 作出贡献，增加政府的税收收入等。

体育赛事通过吸引各方面的投资引起举办地需求的变化，为举办地产生了相应的经济价值，这些价值也促进各地政府积极地引进体育赛事，打造体育之城的名片。

（二）体育赛事的政治价值

体育赛事不仅具有经济价值，同时还具有一定的政治价值，举办地的政府往往会通过体育赛事实现相应的政治功能。体育赛事的政治价值有很多，在新中国成立初期，体育赛事作为我国政府的一种外交手段进行外交活动，随着社会的发展，体育赛事被赋予更多的政治内涵。现在重大体育赛事的成功举办，可强化举办地民族形象，提高国家威信，增强民族自信心和自豪感；可以提高党和国家的凝聚力，促进国内的政治统一和各民族团结；可以促进国际交流，增进世界各国人民之间的了解和友谊等。主要体现在以下两个方面。

1. 强化民族形象，提高国家威信

在一些重大国际性体育赛事中，竞赛的胜利对民族的形象具有直接的影响。如在奥运会的赛场上，颁奖典礼的时候，前三名奖牌的获得者会被升起运动员所在国家的国旗，并且播放冠军运动员所在国家的国歌，所有观众都会在国歌的氛围中注视着国旗的升起，对于民族形象的强化和国家威信的提高具有重要作用。1984 年，许海峰在洛杉矶奥运会上获得中国奥运第一金，中国国旗第一次在奥运赛场上升起，实现了零的突破，更多的人开始认识中国，知道中国也有实力去获得奥运会的金牌，中国通过体育逐渐被更多的国家所认可。

2. 促进国际交流

“乒乓外交”一直是我国外交史上的一段佳话，通过乒乓球比赛的交流，中国在新中国成立后第一次和美国正式通话，为外交活动奠定基础。此后，我国经常通过体育赛事与外国进行交流，了解外国文化、政治、经济等，与世界接轨，借鉴经验，吸取教训，不断进步。

（三）体育赛事的社会价值

体育赛事同样也具有一定的社会价值，具体表现在当地居民体育意识的变化、对新生事物的态度的变化、社会文化遗产的保护程度提升、城市的改造等。民生、文化以及城市的发展都属于社会价值的范畴。

1. 提升城市形象，增强居民的自豪感

体育赛事的举办过程中会吸引各地媒体进行宣传报道，其覆盖率极高，传播度极广。在2014年巴西世界杯中，根据一些主流媒体的统计可知，整个赛事前32场比赛的平均收视率达430万，在中国约有4600万观众观看揭幕战，无数的目光注视着巴西的里约热内卢这个城市。而其他的体育赛事同样会有各类电视台、电台、报纸、互联网等媒体进行专题报道。举办地政府可以充分利用这个良机来对举办地及周边各个城市的历史、地理、人文等进行全方位的介绍，让外地朋友对举办地有更深的了解，提升城市形象，扩大城市影响力。以2008年奥运会为例，在这之前外国的游客对中国的普遍印象还停留在20世纪80年代，落后与贫穷是他们的第一印象。而北京奥运会作为一张名片，不仅展示了我国的体育实力，更展示了我国政治、经济、文化等各个方面的进步。中国政府利用北京奥运会向世界表明，中国在经济上取得了巨大的发展，在文化上不仅有民族优秀的传统文化，也会兼容并接纳来自不同地区和民族的文化。

体育赛事在提升城市形象的同时，也能够增加居民的自豪感。所谓的自豪感是指人们因为自己或者所在的群体取得巨大成就所产生的一种情感。这里的自豪感是指因为体育赛事本身及体育赛事产生的影响而带来的自豪感。体育赛事更是一种标志，在奥运会的赛场上，人们只要提到乒乓球和羽毛球这两项运动就会想到中国，其出色的成绩征服了全世界，是一种国家性格和民族自豪感的体现。

2. 提供就业岗位，促进城市稳定

体育赛事除了能够创造巨大的经济效益之外，还能为举办地提供更多的就业岗位，一项常规性的体育赛事需要体育赛事管理人员、安保人员、后勤人员等。F1落户上海后，每年至少为上海直接提供1000多个就业岗位，并且围绕F1赛事的周边产业也同样有所发展，如新企业的创立，这些所能够提供的就业岗位数量会比较多，难以准确估算。政府通过举办体育赛事所提供的就业岗位，能够很好地解决城市中剩余劳动力的安置问题，对于降低城市犯罪率、维持社会稳定、增加城市居民的幸福感具有促进作用。

3. 有利于城市文化的建设

体育赛事的举办为不同文化的交流提供了一个良好的平台，在促进本地文化发展与推广的同时，也吸引了外地优秀的文化，兼容并包，更好地促进本地文化的发展。

（四）体育赛事的环境价值

体育赛事的环境价值是指体育赛事对举办地的自然环境因素和自然环境系统所带来的一系列价值的总和。早在1992年，在联合国发布《地球宣言》之后，国际奥委会及其他单项组织和各国的国家奥委会就将环境的主题列入了奥运会举办的手册当中，并且在1994年将环境保护正式列入《奥林匹克宪章》中，要求每一届奥运会的申办条件中增加一条环境的标准。在这些政策的要求下，各国开始认识到环境的重要性，加大环境的保护和改善力度，体育赛事的环境价值由此体现出来。体育赛事的环境价值有很多，总的来说有以下三个方面。

1. 提高城市的绿化率，降低污染

举办体育赛事会从一定程度上促进当地环境的改善，尤其是大型体育赛事。如在2008年北京奥运会筹备期间，北京市政府着力改善环境，提高城市绿化的覆盖率，将奥林匹克公园建设成北京内规模最大的绿色生态园区，在自然-社会生态环境中开展的体育运动，坚持“绿色体育”的基本理念。同时，号召北京市各高校也积极参与环境保护。

2. 体现可持续发展

可持续发展一直是国际奥委会坚持的一个基本原则。在体育场馆的建造和使用方面，体育赛事组委会应当坚持赛前科学计划、赛后有效利用的原则。充分利用已建成的体育场馆，对于必须要建造的体育场馆，要全面考虑未来的可利用率，从可持续发展的角度制定赛后体育场馆开发的规划。

3. 提高人们保护环境的意识

体育赛事的环境价值不仅体现在对当前环境的改善方面，还能够提高人们环境保护的意识。在北京 2022 年冬奥会申办成功之后，和 2008 年夏季奥运会一样，提出绿色奥运的办赛理念，通过体育赛事宣传环保意识，充分利用现有的体育场地和自然环境进行场地的修建，避免对环境造成破坏；并且通过各类媒体号召居民进行环境保护，在日常生活中的点滴小事中做到节约能源、不乱丢垃圾等。全民参与环境保护对体育赛事举办地的环境改善是一个巨大的推动力。

（五）体育赛事的体育价值

体育赛事的体育价值是指体育赛事的举办对体育最本质内涵的阐释与传播所带来的价值总和。主要表现在对体育本身的传播以及体育文化所带来的影响。

1. 对体育本身的推动作用

体育是伴随着工业革命产生的，当时体育更多的是作为缓解压力和释放过剩精力的一种方式，体育本身的价值很少体现。随着顾拜旦不断推广奥林匹克运动，人们逐渐认识到体育本身所具有的魅力。在顾拜旦的《体育颂》中，体育是健康的、快乐的、美好的、平等的，这些特征集中体现了奥林匹克精神。虽然目前来说奥林匹克运动和顾拜旦时期有所不同，但是不可否认的是，奥林匹克精神对于体育最本质的追求一直没有改变，更高、更快、更强是体育赛事对体育的集中体现，崇尚公平，拒绝虚假。在我国，每年有很多体育赛事举办，对体育的推广起到了极大的促进作用。

2. 提高大众体育的参与度

举办体育赛事，尤其是全民健身活动的开展能够让体育更加贴近人们的生活，降低参与体育的难度。随着生活水平的提高，人们越来越重视身体的健康和塑形效果，参与体育锻炼成为最具有效果的方式。在观看体育赛事时，运动员所展现的敢于拼搏、不断挑战、永不放弃的形象，更加促进人们参与体育运动。体育赛事的举办不断向人们展示体育的魅力，更多的运动项目也逐渐走入人们的生活，以马拉松为代表的大众体育赛事受到人们的喜爱，越来越多的人参与大众体育，更加体现了体育赛事的体育价值。

第四节　体育赛事管理体制及制度

体育赛事管理体制是指体育赛事管理的机构设置、责任、权力和利益划分及有关制度。完善的体育赛事管理体制，是体育赛事顺利开展的前提，它对于加强体育赛事的管理，提高体育赛事的社会效益和经济效益具有重要的意义。合理的赛事体制又是保证赛事工作正常进行、充分发挥其多元功能的前提。体育赛事体制的主要内容包括各层次体育赛事的级别定位、赛事参赛办法、赛事承办制度以及赛事管理等。

一、体育赛事管理体制的内涵

（一）体制

《辞海》对体制的解释：国家机关、企业和事业单位机构设置和管理权限划分的制度。《商务国际现代汉语词典》对体制的解释：指机构设置和组织管理的制度。

“体制”，从管理学角度来说，指的是国家机关、企事业单位的机构设置和管理权限划分及其相应关系的制度，指的是有关组织形式的制度，限于上下之间有层级关系的国家机关、企事业单位。如：学校体制、领导体制、政治体制等。体制是国家基本制度的重要体现形式，它为基本制度服务。

（二）管理体制

“管理体制”在学术文献中的解释：

① 管理体制是指国家机关、企业和事业单位的机构设置和管理权限划分的制度。如：高等教育管理制度是国家管理高等教育事业的根本制度，其主要内容是规定中央与地方、政府与学校在实施高等教育管理过程中的相互关系及各自的职能。

② 管理体制可以定义为企业机构设置和权限划分的组织制度。这其中涉及许多关系，如母公司与子公司关系（控股关系）或总公司与分公司关系、集权与分权关系等。

③ 所谓管理体制是指管理机构的设置和管理权限的划分等一整套领导管理制度。

④ 所谓管理体制，是指企业对各项工作管理权限的划分，包括由一定制度确定的纵向分权和横向分工、隶属关系以及各自管理范围的规定。组织机构则是为实现管理体制的要求而建立的一种相应的组织形式。

⑤ 所谓管理体制是指以集权和分权为中心，全面处理企业纵向各层次之间关系的责权利体系，亦称为企业组织体制。

⑥ 从系统学、管理学角度出发，认为制度是系统结构和运行中相互关系的法治规定，管理体制是指管理机构系统、责权划分与运行等各种制度的总称。

⑦ 管理体制是指管理单位的决策权限、隶属关系、机构设置、调控机制、监督方法等方面的结构体系和组织制度。实现管理体制现代化，是进行管理活动的前提，是管理现代化的迫切任务。

（三）体育赛事管理体制

一个国家的体育赛事管理体制与国家体育管理体制息息相关，目前，世界范围内的体育赛事管理体制按其性质、内容、结构和权力归属的差异一般分为政府管理主导型、社会管理主导型、政府与社会管理结合型三种。政府主导型的典型代表国家是中国，社会主导型的代表国家是美国，政府与社会主导结合型的代表国家是德国。

1. 政府管理主导型体制

政府管理主导型体制主要是由政府设立专门的机构管理运动竞赛的一种制度。这种体制一般由政府直接设立管理运动项目训练和竞赛的部门，对运动训练和竞赛进行宏观和微观的管理，权力相对集中。它的优点是可以集中有限的资源实现预期的目标，周期相对较短。它的缺点也显而易见，抑制了社会资源的效力。特别是在当今体育赛事管理层次、规模不断扩大，国家财力相对紧缺的情况下，可能阻碍运动竞赛的进一步发展。

2. 社会管理主导型体制

社会管理主导型体制是由社会体育组织管理体育赛事活动的赛事管理制度。在这种体制下，政府一般不直接设立专门的管理机构，充分利用市场的作用，政府体育管理机构的主要作用是使用法律、法规、政策等间接手段宏观管理体育赛事活动。这种体制管理权相对分散，社会体育管理组织有相对较大的权力，可以调动社会力量参与体育赛事活动的管理过程，管理效益相对突出。但是，这种体制也存在一定的缺陷，比如，缺乏全局性的协调和多头管理，容易出现多方利益的冲突现象等。

3. 政府与社会管理结合型体制

政府与社会管理结合型体制是由政府和社会体育组织共同管理体育赛事活动的管理制度。其特点是由政府设立专门的部门，主要对体育赛事活动进行宏观管理，如制定政策、发挥协调和监督职能等。而社会体育组织则可以根据国家的政策、方针负责赛事活动微观的具体业务管理，如制定体育赛事活动的规章制度和组织比赛等。结合型的管理体制是否可以达到较好的效益主要取决于宏观和微观的有机结合，即责、权、利的明晰划分。结合型管理体制特点的充分发挥，可以促使体育赛事活动管理的效益最大化。

二、我国体育赛事管理体制的发展历程

（一）体育赛事管理体制初创阶段

从1913年开始，中国参加了由中、日、菲三国发起举行的远东奥林匹克运动会（后按照国际奥委会的意见改称远东运动会），表明中国体育已开始融入世界体育的主流。以田径、体操为特征的现代运动会已经成为当时大受欢迎的一种消遣娱乐方式，同时也表明现代赛事制度已经在中国扎根。

新中国成立初期，我国竞技体育在落后基础上开始起步建设。新中国刚成立，党中央就委托青年团（今共青团）中央管理体育工作，建立和健全各级体育组织，拟定体育发展的各项方针，保证我国体育事业的顺利起步。1949年10月，“中华全国体育总会筹备委员会”成立，团中央负责领导与中央军委有关部门一道组建了以军事项目为主的“中央国防体育俱乐部”，后来与“中华全国体育总会”合并统一管理。1952年在学习苏联的基础上，成立了“中央人民政府体育运动委员会”，任命贺龙为体委主任。体委的框架基本形成，原来由教育部管理的体育总会和国防体育俱乐部交由中央体委负责管理。1952年，体总第一届代表大会通过《中华全国体育总会章程》，章程规定全国体总对外称中国奥委会，“协助政府组织、领导并推进国民体育运动”，实行会员制，同时中央国防体育俱乐部改为“中国人民国防体育协会”，实行协会制。1954年，国家机构改革后政务院改为国务院，中央人民政府体育运动委员会改为中华人民共和国体育运动委员会即国家体委。1956年国家体委颁布《体育运动委员会组织简则》，指出“体委在国务院领导下负责统一管理、监督全国体育事业”，实行委员制。到50年代末，我国初步形成了国家体委、地方体委、国家体总以及单项运动协会、行业体协、基层体协和国防体协为领导机构的竞技体育管理体制。

我国的体育赛事体制是在计划经济时代建立的，从成立之初起就带有浓厚的计划经济特色，新中国成立后，为了迅速提高竞技运动水平，我国同友好国家广泛开展体育交流活动，并相继观摩了第1届亚运会和第15届奥运会，对加快竞技体育的发展起到了一定的促进作用。受当时社会政治、经济及体育管理体制的多重影响，我国在这一段时期主要采

取国家集中管理的体育赛事管理体制。为了保证赛事活动的正常进行，促进我国运动技术水平的提高，国家体委于 1956 公布了《中华人民共和国运动竞赛制度的暂行规定（草案）》，正式确立举行综合型运动会、单项全国锦标赛制度，以及篮球、足球实行等级赛的制度。竞赛制度的建立，使新中国的体育赛事在国家统一规划下形成一个整体，保证各项体育赛事活动有序进行。1956 年，体育工作确立了“加速开展群众性的体育运动，在广泛的群众体育运动基础上努力提高运动技术”的方针，使运动竞赛蓬勃开展。新中国成立初期的体育赛事，除群众性赛事外，还举办了一些全国性的单项体育赛事，其目的是在促进技术水平提高的同时注意发现和培养国家级优秀体育选手。

（二）体育赛事管理体制改革探索阶段

这一时期，我国开始大规模的社会主义建设，在曲折的道路上探索建设社会主义的道路。1957 年，随着国家计划经济的形成与完善，体育社会组织管理系统的功能和作用逐渐削弱，权力逐步集中于国家体委，形成权力高度集中的政府管理型的体育管理体制。1958 年，国家体委召开了全国体育工作会议，讨论和制定了《体育运动十年发展纲要》，提出“要大力开展群众性的体育运动，在体育运动广泛开展的基础上，加速提高运动技术水平，争取 10 年或者更短的时间内，在主要运动项目上，赶上和超过世界水平”的奋斗目标。《纲要》提出的主要指标是“要求 10 年内 4000 万人达到劳卫制标准，800 万人达到等级运动员标准，出现 5000 个运动健将”。此阶段竞技体育事业发展缓慢。

从 1949 年新中国成立到 1978 年党的十一届三中全会召开的 30 年里，中国体育一直是在计划经济体制下运行、发展和壮大的。客观地讲，高度集中的计划经济体制在这一时期体育事业发展中起到了至关重要的作用。这一作用主要表现在三个方面：一是运用政府强有力的行政手段，集中计划、动员、调配有限的人力、物力和财力，取得了较好的宏观效益，奠定了新中国体育事业发展的基础。二是运用行政手段推广和普及了学校体育和群众体育。三是依靠“举国体制”在很短的时间内使我国部分竞技运动项目水平迅速提高，为提高新中国的国际声誉和开展和平外交作出了贡献。计划经济下体育赛事管理体制是在新中国成立后逐步建立和发展的，它是政府领导下的一种条块结合的管理体制。其特征是以国家体育总局管理为主，发挥体育总会、单项体育协会、行业等社会体育组织的辅导管理作用，实行分级比赛、分级管理的结合型管理体制。

经过一段时间的改革后，现行的赛事体制在实践中表现出了一定的优越性，使我国在经济尚不发达的情况下成为世界竞技体育体育大国。改革开放后，随着我国政治、经济体制的改革不断开展和深入，以及体育事业的发展，“集权制”体育赛事管理体制逐渐暴露出了一些局限性。最突出的表现就是体育赛事的发展与国家有限的财力之间的矛盾，体育赛事的发展逐渐失去活力。针对此问题，我国对赛事体制进行了大胆的改革，充分调动各方面办体育的积极性，提出竞赛要面向社会，努力向社会化、多样化、制度化方向发展，使国内比赛与重大国际比赛衔接好，优秀运动队比赛与业余比赛衔接好，使各级各类赛事形成一个有机整体。

1986 年，国家体委颁布了《关于体育体制改革的决定草案》，对体育赛事体制提出以下改革：第一，全国综合性运动会制度化，按照有利于奥运会成绩提高原则，调整不同层次的运动会的时间顺序。第二，改革全运会，全运会的项目按照奥运会设置重点项目，允许行业系统报名参赛。第三，改革全运会运动员参赛资格办法，实行分级管理。第四，开放赛事管理的举办权，提倡社会各界举办各级别的体育赛事。第五，全国、省（自治区、直辖市）运动会逐步实行条块结合。第六，赛事地点与赛事经费实行计划分配与招标、投标相结合。

20 世纪 90 年代，国家体委颁布的《关于竞赛体制改革》中提出竞赛体制改革要将着眼点放在充分调动国家、社会的积极性方面，引导项目或若干项目联合实体，提高赛事管理水平，拓宽赛事资金来源渠道，搞活赛事经营，发展赛事产业，开辟赛事市场，实行经营与社会福利并举，社会效益与经济效益并重，促进竞技体育面向市场，进一步与经济活动相结合，使赛事得益于社会，服务于社会。具体改革的内容有：第一，贯彻“奥运战略”，坚决实行“缩短战线、突出重点”的方针，改革全运会的项目设置、记分办法；第二，改革城运会的项目设置；第三，改革全运会、城运会和单项竞赛的申办制度；第四，改革单项运动会赛事的管理制度、经费配置以及参赛方式；第五，培育赛事市场，发展体育产业。

（三）体育赛事管理体制改革深入阶段

1992 年，中国确立了建立社会主义市场经济体制的改革目标，体育产业化作为体育改革的一个重要内容逐渐得到政府和社会各界的认同。1993 年，国家体委发布了《关于深化体育改革的意见》，在体育赛事体制方面，该意见认为“体育行政部门主要负责制定竞赛的方针政策、规划综合性运动会的组织管理工作，部门和行业综合性运动会由主管部门负责；单项比赛由各运动项目协会负责；其他类型比赛逐步放开”。

1997 年国家体委撤销主管项目的业务司，成立运动项目管理中心，实现了由行政管理型向经营开放型的转变。它适应了运动项目发展的需求，为建立体育赛事市场，发展体育产业创造了有利的条件。体育赛事“实行分级管理”，体育行政部门主要负责综合性运动会的组织管理，其他各类比赛逐步放开。对单项赛事则着重发挥宏观调控职能，国家体委要评估赛事效益，制定和监督执行必要的赛事政策、法规，引导项目实体按照项目自身发展的规律和要求安排赛事。加强对单项赛事的综合平衡和计划指导，充分调动国家、社会的积极性，拓宽赛事资金的来源渠道，搞活赛事经营，发展赛事产业，开辟体育赛事市场，促使竞技体育面向市场。贯彻“奥运战略”，坚决执行“缩短战线、突出重点”的方针，压缩全运会项目设置，改变全运会的记分方法，理顺全运会、城运会和奥运会的关系，改革全国单项运动会的参赛办法，对运动员参赛实行许可证制度。俱乐部赛制以足球为试点，拓宽赛事渠道，扩大商业性、娱乐性、表演性比赛数量。建立、健全、完善赛事申办制度，招、投标制度，逐步实行赛事许可证制度。

（四）当代体育赛事体制改革

进入 21 世纪后，我国的体育赛事在赛事体制、组织结构、科技含量、运行机制等方面都已出现新的格局、新的态势和新的成效，正在逐步探索和形成适应社会主义市场经济，符合现代竞技体育发展规律和国际体育发展趋势，国家办与社会办相结合，集中与分散相结合，多方位、多层次、多元化的体育赛事体系。2002 年国家体育总局提出了要“开放体育竞赛市场，通过招标、申办等形式，鼓励社会各界积极承办各类体育赛事。完善全国运动会竞赛制度，改革全国运动会的赛制和奖励办法”。并在 2002 年颁布的《新时期体育工作意见》中要求举办好全国运动会和国内其他赛事，要全面、科学安排国内各项赛事，改革完善赛事制度，充分发挥赛事的功能和效益，为实现“奥运战略”目标服务。注重开发赛事的社会效益、赛事效益和经济效益，实现举国竞赛体制的创新。

近些年，社会办赛在群众体育赛事和商业赛事方面的确发展较快，并且取得了良好的效益。但是在省级竞技体育赛事的组织中却极少有社会力量的出现，造成社会力量无法有效地参与。省级体育赛事市场化运作水平低的主要原因是：主管部门的思想观念仍停留在依靠政府财政拨款和政策性集资办竞赛的水平上，缺乏市场观念，对市场的认识还比较模糊，没有认识到社会力量对体育竞赛发展的重要支持作用。

从我国体育赛事管理的实践来看，我国体育赛事的运行机制是各级体育赛事管理部门与各行业系统体育协会、体育总会、各级单项体育协会及其他体育组织之间的“条块结合”的双向交互式运行机制模式。其特征是计划经济管理色彩浓厚，市场机制运行不畅。

后奥运时代，政府强加干涉的体制和市场经济要求的自由发展的矛盾愈演愈烈，“强政府、弱社会”的管理体制仍旧保持着主导地位，我国目前经济实力并不强，体育团体的社会基础就更加薄弱了。另一方面，由于在举国体制大环境下，体育团体夺得成绩是体现在政府机构利益上的，此外行业也要求公益性等，因此社会机构积极性一直不高。竞技体育国家办的形式必须从一元走向多元，去充分地发挥举国体制优势。

当举国体制的实行保证了我国体育中的竞技体育部分在大型比赛，例如奥运会、各个项目的世界锦标赛中取得骄人的成绩，瞬间便成为国人的精神支柱。但是随着时代的发展，社会价值观的变化，还有北京奥运会后我国金牌全世界第一等客观事实的发生，人们正变得越来越理性。相比较金牌数量，可能更关注公众的体育锻炼需求能否得到国家的支持，但中国的特殊国情使得“锦标主义”被偷换了概念，广大群众的体育要求则一再被忽视。因此，后奥运时代我们审时度势，客观历史地分析，赋予“举国体制”以新的内涵，加快竞技体育市场化进程，按市场规律办事，合理配置体育资源，提高效率和效益，努力转变政府职能，使体育与社会各项事业协调发展。

为加强体育赛事的宏观管理，发展体育事业，提高体育运动水平，根据《中华人民共和国体育法》和国家有关法规，于 2000 年制定了《全国体育竞赛管理办法（试行）》。

为进一步加快发展体育产业，促进体育消费，2014 年 10 月 20 日以国发〔2014〕46 号下发了《国务院关于加快发展体育产业 促进体育消费的若干意见》。

为贯彻党中央、国务院加快转变政府职能、深化行政体制改革的重大决策，落实《国务院关于加快发展体育产业 促进体育消费的若干意见》，鼓励社会力量参与体育事业，充分调动社会各方面组织和承办体育赛事的积极性，按照深化改革的精神和创新行政管理方式的要求，进一步简政放权，国家体育总局出台了《国家体育总局关于推进体育赛事审批制度改革的若干意见》（体政字〔2014〕124 号），根据此文件又出台了《体育总局关于印发〈全国性单项体育协会竞技体育重要赛事名录〉的通知》（体政字〔2014〕125 号）。

为进一步加强和规范全国体育赛事的管理工作，根据《中华人民共和国体育法》，2015 年又出台了《体育总局关于印发〈体育赛事管理办法〉的通知》（体竞字〔2015〕190 号）。

2020 年 1 月 17 日国家体育总局 25 号令下发了新的《体育赛事活动管理办法》的通知。于 2020 年 5 月 1 日起施行。同时，政府加大了对群众体育的投入，体现以人为本的理念，逐渐将重心转移到大众体育赛事的运营方面，各个等级的马拉松赛事如雨后春笋般涌现。

三、各类竞赛的奖励制度

运动竞赛确定录取名次是促进运动技术水平不断提高的一个极其重要的辅助因素，主要包括决定名次的方法和录取名次的数额。这两大政策的制定，在某种程度上可以激励运动员运动技术水平的发挥，同时还可以鼓励教练员对专项技术的探索和创新。它既是个人和团体发展的动力，也是衡量运动员和运动队运动水平的客观标准。

我国现行竞赛奖励制度包括：排列并公布各参赛单位奖牌总数名次，排列并公布单位团体总分，排列并公布单项名次，辅助性奖励，综合性奖励。

（一）综合性运动会的录取名次、名称的确定及奖励

1. 排列并公布各参赛单位奖牌总数名次

按照各参赛单位所获金、银、铜牌总数排列。金牌多者名次列前。金牌数相等，则银牌多者列前，以此类推。

2. 排列并公布单位团体总分

按照参赛单位男女所获前八名的 9、7、6、5、4、3、2、1 计算总得分，总分多者名次列前。如相等，依次按打破世界纪录、亚洲纪录、全国纪录的项次决定，多者名次列前；如仍相等，则依次按获得第一名多者，名次列前，以此类推。

（二）单项竞赛的名次录取及奖励办法

在正式比赛和非正式比赛中，无论集体或个人，均录取前八名给予奖励。设团体总分的竞赛，录取办法和综合性运动会相同。创纪录则按世界、亚洲、全国等层次顺序，授予带有不同层次标志的创纪录奖章、证书及其他物质奖励。

（三）辅助性奖励

从 20 世纪 80 年代中后期开始，为了鼓励运动员勤学苦练、赛出风格、赛出水平、创造优异成绩，除按成绩录取团体、单项个人名次给予奖励外，还可根据竞赛的规模、特点、时间和主办单位的要求，另安排辅助性奖励。另外，还可对在组织竞赛工作中作出贡献的单位和个人给予适当的奖励。包括体育道德风尚奖、创纪录奖、技术奖、优秀运动员奖、优秀教练员奖及优秀裁判员奖等。一般 4 天以上竞赛日程的运动会均设此类奖，并由大会授予物质奖励。评奖比例大致为 15∶1，集体在 8 个队以下，评一个队，9~16 个队，评两个队，16 队以上，评三个队。我国全国运动会有时根据国家竞技体育导向的需要，还会制定相应的奖励政策。辅助性奖励及评选办法应于赛前制定下发，以便于激发参赛单位、运动员、教练员、裁判员以及竞赛承办单位和有关工作人员的积极性。

复习思考题

1. 简述体育赛事的起源。
2. 简述体育赛事的特征与价值。
3. 体育赛事的利益相关者有哪些？它们分别有哪些作用？
4. 简述体育赛事管理体制的种类及我国体育赛事管理体制的发展历程。

第二章 国内外大型体育赛事

国际体育赛事按照举办的项目的多少，分为综合性运动会和单项运动会；按比赛主办者的地位和规模，分为国际性比赛、洲际性比赛、国家（地区）间比赛等。按我国的体育赛事管理办法，在我国举办的国际性体育赛事分为A类赛事、B类赛事及C类赛事。A类赛事：由国际体育组织主办的综合性和单项体育赛事；由体育总局主办或参与主办的重要国际体育赛事；由体育总局相关单位或所属全国单项协会主办的跨省（自治区、直辖市）的国际体育赛事，以及举办涉及海域、空域及地面敏感区域等特殊领域的国际体育赛事。B类赛事：由体育总局相关单位或所属全国单项协会主导，与地方共同主办或交由地方承办的国际体育赛事；C类赛事：地方自行举办的国际体育赛事，由地方主导、体育总局相关单位或所属全国单项协会参与主办、协办的国际体育赛事。

第一节 国际综合性体育赛事

一、国际奥林匹克运动会

（一）奥运会简介

奥林匹克运动会（Olympic Games），简称“奥运会”，是国际奥林匹克委员会主办的世界性综合运动会。因起源于古希腊奥林匹亚而得名，每四年举行一次。古代奥运会从公元前776年到393年，共历经293届，后被罗马皇帝狄多西以异教活动罪名而废止。1894年在巴黎召开的国际体育会议，根据顾拜旦的倡议成立了国际奥委会，并决定恢复奥运会。现代第一届奥运会于1896年4月6—15日在希腊雅典举行。从1896年开始奥林匹克运动会每四年举办一次（曾在两次世界大战中中断过三次，分别是在1916年、1940年和1944年），会期不超过16天。

奥林匹克运动会习惯上又称为“夏季奥林匹克运动会”。比赛项目共有30多个大项。1924年开始举办冬季项目的奥运会（冬季体育项目最早在1908年添加到奥运会中，当时是花样滑冰运动，冰球项目自1920年加入）。在1924年，冬奥会第一次在法国的查米尼斯单独举行（奥林匹克体育周——第8届奥运会的一部分），由于秘书人员的疏忽，在会议记录中误写为“第1届冬季奥运会”，于是国际奥委会也由此予以认可和追认，并决定以后每四年举办一次。自1994年起，冬奥会定于不和夏季奥运会同年举行，因此目前奥运会为每4年一届，冬奥会和夏季奥运会交替进行。习惯上将非冬季项目的奥运会称为“夏季奥运会”或“奥运会”。

在奥运会初期阶段，国际奥委会主席都是从主办国的候选人中产生。如第一届是雅典人，第二届是法国人顾拜旦，后来就出现连任现象。国际奥委会副主席的任期为四年一届，定期更换，轮流担任。四位副主席中每年有一位执行人，这位执行副主席可以投票决定并请奥委会主席取消一个赛事或比赛项目。国际奥委会还定于每年要视察下届奥运会举办国组委会的工作进程，并提出改善意见，有权建议转移奥运会的主办城市。

（二）奥运会运动项目设置要求

1. 运动大项

凡被列入奥运会比赛项目的运动大项，必须是至少在 75 个国家和四大洲的男子中以及在至少 40 个国家和三大洲的女子中广泛开展的运动项目。只有在至少 25 个国家和三大洲中广泛开展的运动项目，才可以列入冬季奥运会比赛项目，并且至少在有关的奥林匹克运动会召开前 7 年确定，确定后不允许有任何变动。

2. 运动小项

运动小项是奥运会运动大项中的一项比赛，产生名次，颁发奖章和奖状。必须至少在 50 个国家（地区）和三大洲的男子中，以及在至少 35 个国家和三大洲的女子中广泛开展的运动小项，才可以列入夏季奥运会比赛项目，且必须在有关的奥运会召开前 4 年确定，确定后不允许有任何变动。

3. 奥林匹克运动会比赛项目的设定规定

夏季奥运会的比赛项目至少必须包括 15 个奥林匹克运动大项，而冬奥会则不存在这种最低限额。在每届奥林匹克运动会后，国际奥委会对奥运会比赛项目给予重新审议，并决定大项、小项的设置和撤销。

（三）奥林匹克运动会的参赛名额

各国报名参赛人数由国际奥委会执行委员会在与有关国际单项体育联合会磋商后确定。一般报名参加个人小项比赛的人数不应超过世界锦标赛中规定的报名人数，即每个国家不能超过 3 人。团体赛比赛项目，男队和女队都不得超过 12 队，也不得少于 8 队，国际奥委会执行委员会在与有关国际单项联合会磋商后可以增加替补队员的人数。

（四）奥林匹克运动会的奖励

国际奥委会强调比赛只是个人和各队之间的竞争，不是国与国之间体育实力的较量。国际奥委会公布的只是比赛成绩，并没有各个国家的得奖情况。但东道国、新闻界以及各国奥委会都进行这方面的统计，并按照奖牌排出金牌榜。在奖励方面，也着重在精神和名誉上。国际奥委会认为，精神奖励是奥林匹克精神的重要因素之一。对在奥运会上获胜的前三名选手，只分别授予金、银、铜牌，不发给任何物质奖励。

（五）奥林匹克运动会参赛运动员的条件

一个运动员要想参加奥运会的比赛，首先必须符合下列基本的要求：运动员所属的国家和地区奥委会必须是国际奥委会的成员，运动员必须遵守国际奥委会章程，遵守经国际奥委会批准的国际单项体育组织的规则。例如，1958 年中国奥委会宣布与国际奥委会脱离关系，中国运动员也就没有机会参加奥运会，直到 1970 年国际奥委会恢复中国的会籍，中国运动员才于 1980 年重返奥运赛场。国际奥委会章程中还有一些具体的要求，包括不使用禁用的药物和方法、公正比赛和非暴力精神等。运动员如果违反这些规定，将被取消比赛资格，所取得的成绩无效。

除了以上基本要求，还有另外一些限制。

1. 年龄限制

奥运会的运动员除了在国际单项体育联合会的竞赛规则中由于健康原因有所规定外，没有其他的限制。但是在征得国际奥委会同意的前提下，单项体育组织可以对本项目运动员的年龄进行限制。如国际足联规定，参加奥运会的每个队中只能有 3 名球员年龄在 23 岁以上。

2. 运动员的国籍

参加奥运会的运动员必须是选派他参赛的国家奥委会所在国的国民。如果一个运动员同时是两个或两个以上国家的国民，他只能代表其中一个国家参加奥运会，这个国家由他自己选择。曾经在奥运会、洲或地区的运动会被有关国际单项体育联合会承认的世界锦标赛或地区锦标赛中代表一个国家的运动员，如果他改变了自己的国籍或取得新国籍，必须在改变国籍或取得新国籍 3 年以后，才能代表新国家参加奥运会，但是如果取得了有关国家奥委会和国际单项体育联合会的同意以及国际奥委会执委会的批准，这个期限可以缩短，甚至取消。如果一个运动员所在的国家是新独立的国家，或他所属的国家奥委会是新被承认的，这个运动员可以选择代表新的或原来所属的国家参加奥运会，但这样的选择机会只有一次，例如，苏联解体后，现属新独立国家的运动员可以选择代表新的国家，也可以选择代表俄罗斯参加奥运会。在奥运会中涉及运动员国籍问题的一切争端，都应该由国际奥委会执委会根据以上原则来加以解决。

（六）奥运会主办城市的选择

根据顾拜旦的理想，奥运会应该由世界各国的城市轮流主办，这样有利于奥林匹克精神的传播。国际奥委会确定奥运会举办城市目前采用的程序如下。

1. 由申办城市向国际奥委会提出书面申请

由于现代奥运会筹备工作需要足够的时间才能完成，国际奥委会在奥运会举行的前 8 年即开始招标，并规定明确的截止日期。意欲举办奥运会的城市须在此日期前以正式的书面形式向国际奥委会提出申请。申请报告必须经本国奥委会的批准，并由该国政府签署表示支持。如果同一国家有两个以上的城市拟申办，由该国奥委会从中确定一个，也就是说，国际奥委会只允许每一个国家有一个城市申办一届奥运会。

2. 国际奥委会执委会对提出申办的城市进行初步筛选

国际奥委会执委会对各提出申办的城市进行“资格”审定，根据申办城市自己的陈述以及对申办城市的基本情况的了解，筛选出数名城市“入围”，进入正式的申办程序。

3. 国际奥委会评估委员会对申办城市进行实地考察

国际奥委会和负责奥运会项目的国际单项体育联合会发出对申办城市各种条件进行调查的有关表格和问卷，这些问题非常具体而详尽，涉及举办奥运会的各个方面。申办城市将自己对这些问题的回答汇总，装订成长达数百页的申办报告，实际上就是一个非常详细的举办奥运会的计划。在国际奥委会全会表决前 6 个月送交国际奥委会。然后，国际奥委会组成评估委员会，该委员会由以下各方代表组成：国际奥委会委员、国际单项体育联合会代表、国家奥委会代表、前奥运会组委会代表、运动员代表、环境保护及财政方面的专家等。评估委员会会亲自赴各申办城市进行实地考察，并将考察的结果以书面报告形式呈交国际奥委会，发放给每一位委员，作为委员在最后的全会表决时的参考依据之一。

4. 国际奥委会全会投票，确定举办城市

奥运会举办城市的最后确定权完全由国际奥委会全会掌握。具体形式是在奥运会举办前7年召开的国际奥委会全会上，由全体委员不记名投票表决。在投票中，只要某个申办城市获得半数以上的选票，即被确定为举办城市。在有几个城市竞争的情况下，采用多轮投票的方法，每一轮淘汰票数最少的一个城市。如果两个城市票数相同，则增加一次专为这两个城市的投票，从中淘汰一个。国际奥委会主席不参加投票，如最后一轮两个城市票数相等，则由主席投出一票，来决定主办者。

5. 国际奥委会与举办城市签约

举办城市确定后，该城市即与国际奥委会签订正式的协议——“举办城市合同”，承担具有法律约束力的责任，保证组委会将遵照《奥林匹克宪章》和国际奥委会的指示，不折不扣地履行协议中的各项条款。

（七）历届奥运会举办情况（见表2-1，表2-2）

表2-1　　历届奥运会举办情况

届次	举办时间	地点	参赛国家和地区数	规模	
				设项数目	参赛人数
第1届	1896年10月	希腊雅典	13	9	311
第2届	1900年5—10月	法国巴黎	24	17	1225（19女）
第3届	1904年7—11月	美国圣路易斯	12	6	2000
第4届	1908年4—10月	英国伦敦	22	11	2034（36女）
第5届	1912年5—7月	瑞典斯德哥尔摩	28	15	2547（57女）
第6届	1916年	原定德国柏林	第一次世界大战		
第7届	1920年4—9月	比利时安特卫普	29	20	2607（64女）
第8届	1924年5—7月	法国巴黎	44	17	3092（136女）
第9届	1928年5—8月	荷兰阿姆斯特丹	46	14	3014（290女）
第10届	1932年7—8月	美国洛杉矶	37	14	1332
第11届	1936年8月	德国柏林	49	19	3963（331女）
第12届	1940年	日本东京	第二次世界大战		
第13届	1944年	英国伦敦			
第14届	1948年7—8月	英国伦敦	59	17	4062（385女）
第15届	1952年8月	芬兰赫尔辛基	69	17	4955（519女）
第16届	1956年11—12月	澳大利亚墨尔本	67	17	3184（371女）
第17届	1960年8—9月	意大利罗马	84	17	5348（610女）
第18届	1964年10月	日本东京	93	19	5151（678女）
第19届	1968年10月	墨西哥墨西哥城	112	18	5531（781女）
第20届	1972年8月	德国慕尼黑	121	23	7123（1058女）
第21届	1976年7月	加拿大蒙特利尔	92	21	6028（1247女）
第22届	1980年7月	苏联莫斯科	80	21	5179（1124女）
第23届	1984年7月	美国洛杉矶	140	21	7616（1719女）
第24届	1988年9月	韩国汉城	159	23	8465（2476女）
第25届	1992年7月	西班牙巴塞罗那	169	28	9367（2708女）
第26届	1996年7月	美国亚特兰大	197	26	10788（3779女）
第27届	2000年9月	澳大利亚悉尼	199	27	10651（4069女）
第28届	2004年8月	希腊雅典	202	28	11099（4524女）
第29届	2008年8月	中国北京	204	28	11438

续表2-1

届次	举办时间	地点	参赛国家和地区数	规模	
				设项数目	参赛人数
第30届	2012年7月	英国伦敦	205	26	10568（4650女）
第31届	2016年8月	巴西里约热内卢	205	28	11303

表2-2　历届冬奥会举办时间、地点

届数	举办时间	地点
第1届	1924年1月25日—2月4日	法国夏尔蒙
第2届	1928年2月11日—2月19日	瑞士圣莫里茨
第3届	1932年2月4日—2月15日	美国普莱西德湖
第4届	1936年2月6日—2月16日	德国加米施帕滕基兴
第5届	1948年1月30日—2月8日	瑞士圣莫里茨
第6届	1952年2月14日—2月25日	挪威奥斯陆
第7届	1956年1月26日—2月5日	意大利科蒂纳丹佩佐
第8届	1960年2月18日—2月28日	美国斯阔谷
第9届	1964年1月29日—2月9日	奥地利因斯布鲁克
第10届	1968年2月6日—2月18日	法国格勒诺布尔
第11届	1972年2月3日—2月13日	日本札幌
第12届	1976年2月4日—2月15日	奥地利因斯布鲁克
第13届	1980年2月13日—2月24日	美国普莱西德湖
第14届	1984年2月8日—2月19日	南斯拉夫萨拉热窝
第15届	1988年2月13日—2月28日	加拿大卡尔加里
第16届	1992年2月8日—2月23日	法国阿尔贝维尔
第17届	1994年2月12日—2月27日	挪威利勒哈默尔
第18届	1998年2月7日—2月22日	日本长野
第19届	2002年2月8日—2月24日	美国盐湖城
第20届	2006年2月10日—2月26日	意大利都灵
第21届	2010年2月12日—2月28日	加拿大温哥华
第22届	2014年2月7日—2月23日	俄罗斯索契
第23届	2018年2月9日—2月25日	韩国平昌

二、青年奥林匹克运动会

青年奥林匹克运动会（The Youth Olympic Games，YOG），简称为青年奥运会、青奥会。

青年奥运会是一项专为年轻人设立的体育赛事，糅合了体育、教育和文化等领域的内容，并为推进这些领域与奥运会的共同发展起到一个催化剂的作用。青奥会与奥运会一样，每四年一届。夏季青奥会最长12天，将于仲夏举办。2001年，国际奥林匹克委员会主席雅克·罗格提出了举办青奥会的设想。国际奥委会在2007年7月5日于危地马拉城举行的第一百一十九次国际奥委会全会上一致同意创办青年奥运会。

青奥会旨在聚集世界范围内所有的具有天赋的青年运动员——参赛选手的年龄应在14岁到18岁之间——以组织具有高度竞技水平的赛事；此外，还应该在奥林匹克精神方面成为一项具有教育意义的项目，让青年们从运动中收获健康的生活方式。

青奥会除了体育竞赛，更加注重在运动会举办期间的教育与文化活动。这包括关于奥运价值观的教育互动和论坛，讨论如何通过健康的生活方式和反对使用毒品，使青年人成为真正的具有体育精神的人。互动活动将由著名冠军和来自教育、体育、文化界的国际专家，以自己丰富的经验直接指导年轻运动员们如何处理相关的社会问题等，这些活动还将通过网聊和博客与外界互动。

2010 年新加坡青年奥林匹克运动会简称新加坡青奥会是首届青奥会，新加坡青奥会于 2010 年 8 月 14—26 日举行，有约 3528 名运动员、800 名裁判员及教练员参加了此次盛会。青奥会共设 26 个大项，201 个小项。

2014 年南京青年奥林匹克运动会，又称南京青奥会，于 2014 年 8 月 16 日 20 时在中国南京开幕。南京青奥会是继北京奥运会后中国的又一个重大奥运赛事，是中国首次举办的青奥会，也是中国第二次举办的奥运赛事，共设 28 个大项、222 个小项，有 204 个国家和地区的 3787 名运动员参加比赛，是参赛国家和地区较多的体育大赛之一。

2018 年布宜诺斯艾利斯青年奥林匹克运动会，又称布宜诺斯艾利斯青奥会，竞赛项目主要是参考 2020 年东京奥运会和 2014 年南京青奥会的项目设置，确定了 31 个竞赛项目，并且充分考虑了国际奥委会对 2020 年夏季奥运会增加项目设置的可能性，能够保证完成更多项目的竞赛组织工作。布宜诺斯艾利斯青奥会的项目有 31 个大项、238 个小项。

三、世界大学生运动会

世界大学生运动会是由国际大学生体育联合会主办，只限在校大学生和毕业不超过两年的大学生（年龄限制为 17—28 岁）参加的世界大型综合性运动会。国际大学生体育联合会是一个独立的综合性国际体育组织，简称“国际大体联”，成立于 1949 年，现有协会会员 162 个，总部设在比利时的布鲁塞尔。1959 年，第一届世界大学生夏季运动会在意大利都灵举行。1960 年，仿奥运会赛制，在法国夏蒙尼举办了第一届世界大学生冬季运动会。起初夏季运动会和冬季运动会分别在单数年和双数年举行，从 1981 年起改为在同一年举行。

国际大体联每两年主办一次世界大学生夏季运动会和冬季运动会，在组织规模、参赛国家和地区、人数和水平等方面在国际上都具有较大影响，素有“小奥运”之称。夏季运动会比赛项目包括：田径、篮球、足球、排球、体操（艺术体操、竞技体操）、水上运动（游泳、跳水、水球）、乒乓球、网球、柔道、击剑等 10 项，但东道国有权再增加 3 项自选项目。2011 年深圳大运会增加了定向越野和桥牌。冬季运动会比赛项目有速度滑冰、短道速滑、花样滑冰、高山滑雪、越野滑雪、跳台滑雪、冬季两项、冰球、北欧两项、滑板滑雪。

除此之外，国际大体联还每两年组织一次包括越野、野外定向、自行车、手球等近 20 个项目的世界锦标赛。

1959 年第 1 届世界大学生运动会，中国参加了部分田径项目的比赛，从 1961 年第 2 届起至第 8 届，中国均未派团参加。1975 年，中国被接纳为国际大学生体育联合会正式会员。从 1977 年第 9 届起中国派团参加了迄今为止的历届世界大学生运动会。历届大运会举办情况见表 2-3、表 2-4。

表 2-3　　历届大运会举办情况

届次	举办时间/年	地点	参赛国家和地区数	参赛人数
第 1 届	1959	意大利都灵	45	985
第 2 届	1961	保加利亚索菲亚	32	1270
第 3 届	1963	巴西阿雷格里港	27	713
第 4 届	1965	匈牙利布达佩斯	32	1729
第 5 届	1967	日本东京	30	937
第 6 届	1970	意大利都灵	58	2080
第 7 届	1973	苏联莫斯科	64	2765
第 8 届	1975	意大利罗马	40	712
第 9 届	1977	保加利亚索菲亚	85	3232
第 10 届	1979	墨西哥墨西哥城	85	3500
第 11 届	1981	罗马尼亚布加勒斯特	87	2919
第 12 届	1983	加拿大埃德蒙顿	68	2402
第 13 届	1985	日本神户	106	3949
第 14 届	1987	南斯拉夫萨格勒布	121	3904
第 15 届	1989	联邦德国杜伊斯堡	90	3000
第 16 届	1991	英国谢菲尔德	103	3461
第 17 届	1993	美国布法罗	130	6000
第 18 届	1995	日本福冈	163	5740
第 19 届	1997	意大利卡塔尼亚	160	6000
第 20 届	1999	西班牙帕尔马	114	5776
第 21 届	2001	中国北京	169	3939
第 22 届	2003	韩国大邱	177	4600
第 23 届	2005	土耳其伊兹密尔	133	5338
第 24 届	2007	泰国曼谷	180	7000
第 25 届	2009	塞尔维亚贝尔格莱德	145	8500
第 26 届	2011	中国深圳	152	13000
第 27 届	2013	俄罗斯喀山	160	10000
第 28 届	2015	韩国光州	149	13000
第 29 届	2017	中国台北	141	7000
第 30 届	2019	意大利那不勒斯	118	6000

表 2-4　　历届大冬运会时间、地点

届数	举办时间/年	地点
第 1 届	1960	法国夏蒙尼
第 2 届	1962	瑞士韦尔勒斯
第 3 届	1964	捷克斯洛伐克德莱鲁夫姆林
第 4 届	1966	意大利塞斯特里
第 5 届	1968	奥地利茵斯布鲁克
第 6 届	1970	芬兰罗瓦涅米
第 7 届	1972	美国普莱西德湖
第 8 届	1975	意大利利维尼奥
第 9 届	1978	捷克斯洛伐克德莱鲁夫姆林

续表2-4

届数	举办时间/年	地点
第 10 届	1981	西班牙哈卡
第 11 届	1983	保加利亚索菲亚
第 12 届	1985	意大利贝纳通
第 13 届	1987	捷克斯洛伐克克特尔布斯凯普莱索
第 14 届	1989	保加利亚索菲亚
第 15 届	1991	日本札幌
第 16 届	1993	波兰扎克潘
第 17 届	1995	西班牙哈卡
第 18 届	1997	韩国全州
第 19 届	1999	斯洛文尼亚布莱德
第 20 届	2001	波兰扎克潘
第 21 届	2003	意大利塔尔维希奥
第 22 届	2005	奥地利茵斯布鲁克
第 23 届	2007	意大利都灵
第 24 届	2009	中国哈尔滨
第 25 届	2011	土耳其埃尔祖鲁姆
第 26 届	2013	意大利特伦蒂诺
第 27 届	2015	西班牙格拉纳达
第 28 届	2017	哈萨克斯坦阿拉木图
第 29 届	2019	俄罗斯克拉斯诺亚尔斯克

四、世界中学生运动会

世界中学生运动会始办于 1974 年，是由国际中学生体育联合会主办，限 17 岁以下的在校中学生参加的国际综合性运动会。1990 年以前每两年举办一届，后改为每四年一届。迄今已举办过 17 届。比赛项目通常设有田径、游泳和体操（竞技体操、艺术体操、健美操）5 个大项，但偶尔比赛项目也略有增减。

历届世界中学生运动会举办时间、地点见表 2-5。

表 2-5　　　　历届世界中学生运动会举办时间、地点

届数	举办时间/年	地点
第 1 届	1974	德国威斯巴登
第 2 届	1976	法国奥尔良
第 3 届	1978	土耳其伊兹密尔
第 4 届	1980	意大利都灵
第 5 届	1982	法国里尔
第 6 届	1984	意大利佛罗伦萨
第 7 届	1986	法国尼斯
第 8 届	1988	西班牙巴塞罗那
第 9 届	1990	比利时布鲁日
第 10 届	1994	塞浦路斯尼科西亚
第 11 届	1998	中国上海

续表2-5

届数	举办时间/年	地点
第 12 届	2002	法国卡昂
第 13 届	2006	希腊雅典/赛萨罗尼卡
第 14 届	2009	卡塔尔多哈
第 15 届	2013	巴西巴西利亚
第 16 届	2016	土耳其特拉布宗
第 17 届	2018	摩洛哥马拉喀什

五、世界运动会

世界运动会是由国际世界运动会协会主办的一项国际性体育盛会，竞赛项目以非奥运会项目为主，于 1981 年首次举办，每四年举行一次，每届于奥运会次年举行，截至 2019 年共举办了十届，第 11 届世界运动会将于 2021 年在美国伯明翰举行，2025 年世界运动会将在我国四川成都举行。

世界运动会的领导机构是 1980 年成立的世界运动会理事会，后重新命名为国际世界运动会协会，执行机构为世界运动会执委会。除举行非奥运会项目的比赛外，在举办每届世界运动会的同时，主办城市还举办各种文化活动和社会活动，如音乐会、展览会等。世界运动会的创办促进了世界体育文化的繁荣和发展，前国际奥委会主席萨马兰奇很赞赏世界运动会的举办，称世界运动会为“二级奥运会”。国际奥委会承认国际世界运动会协会，并向世界运动会提供正式资助，还出资承担世界运动会的兴奋剂检查费用。自 1999 年起，萨马兰奇请国际奥委会执委会成员、欧洲奥林匹克委员会主席雅克·罗格出任国际奥委会在世界运动会执委会中的观察员。国际世界运动会协会现有 31 个正式成员协会，设置的项目分为比赛项目和表演项目两种，均为非奥运项目，选拔参赛运动员完全按照各国际单项体育联合会的程序和标准进行，并非像奥运会那样以国家代表队的形式参赛。而且，不要求主办城市大兴土木专为运动会新建和扩建比赛场地及设施，这样就在一定程度上限制了运动会的规模。

六、世界军人运动会

世界军人运动会（Military World Games）是国际军事体育理事会主办的全球军人最高规格的大型综合性运动会，每四年举办一届，会期 7～10 天，基本比赛项目包括 24 个大项，有 100 多个国家和地区参赛，规模仅次于奥运会，是和平时期各国军队展示实力形象、增进友好交流、扩大国际影响的重要平台，被誉为“军人奥运会”。截至 2019 年已经举行了 7 届。

为纪念第二次世界大战结束 50 周年和《联合国宪章》的签署，第一届世界军人运动会于 1995 年 9 月 4 日至 16 日在意大利首都罗马举行。当时来自 93 个国家和地区的 4017 名军人运动员参赛，展开了一场没有硝烟的角逐。这是有史以来世界各国军队第一次在和平环境下欢聚于体育盛会中，因此这届赛会被称赞为“世界军史上具有特殊意义的和平庆典”。本届世界军人运动会，中国人民解放军派出 191 人的体育代表团参赛阵容，其中包括中国射击名将许海峰，共夺得 13 枚金牌、21 枚银牌和 15 枚铜牌，金牌总数名列第三，仅次于俄罗斯和美国。

第七届世界军人运动会于2019年10月18日在中国武汉举行，赛期10天，共设置射击、游泳、田径、篮球等27个大项、329个小项。有来自100多个国家和地区的近万名现役军人同台竞技。这是我国第一次承办综合性国际军事赛事，也是继北京奥运会后，我国举办的规模最大的国际体育盛会。本届军运会，中国人民解放军代表团共获得133枚金牌、64枚银牌、42枚铜牌，共239枚奖牌。金牌、银牌和奖牌数均排名第一。

七、残疾人奥林匹克运动会

残疾人运动会最早是于1948年在英国斯托克曼德威尔为第二次世界大战中受脊髓损伤的退役士兵首次举办的运动会。残疾人奥林匹克运动会始办于1960年，是由国际奥委会和国际残疾人奥林匹克委员会主办的、专为残疾人举行的世界大型综合性运动会，每四年于夏季奥运会后举办一届，运动员包括肢残人（先天残疾人的如儿麻、肢体先天畸形等，还有后天因意外事故截肢的）、盲人、脑瘫者。截至2019年已举办过15届。冬季残奥会自1976年举行以来，截至2019已经举办了12届，其赛事组织规模和接待服务水平等同于奥运会。

残奥会理念：超越、融合、共享。

“超越”的核心是超越自我、挑战极限。它体现了奥林匹克运动“更高、更快、更强”的目标和残疾人体育运动的特点；“超越”传达了残疾人运动员超越生理障碍的勇气和信心，展现了他们自强不息、顽强拼搏的精神风貌；“超越”也是心理上的超越，是残疾人摒弃偏见、渴望平等参与社会生活的诉求，是残疾人体育运动的精髓。

“融合”体现奥林匹克“团结”“和平”“和谐”的价值观。它涵盖了人与人、人与社会以及人与自然融合三个方面。

“共享”体现了残疾人与健全人同属一个世界、携手共创未来的崇高理想。“共享”就是要让残疾人与健全人在奥林匹克运动和社会生活中享有平等权利，在五环旗帜的感召下共享奥林匹克运动带来的欢乐、友谊、梦想与成功，共享社会文明成果。

残疾人运动会的举办是世界文明进步的体现，大大提高了残疾人的社会地位和生活质量。

夏季残奥会一般设田径、射箭、羽毛球、盲人足球、地滚球、皮划艇、自行车、马术、盲人门球、柔道、举重、划船、射击、坐式排球、游泳、乒乓球、跆拳道、铁人三项、轮椅篮球、轮椅击剑、轮椅橄榄球和轮椅网球等项目。

八、特殊奥林匹克运动会

特殊奥林匹克运动（简称特奥运动），是基于奥林匹克精神，专门针对智障人士开展的国际性运动训练和比赛。特奥运动项目非常丰富，从最基本的机能活动到最高级的竞赛，适合所有年龄和能力等级的特奥运动员。特殊奥林匹克运动会（简称特殊奥运会或特奥会）包括本地、国家、洲际和世界等不同级别。其中，世界特殊奥运会每两年举办一届，夏季和冬季交替举行。2007年上海承办第12届世界夏季特殊奥运会。到2019年已经举办了15届世界夏季特殊奥运会，11届世界冬季特殊奥运会。

国际特殊奥林匹克委员会（简称国际特奥会或特奥会）是特奥运动的国际权威组织及管理机构，也是国际奥委会认可的可以在全球范围内使用“奥林匹克”名称独立开展体育活动的组织，多年来一直致力于在世界范围内推动特奥运动的发展。国际特奥会的创始人是美国前总统约翰·肯尼迪的妹妹尤尼斯·肯尼迪·施莱佛女士，现为该组织的名誉主席；现任主席是蒂姆·施莱佛（Timothy Shriver）先生。国际特奥会总部设在美国华盛顿特区，现有会员组织 160 多个，特奥运动员 225 万人。

特殊奥运会的比赛项目有田径、水上运动、羽毛球、篮球、地掷球、保龄球、自行车、马术、高尔夫球、体操、力量举、轮滑、帆船、足球、垒球、乒乓球、手球、网球、排球、赛艇和室内滚木球等。

九、洲际运动会

洲际运动会是以世界各大自然区域所属一定范围内的多个国家和地区参赛的大型综合性运动会，一般设项较全，赛程在 10 天以上，有礼仪性活动贯穿全过程，普遍受到主办国领导人的重视和广大公众的关注，并被国家当作进行外交和商贸活动的机遇。此外，为选拔奥运会参赛选手，各洲运动会原则上在奥运会前 1 ~2 年举行。

（一）亚洲运动会

亚运会是亚洲最大的体育盛会，每四年举行一届，与奥运会相隔两年举办。从 1951 年在印度新德里召开第 1 届以来至 2019 年已举办了 18 届。每次总赛期（含开、闭幕式）不超过 16 天，不得少于 8 个比赛项目，其中必须包括田径和游泳项目的比赛。目前参赛国家和地区大约 45 个左右，运动员 9700 人左右，项目约 36 个。在亚洲各国人民的共同努力下，亚洲体育有了很大的发展。我国也对亚洲体育的发展作出了卓越的贡献。我国于 1990 年在北京举办了第 11 届亚运会，于 2010 年在广州举办了第 16 届亚运会。历届亚运会举办时间、地点见表 2-6。

表 2-6　　历届亚洲运动会举办时间、地点

届数	时间	地点
第 1 届	1951 年 3 月	印度新德里
第 2 届	1954 年 5 月	菲律宾马尼拉
第 3 届	1958 年 5 月	日本东京
第 4 届	1962 年 8 月	印度尼西亚雅加达
第 5 届	1966 年 12 月	泰国曼谷
第 6 届	1970 年 12 月	泰国曼谷
第 7 届	1974 年 9 月	伊朗德黑兰
第 8 届	1978 年 12 月	泰国曼谷
第 9 届	1982 年 11 月	印度新德里
第 10 届	1986 年 9 月	韩国首尔
第 11 届	1990 年 9 月	中国北京
第 12 届	1994 年 10 月	日本广岛
第 13 届	1998 年 12 月	泰国曼谷
第 14 届	2002 年 9 月	韩国釜山
第 15 届	2006 年 12 月	卡塔尔多哈
第 16 届	2010 年 11 月	中国广州
第 17 届	2014 年 9 月	韩国仁川
第 18 届	2018 年 8 月	印度尼西亚雅加达

（二）非洲运动会

非洲运动会创办于1965年，是由非洲最高体育理事会主办的非洲地区的大型综合性运动会。1987年以前不定期举行。1987年以后每四年举行一届，迄今已举办过12届。该运动会的项目设置广、参赛人数多，是世界上较大的洲际运动会，一般为24个左右项目。与其他国际性比赛不同，非洲运动会有其浓郁的地区与民族特色。国际媒体曾这样描述非洲运动会：许多运动员身着民族服装，跳着各地特有的舞蹈，频频向观众致意，仿佛走上舞台而不是步入赛场。一些经济实力较强国家的运动员手持先进的数码摄像机，对着观众狂拍。接着是一场更加宏大的歌舞表演，几千名身穿奇装异服的演员布满整个运动场，他们有的头顶羽冠、身着兽皮；有的绘着各式各样的脸谱；有的打扮成各种动物，尽情地表演着，并配以节奏感极强的音乐、飘忽不定的灯光，让人有一种置身于某个部落的狂欢节的错觉。

（三）泛美运动会

泛美运动会是北美、中美和南美洲地区的大型综合性运动会。创办于1951年，四年一届的泛美运动会定于奥运会的前一年举行，就其设置的比赛项目和参赛运动员人数来说，90年代以前曾是世界上仅次于奥运会的大型综合性运动会，尽管它只是地区性的大型综合性运动会，但后来亚洲运动会的规模超过了泛美运动会。

泛美运动会的赛项设置80%是奥运会正式比赛项目，此外还有一些在美洲广泛开展的具有地域特色的运动项目。

（四）东亚运动会

东亚运动会简称“东亚运”，自1993年开始第1届，每四年一届，2013年举办第6届也是最后一届，2019年起更名为“东亚青年运动会”。

东亚运动会是东亚规模最大的综合性运动会，由东亚运动会总会主办。每四年举办一届，参与队伍主要分布在东亚，包括中国、日本、韩国、蒙古、朝鲜和关岛。其举办规格较高，整套的组织模式和开闭幕等礼仪性大型活动可与亚运会相媲美。

国际奥林匹克委员会承认东亚运动会为正式的东亚地区运动会。自第7届起，东亚运动会更名为东亚青年运动会，参赛运动员的年龄原则上为14—18岁。

（五）中美洲及加勒比海地区运动会

中美洲及加勒比海地区运动会（Central American and Caribbean Games）原名为中美洲运动会，创办于1926年，是美洲仅次于泛美运动会的地区性大型综合运动会。1935年起改用现名，除特殊原因外，每四年举行一届，迄今已举办过23届。一般有15个左右参赛国。古巴在所有参赛国中属体育强国之列。

（六）欧洲运动会

欧洲运动会（European Games），简称“欧运会”，是由欧洲奥林匹克委员会（European Olympic Committees）主办的洲际综合性运动会，每四年举行一届，在奥林匹克运动会的前一年举行。到目前共举办了两届，2011年11月23日，在俄罗斯索契召开的欧洲奥林匹克委员会第40次大会上，欧洲多国代表呼吁创建欧洲运动会。欧洲奥委会主席帕特里克·希基（Pat Hickey）表示“欧洲是唯一一个没有综合性运动会的大洲”，“我们已经感受到了举办欧洲运动会的必要性”。2012年12月8日，欧洲奥林匹克委员会在意大利罗马举行的第 41 次全体代表大会上投票决定创办欧洲运动会。第 1 届欧洲运动会于 2015 年 6 月 12 日至 6 月 28 日在阿塞拜疆首都巴库市举行。第 2 届欧洲运动会于 2019 年 1 月 14 日至 1 月 30 日在白俄罗斯首都明斯克市举行。欧洲运动会共设 16 个奥运会项目和 2 个非奥运会项目。

（七）英联邦运动会

英联邦运动会，原名为英帝国运动会（British Empire Games），始办于 1930 年，每四年举行一届，于奥林匹克运动会相间举行，是限英联邦成员国或其附属国及地区运动员参加的大型综合性运动会。

除了奥林匹克运动会的热门运动项目，英联邦运动会也包含了一些流行于英联邦国家的项目，如草地地掷球、板球、七人制橄榄球和无网篮球。一共有 53 个英联邦国家及地区的 71 个队伍参与此运动会。英联邦运动会的运动员人数通常高达 5000 人。这使得英联邦运动会成为最多运动员参与的国际运动盛会之一。

（八）中亚运动会

中亚运动会（Central Asian Games）始办于 1995 年，每两年举行一次，是由获得独立的前苏联中亚地区五国参加的综合性运动会。迄今已举办过多届。

1995 年 9 月，为推动本地区体育运动的发展，哈萨克斯坦、乌兹别克斯坦、塔吉克斯坦、吉尔吉斯斯坦和土库曼斯坦五国在乌兹别克斯坦首都塔什干举办了首届中亚运动会。运动会设立了篮球、拳击、摔跤、自行车、排球、柔道、田径、游泳、射击、网球、举重和击剑共 12 个比赛项目。

第二节　国内综合性体育赛事

综合性运动会是一般至少设 4 个以上运动项目的比赛。在国内均以各省、自治区、直辖市、解放军和各大行业系统体协为参赛单位。由体育总局主办的全国综合性运动会，包括中华人民共和国全国运动会、中华人民共和国青年运动会（全国城市运动会）、中华人民共和国学生运动会、中华人民共和国少数民族传统体育运动会、中华人民共和国残疾人运动会。我国还曾举办过全国工人、农民、军人运动会及全国体育大会等综合性运动会。

一、中华人民共和国全国运动会

（一）中华人民共和国全国运动会（夏季）

中华人民共和国全国运动会简称“全运会”，是中国国内水平最高、规模最大的综合性运动会，首届运动会于 1959 年 9 月 13 日—10 月 3 日在北京举行。运动会每四年举办一次，一般在奥运会结束后一年举行（前三届的间隔时间不固定，长的间隔有 10 年之久；第 6 届和第 7 届间隔了六年之久）。全运会比赛项目的设置除武术外基本与奥运会相同，其目的是为国家的奥运战略锻炼新人，选拔人才。

前九届全运会，是由北京、上海、广东三地轮流举办。2001 年初，国务院办公厅正式发布了《关于取消全国运动会由北京、上海、广东轮流举办限制的函》，取消了由北京、上海和广东三地轮办全运会的限制。这一限制取消后，辽宁、江苏、浙江、湖北、陕西五省正式提出申办第10届全运会，经过激烈的竞争，江苏省最终获得十运会的举办权。此后山东省、辽宁省、天津市分别获得了第11届、第12届、第13届全运会的主办权，陕西省获得2021年第14届全运会的主办权。全国运动会举办情况见表2-7。

表2-7 全国运动会举办情况

届次	举办时间	地点	规模	
			设项数目	参赛人数
第1届	1959年9月	北京	36	10658
第2届	1965年9月	北京	22	5922
第3届	1975年9月	北京	成年28；少年8	10669
第4届	1979年9月	北京	成年34，少年2	15189
第5届	1983年9月	上海	25	8943
第6届	1987年9月	广州	44	6766
第7届	1993年9月	北京、成都、秦皇岛	43	7481
第8届	1997年10月	上海	28	6700
第9届	2001年11月	广州	30	8571
第10届	2005年10月	南京	32	9922
第11届	2009年11月	济南	33	10991
第12届	2013年8月	沈阳	31	9770
第13届	2017年8月	天津	31（竞技） 19（群众）	12721 7620

（二）中华人民共和国全国冬季运动会

中华人民共和国全国冬季运动会是全国性的大规模冬季项目综合运动会。第1至第4届作为全国运动会的冬季项目，与全运会的夏季项目作为一项赛事举办。1983年以后，冬季运动会从全国运动会中分离，另行举办。历届全国冬季运动会比赛时间、地点见表2-8。

表2-8 历届全国冬季运动会比赛时间、地点

届数	时间	地点
第1届	1959年2月10日—2月20日	哈尔滨
第2届	未举办	吉林
第3届	1976年1月21日—1月26日	哈尔滨
第4届	1979年2月14日—9月17日	尚志、乌鲁木齐、北京
第5届	1983年3月12日—3月23日	哈尔滨
第6届	1987年3月8日—3月17日	吉林
第7届	1991年2月2日—2月9日	哈尔滨
第8届	1995年1月14日—1月24日	吉林
第9届	1999年1月10日—1月19日	长春
第10届	2003年1月5日—1月18日	哈尔滨
第11届	2008年1月18日—1月28日	齐齐哈尔
第12届	2012年1月3日—1月13日	长春、吉林
第13届	2016年1月20日—1月30日	乌鲁木齐

冬运会的项目设置：①滑冰（速度滑冰、短道速度滑冰、花样滑冰）、滑雪（高山滑雪、自由式滑雪、单板滑雪、跳台滑雪、越野滑雪、北欧两项）、冬季两项、冰壶、冰球、

雪车（雪车、钢架雪车）、雪橇7个大项。② 速度滑冰、短道速度滑冰、花样滑冰、冰壶、自由式滑雪空中技巧、单板滑雪U型场地、单板滑雪平行大回转和冬季两项8个项目的32个青年组小项。③ 轮滑、轮滑冰球、陆地冰壶、滑轮、滑轮+射击、跳台滑草、跳台滑草+滑轮项目。各竞赛项目小项设置及比赛办法按各项目竞赛规程规定执行。

二、中华人民共和国青年运动会

全国青年运动会由国家体育总局主办，每四年举办一次。参加范围是各省、自治区、直辖市所属地级大、中城市和全国计划单列城市的青少年运动员。由于青年运动会对发现和锻炼体育后备人才有着特殊的实战意义，因此，成为仅次于全国运动会而备受各地政府及体育行政部门重视的大型赛事活动。2011年以前叫城市运动会，由于国际奥委会设立了专门面向14—18岁年轻人的青年奥林匹克运动会，2013年10月21日国家体育总局批准将“第8届全国城市运动会”更名为“第1届全国青年运动会”，以适应国内及国际体育形势的发展需要，更好地与青年奥运会接轨，第7届城市运动会（2011年）为最后一届全国城市运动会，第1届全国青年运动会于2015年10月18日在福建省福州市举行。第2届全国青年运动会于2019年在山西省太原市举行。第2届全国青年运动会与奥运会全面接轨，竞赛项目涵盖了夏季奥运会的全部项目和2022年北京冬季奥运会的绝大部分项目，增设了中国传统体育项目和跨界跨项选材全能项目，共设49个大项，1868个小项，成为首次真正意义上的综合性运动会。既有冬季项目，又有夏季项目；既有民族传统体育项目、又有跨界项目；既有体校组，又有社会俱乐部组，运动员只要符合19岁及19岁以下参赛年龄要求均可报名参赛，是一次真正意义上的综合性体育赛事。

全国城市运动会、全国青年运动会举办情况见表2-9、表2-10。

表2-9　全国城市运动会举办情况

届次	举办时间	地点	规模	
			设项数目	参赛人数
第1届	1988年10月	山东淄博	12大项，167小项	2332
第2届	1991年9月	河北唐山/石家庄	16大项，170小项	2707
第3届	1995年10月	江苏南京	16大项，202小项	3352
第4届	1999年9月	陕西西安	16大项，220小项	3861
第5届	2003年10月	湖南长沙	29大项，289小项	6600
第6届	2007年10月	湖北武汉	24大项，288小项	6353
第7届	2011年10月	江西南昌	25大项，300小项	6034

表2-10　全国青年运动会举办情况

届次	举办时间	地点	规模	
			设项数目	参赛人数
第1届	2015年10月	福建福州	26大项，305小项	7959
第2届	2019年8月	山西太原	49个大项，1868个小项	33000

三、中华人民共和国学生运动会

全国学生运动会每三年举办一届，每届按大学生组、中学生组分类，同时同地举行。全国学生运动会由原全国大学生运动会和全国中学生运动会合并。由教育部、国家体育总局、共青团中央主办。2017年9月浙江省人民政府承办了中华人民共和国第13届全国学生运动会（延续了中学生运动会的届数，实际是合并后的第 1 届全国学生运动会）。

（一）全国大学生运动会

由教育部、国家体育总局和共青团中央联合主办。每 2~4 年举办一次。参加范围为各省（自治区、直辖市）行政区域所属有正式学籍的高等院校在校学生。大运会举办以来始终坚持“团结、奋进、文明、育人”的宗旨，坚持“突出教育特色、讲求综合效益”的原则。全国大学生运动会举办情况见表 2-11。

表 2-11　　全国大学生运动会举办情况

届次	举办时间	地点	规模	
			设项数目	参赛人数
第 1 届	1982 年 8 月	北京	4	2552
第 2 届	1986 年 8 月	辽宁大连	2	2228
第 3 届	1988 年 8 月	江苏南京	5	3100
第 4 届	1992 年 9 月	湖北武汉	5	2000
第 5 届	1996 年 8 月	陕西西安	6	2000
第 6 届	2000 年 9 月	四川成都	8	2841
第 7 届	2004 年 9 月	上海	9	3430
第 8 届	2008 年 8 月	广东广州	12	6000 余
第 9 届	2012 年 9 月	天津	12	6000 余

（二）全国中学生运动会

由教育部、国家体育总局、共青团中央联合主办。其宗旨是“推进素质教育，培养德、智、体全面发展的一代新人”。参加范围为各省（自治区、直辖市）行政区域所属的在校中学生。1973 年 7 月在山东和吉林两地举行了第 1 届，至今已经举办过 12 届。全国中学生运动会举办情况见表 2-12。

表 2-12　　全国中学生运动会举办情况

届次	举办时间	地点	规模	
			设项数目	参赛人数
第 1 届	1973 年 7 月	吉林长春/山东烟台	4	3200
第 2 届	1980 年 8 月	山西太原	2	1300
第 3 届	1986 年 8 月	辽宁鞍山/营口	2	1664
第 4 届	1987 年 8 月	四川成都/河北唐山	2	900
第 5 届	1993 年 8 月	山东青岛	5	2000
第 6 届	1995 年 8 月	湖北武汉	4	2000
第 7 届	1999 年 7 月	广东广州	7	2000
第 8 届	2002 年 8 月	江苏南京	8	5000
第 9 届	2005 年 8 月	河南郑州	7	2366
第 10 届	2009 年 8 月	湖南长沙	8	5500
第 11 届	2011 年 7 月	内蒙古包头	9	5000
第 12 届	2014 年 7 月	上海	8	3714

（三）中华人民共和国学生运动会

全国学生运动会由原全国大学生运动会和全国中学生运动会合并而成，是国内最高水平的以学生为参赛主体的综合性运动会，每三年举办一届。

第 13 届全国学生运动会于 2017 年 9 月在浙江省杭州市举行，有来自全国各省、自治区、直辖市和香港、澳门特别行政区的 34 个代表团参加，参会人数近万人。这届全国学生运动会是全国大学生运动会和全国中学生运动会合并改革后的首届学生运动会。运动会共设足球、篮球、排球、乒乓球、羽毛球、网球、田径、游泳、武术、健美操 10 个大项，分大学甲组、大学乙组、中学组 3 个组别，部分项目分预赛、决赛两个阶段进行。

四、中华人民共和国少数民族传统体育运动会

全国少数民族传统体育运动会由国家民族事务委员会和国家体育总局联合主办。参加范围为各省（自治区、直辖市）行政区域内除汉族以外的各民族运动员。1953 年 11 月在天津举办了第 1 届全国少数民族传统体育运动会。时隔 20 年，1982 年 9 月在内蒙古呼和浩特市举行了第 2 届，更名为全国少数民族运动会，1986 年举办了第 3 届，1991 年举行了第 4 届，从 1991 年以后形成每四年举办一次的制度，到目前已经举行了 11 届。全国少数民族传统体育运动会举办情况见表 2-13。

表 2-13　　全国少数民族传统体育运动会举办情况

届次	举办时间	地点	规模	
			设项数目	参赛人数
第 1 届	1953 年 11 月	天津	正式 5 项，表演 22 项	395
第 2 届	1982 年 9 月	内蒙古呼和浩特	正式 2 项，表演 68 项	863
第 3 届	1986 年 8 月	新疆乌鲁木齐	正式 7 项，表演 115 项	1097
第 4 届	1991 年 11 月	广西南宁	正式 9 项，表演 120 项	3000
第 5 届	1995 年 11 月	云南昆明	正式 11 项，表演 129 项	9000
第 6 届	1999 年 9 月	北京/拉萨	正式 13 项	6000
第 7 届	2003 年 9 月	宁夏银川	正式 13 项	5237
第 8 届	2007 年 11 月	广东广州	正式 17 项	7972
第 9 届	2011 年 9 月	贵州贵阳	正式 16 项	6700
第 10 届	2015 年 8 月	内蒙古鄂尔多斯市	正式 17 项	9000 余
第 11 届	2019 年 9 月	河南郑州	正式 17 项	10000

目前运动会设竞赛项目和表演项目两大类。竞赛项目有花炮、珍珠球、木球、蹴球、毽球、龙舟、独竹漂、秋千、射弩、陀螺、押加、高脚竞速、板鞋竞速、少数民族武术、民族式摔跤（搏克、且里西、格、北嘎、绊跤、希日木）、马术（民族赛马、走马、跑马射击、跑马射箭、跑马拾哈达）、民族健身操等 17 项。表演项目 150 项左右。

五、中华人民共和国残疾人运动会

中华人民共和国残疾人运动会由民政部和国家体育总局联合主办，每三年或四年举行一次。参加范围为各省（自治区、直辖市）行政区域内的盲人、肢残、聋哑人等伤残运动员。始于 1984 年，最近的一次赛会是第 10 届全国残疾人运动会暨第 7 届特奥会，于 2019 年 8 月 25 日在天津举行。由于残运会和特奥会同时举行，运动员人数和项目设置都是最多的一次，共有 6121 名运动员参赛，共设 43 个大项 45 个分项。其中残疾人项目设 29 项，

运动员 3481 名。历届残运会举办情况见表 2-14。

表 2-14　全国残疾人运动会举办情况

届次	举办时间	地点	规模	
			设项数目	参赛人数
第 1 届	1984 年 10 月	安徽合肥	3	500
第 2 届	1987 年 8 月	河北唐山	5	900
第 3 届	1992 年 3 月	广东广州	6	2000
第 4 届	1996 年 5 月	辽宁大连	8	1102
第 5 届	2000 年 5 月	上海	11	1800
第 6 届	2003 年 9 月	江苏南京	14	2229
第 7 届	2007 年 5 月	云南昆明	20	2251
第 8 届	2011 年 10 月	浙江杭州	18	5000
第 9 届	2015 年 9 月	四川成都	19	2300
第 10 届	2019 年 8 月	天津	29	3481

复习思考题

1. 简述国际大型综合赛事有哪些。
2. 简述目前我国综合性体育赛事有哪些。

第三章 体育赛事的启动与策划

体育赛事的启动与策划代表着某一体育赛事项目开始立项，包括组织方选择体育赛事、申办体育赛事等工作，是体育赛事组织实施前期必须进行的准备工作，这阶段的工作质量将会直接影响体育赛事能否成功举办。本章主要讲解体育赛事的启动、体育赛事的策划等内容。

第一节 体育赛事的选择、申办工作

一、体育赛事的选择

（一）选择阶段的概述及任务

1. 概述

选择是体育赛事运作工作的起点。选择合适的体育赛事是赛事筹备组织者（包括国家、组织、单位、个人）首先要慎重考虑的问题。

2. 任务

① 了解赛事的规模、周期、性质、办赛条件、申办途径及主要成本等多方面的信息；

② 分析所选择的赛事与我们举办赛事的目的和目标的结合点；

③ 分析与论证承办赛事的可行性，包括涉及赛事的“软件”与“硬件”的评估；

④ 经多方充分论证后，做出有必要选择该项赛事的判断；

⑤ 向申办赛事的决策者提出申办赛事的建议；

⑥ 由决策者决定是否申办。

（二）体育赛事选择的影响因素

大型体育赛事涉及政治、经济、文化、社会等各个方面，所以大型体育赛事组织方选择时需要考虑众多因素，而选择小型体育赛事时通常考虑的因素相对较少，主要考虑体育赛事和主办地的契合点。一般进行大型体育赛事选择时主要考虑以下影响因素。

1. 外部因素

（1）自然环境

各地区具有不同的自然环境特征，而不同的体育赛事对地形、气候等都有不同的要求，尤其是特殊项目的体育赛事，如冰雪项目的赛事一般要在较为寒冷的地区举办。所以，体育赛事组织方所处的自然环境不同，所选择的体育赛事就会不同。

（2）政府态度

体育赛事的举办势必涉及各政府职能部门，尤其是大型体育赛事。政府机构对于其选择的体育赛事肯定持积极支持的态度，如中央政府对于北京选择 2008 年奥运会的大力支持；非政府机构在进行体育赛事选择时一定要获悉政府对某项体育赛事的态度，并且要争取获得政府的支持。

（3）体育竞赛表演业的产业 GDP 贡献度

体育赛事举办城市的体育竞赛表演业的产业 GDP 贡献度主要是指本地体育竞赛表演业总产值所占本地 GDP 总量的份额，同时体育赛事组织方也要综合考察体育赛事对本地经济发展的带动作用。

（4）城市条件

① 城市整体发展情况。体育赛事组织方在选择体育赛事时必须要考虑举办城市的整体发展情况，包括经济条件、产业结构、人口容量、社会形态、文化发展及公共宣传等。同时，体育赛事组织方还要考虑举办地的体育文化氛围。

② 城市基础设施条件。城市基础设施包括交通设施、能源设施、环保设施、安保设施、通信设施等内容，是体育赛事举办的基础保障条件。可以说，没有良好的城市基础设施条件，就不可能成功地举办体育赛事。如果在选择体育赛事时忽略城市基础设施条件，那么体育赛事组织方的后期工作将事倍功半。

③ 城市体育场馆设施条件。城市体育场馆设施包括用于体育教学、训练、竞赛、锻炼、娱乐等的体育场馆和场地，是体育赛事举办的必备条件。不同的体育赛事对于体育场馆设施条件的要求也不同，体育赛事组织方一定要在充分考虑体育场馆设施条件的基础上选择体育赛事。

④ 城市形象。体育赛事组织方必须要考虑所选择的体育赛事要和举办城市的形象相吻合，从而能够提升城市形象，有利于城市品牌建设和发展。

⑤ 民众需求。民众需求应该是体育赛事组织方重点考虑的因素，其所选择的体育赛事应该能够充分满足民众的需求以获得民众对举办该体育赛事的支持。

2. 内部因素

（1）体育赛事的规模

一般体育赛事的规模分为国际级体育赛事、洲际体育赛事、地区级体育赛事、国家级体育赛事、区域体育赛事等，不同规模的体育赛事的影响力必然不同，体育赛事组织方要根据自身需求选择一定规模的体育赛事。

（2）体育赛事的品牌和文化

体育赛事广受喜爱的主要原因就是体育赛事有极好的品牌价值和独特文化，能够为举办地带来巨大的无形收益。体育赛事组织方要考虑体育赛事的品牌和文化能否促进城市营销，并且应该选择与举办地城市品牌和文化相符合的体育赛事。

（3）体育赛事区域分布特征

区域分布特征是指体育赛事在不同区域的分布广度、密度和时间，一般主要体现在大型体育赛事上，如奥运会举办地在各大洲之间轮转。体育赛事组织方在选择大型体育赛事时一定要把握其区域分布特征，从而选择能够符合其区域分布特征的体育赛事。

（4）体育赛事的市场化运作水平

国外体育赛事通常都是通过市场化运作自负盈亏，国内体育赛事也都逐渐趋于市场化运作，较高的市场化运作水平也是体育赛事运作成功的标准之一，尤其是商业性赛事。所以，体育赛事组织方要考虑所选择的体育赛事能否引起赞助企业、投资机构和媒体的兴趣，是否具备进行市场化运作的条件。

（5）体育赛事专业管理人员及经验

由具有丰富经验的体育赛事专业管理人员构成的体育赛事运营团队是体育赛事成功举办的关键，一般体育赛事审批机构对于体育赛事组织方所拥有的体育赛事专业管理人员和体育赛事管理经验会作明确规定，尤其是对于大型体育赛事来说。

（6）体育赛事的经济促进作用

体育赛事组织方应该考虑所选择的体育赛事对城市及周围地区的经济促进作用，包括体育赛事的举办对于旅游、交通、餐饮等行业的积极刺激和以体育赛事为载体进行招商引资所带来的效果等。从城市长远发展的角度出发，体育赛事组织方还要考虑所选择的体育赛事能否在一定程度上推动城市未来的发展。

（三）选择体育赛事需要遵循的原则

1. 有利性原则

在选择是否举办一项赛事之前要考虑举办这项赛事是否能够满足和实现主办方的利益需求，即是否满足有利性原则。这是因为举办赛事的过程就是赛事主办者及赛事利益相关者实现其政治利益、经济利益、社会利益及其他多种利益诉求的过程。利益的实现就是赛事主办者的目标，如何实现利益最大化就是赛事主办者选择赛事的重要依据，也是赛事举办后评估的重要评判指标。

2. 可行性原则

赛事的举办需要基础设施、场馆和大量资金的支持，如果缺少物质等必要条件，赛事是没有办法顺利举办的。因此，在决定是否举办体育赛事之前一定要进行可行性研究，即调查举办该体育赛事所需要的物质、财务等条件，预测和评估所举办赛事将产生的经济效益和社会效益，并以此为基础论证举办这项体育赛事的必要性、可行性，从而进行科学决策。

3. 信息性原则

信息性原则是赛事选择的基础性原则。赛事的选择是在对赛事信息的完全掌控情况下分析赛事是否可行，同时赛事举办者是否有能力对赛事的全过程进行有效的控制和管理。在赛事选择过程中，赛事主办者会收到来自各方的信息，对信息的收集、加工、整理和使用影响到对赛事的准确判断，如果这些信息出现偏差和伪造，就会造成对赛事的错误选择，赛事主办者失去对赛事的控制和管理，最终导致赛事主办者利益受损。所以赛事主办者是否具备对信息收集、加工、整理和选择的有效控制，最终进行有效的选择，是赛事主办者需要考虑为基本问题。

（四）体育赛事选择程序

1. 收集体赛事信息

在赛事选择之初，拟申办城市或组织需要全面地了解将要选择的体育赛事的举办周期、规模、构成、环境、设施、申办途径及主要成本等要求，并且对该体育赛事的运作方面信息和资料进行收集和整理。这项工作可以委托专业的信息收集团队，也可本组织自行收集。

2. 分析体育赛事效益

在获得体育赛事的详细资料之后，拟申办城市或组织需要分析通过体育赛事关键吸引力、市场潜力，是否能够实现主办方社会效益或是经济效益诉求，明确举办体育赛事的目的和目标。

3. 评估体育赛事可行性

有了明确的目的和目标之后，拟申办城市或组织需要分析和论证本市或本组织运作体育赛事的可行性，做出初步的评估报告，向决策者进行建议。体育赛事可行性分析报告主要框架如下：

① 体育赛事必要性分析。

② 体育赛事目标和定位。

③ 体育赛事概况，包括时间、地点、赛制、组织机构、实施进度、物资配备。

④ 体育赛事基础条件，包括场馆设施、医疗卫生、安全保卫、住宿和交通。

⑤ 体育赛事需求分析。

⑥ 体育赛事成本分析。

⑦ 体育赛事社会效益、经济效益分析。

⑧ 体育赛事风险预案。

⑨ 远景目标。

4. 做出最终决定

根据体育赛事初步的评估报告以及建议者的理由和观点，决策者需要对是否申办该项体育赛事做出最终的决策并给出指导意见。

二、体育赛事的申办

（一）申办阶段概述及任务

1. 概述

体育赛事的申办是通过对体育赛事的选择后由决策者决定举办该项赛事后，向赛事的审批者争取举办权，并且获得承办资格的阶段性工作，至申办结果公布时为止。

2. 任务

① 组成申办小组（申办委员会）；

② 根据选择阶段所做的调研，对赛事进行总体策划，积极准备赛事审批者的检查；

③ 组织申办的公共关系活动与宣传活动；

④ 接受审批者检查并向赛事审批者做申办陈述；

⑤ 为投票或审批做全方位努力，获得举办权。

（二）体育赛事申办类型

1. 国际大型体育赛事

（1）征询申办

征询申办是指国际体育组织对于某一地区或组织有明确意向从而征询其是否愿意承办某一体育赛事，或是由于原体育赛事承办方有特殊情况不再具备承办体育赛事的条件，国际体育组织征询其他地区或组织是否愿意承办某一体育赛事。如国际足联征询日本申办2002 年世界杯足球赛，及 2003 年因“SARS 事件”中国不再具备 2003 年女足世界杯赛承办条件，国际足联征询其他地区和组织申办。

（2）购置申办

购置申办，通常是指有意向承办某一体育赛事的地区或组织向国际体育组织出资购买承办权，按照承办权的属性可分为一次性购置、多次性购置和长期性购置三种形式。一次性购置申办：部分国际分站赛各承办地通过向国际体育组织购置申办，获得一次性的承办资格。多次性购置申办：如 2000 年、2011 年、2012 年和 2015 年在中国举办的意大利超级杯，意甲联赛组委会与中国方合作公司有约定的承办期限。长期性购置申办：如中国网球公开赛是经 IMG 运营由《北京青年》报社长期购置申办的，现在中国网球公开赛已经成为北京长期、固定的传统体育赛事。

（3）竞争申办

竞争申办，是指有意向承办某一体育赛事的各地区或组织之间通过激烈竞争，最终获得该体育赛事的承办权，对国际大型体育赛事的竞争申办过程已经演化成为各申办国家及其城市之间的综合实力竞争。如对于 2022 年冬奥会的申办，北京、奥斯陆和阿拉木图之间的激烈竞争。

2. 在中国举办体育赛事的申办和审批

2020 年 1 月 17 日，国家体育总局第 25 号令发布，自 2020 年 5 月 1 日起实施新的《体育赛事活动管理办法》。全国性体育赛事和在我国举办的国际体育赛事的申办政策如下：

① 体育总局以及中华全国体育总会、中国奥林匹克委员会主办的全国综合性运动会，由省、自治区、直辖市人民政府按照综合性运动会申办管理规定申办，报国务院批准后举办。地方体育部门以及地方体育总会主办的所辖区域内的综合性运动会自行确定申办法。

② 申办国际体育赛事活动，应当按照程序报批，未经批准，不得申办。

以下国际体育赛事活动需列入体育总局年度外事活动计划，并按照有关规定和审批权限报体育总局或国务院审批：体育总局主办或共同主办的重要国际体育赛事活动，国际体育组织主办的国际综合性运动会、世界锦标赛、世界杯赛、亚洲锦标赛、亚洲杯赛，涉及奥运会、亚运会资格或积分的赛事，全国性单项体育协会主办的跨省（自治区、直辖市）组织的国际体育赛事活动，涉及海域、空域及地面敏感区域等特殊领域的国际体育赛事活动。

体育总局相关单位或全国性单项体育协会主办，或与地方共同主办但由体育总局相关单位或全国性单项体育协会主导的国际体育赛事活动，需列入体育总局外事活动计划，原则上由有外事审批权的地方人民政府或其有关部门审批。

地方自行主办，或与体育总局相关单位或全国性单项体育协会共同主办但由地方主导的国际体育赛事活动，由有外事审批权的地方人民政府或其有关部门审批，不列入体育总局外事活动计划，但应统一向体育总局备案。

其他商业性、群众性国际体育赛事活动，应当按照属地管理原则，根据地方有关规定办理外事手续。

参加以上体育赛事活动人员的来华邀请函、接待通知等相关外事手续，按照“谁审批谁邀请”的原则办理。

③ 健身气功、航空体育、登山等运动项目的体育赛事活动，另有行政审批规定的，按照规定程序办理。

④ 境外非政府组织在中国境内举办的体育赛事活动，应当经省级人民政府体育部门同意，并报同级公安机关备案。

全国性单项体育协会代表中国参加相应的国际单项体育组织，任何组织和个人在中国境内主办或承办相应的国际单项体育组织的体育赛事活动，应当与全国性单项体育协会协商一致。

⑤ 除②和③项规定外，体育总局对体育赛事活动一律不做审批，公安、市场监管、卫生健康、交通运输、海事、无线电管理、外事等部门另有规定的，主办方或承办方应按规定办理。

地方体育部门应当按照国务院、地方人大和政府的相关规定，减少体育赛事活动审批；对保留的审批事项，不断优化服务。

地方体育部门应当积极协调推动地方人民政府根据实际需要建立体育、公安、卫生等多部门对商业性、群众性大型体育赛事活动联合“一站式”服务机制或部门协同工作机制。

机关、企事业单位、社会组织和个人均可依法组织和举办体育赛事活动。

机关、企事业单位、体育协会举办体育赛事活动，应当公开、公平、公正选择承办方，并鼓励和支持社会广泛参与。

（三）体育赛事申办的流程

体育赛事的申办流程一定要符合体育赛事主办单位或审批机构的相关规定，一般包括以下几个部分。

1. 发布申办通知

申办通知一般由体育赛事主办单位或审批机构发布，以将申办某一体育赛事的相关信息告知有意向申办的地区或组织，在申办通知中会着重体现申办条件、申办程序和时间限制等内容。如全国运动会（简称“全运会”）主办单位国家体育总局通常会在全运会举办前 6 年向全国下发申办工作通知。

2. 初步资格审查

一般地，在申办通知中会要求有申办意向的地区或组织向体育赛事主办单位或审批机构提交申办报告，并且对申办报告做出相关规定和要求。各申办单位要根据自身情况客观实际地准备和撰写申办报告并进行提交，体育赛事主办单位或审批机构将以申办报告为主要依据且根据申办条件对申办单位进行资格审查，产生候选单位。

3. 考察候选单位

在产生候选单位后，体育赛事主办单位或审批机构根据实际工作需要，必要时实地考察各候选单位的实际情况，据此撰写考察报告以对申办结果提供实际依据。如在国际奥委会两个月之内未选出主办城市时，国际奥委会评审委员会将对各候选城市进行实地考察并向国际奥委会执行委员会提交评审报告。

4. 候选单位陈述

候选单位有两个或两个以上时，体育赛事主办单位或审批机构将召集相关专家、领导，并召开专门会议，由各候选单位主要就其承办该体育赛事的基本条件进行相关陈述。

5. 产生申办结果

一般地，若候选单位有两个或两个以上时，体育赛事主办单位或审批机构通常组织不记名投票选举确定该体育赛事的承办单位；若候选单位只有一个，则该候选单位自然当选承办单位。选举产生的承办单位还要和体育赛事主办单位或审批机构签订委托承办协议书。

对于全运会和青运会来说，国家体育总局还要将选择确定的承办单位上报国务院批准才能正式公布。

（四）体育赛事申办报告

在整个体育赛事申办的过程中，体育赛事申办报告的作用是举足轻重的。申办报告是申办单位的基本条件、申办目的及承办计划的真实体现，更是体育赛事主办单位或审批机构对申办单位进行资格审查的主要依据，因此申办单位要根据自身情况客观实际地撰写申办报告，并要着重体现申办单位所具有的承办某一体育赛事的基础条件和未来相关发展计划。

1. 国内大型综合性体育赛事申办报告

（1）申办单位概况

基本特征；面积；人口；文化；教育；科技；交通；通信；医疗卫生；社会治安；气象条件；环境；申办中心城市（通常为开、闭幕式举办地）介绍等。

（2）经济状况

近三年经济运行情况及财政收入状况。

（3）竞赛基本条件

① 各项目安排方案及场馆相对位置示意图。

② 现有基本满足训练、比赛需求的场馆现状；现有竞赛场地设施数量是否达到总体数量要求的70%以上。

③ 维修或改扩建后可以基本满足训练、比赛需求的场馆情况。

④ 拟新建的场馆规划及开、闭幕式主场地的安排计划。

⑤ 中心城市是否能满足承担60%以上项目的竞赛和开、闭幕式活动安排。

⑥ 不具备承办比赛条件的项目情况。

（4）体育发展现状及竞赛组织管理水平

体育发展现状和规划；体育竞赛管理队伍现状、管理水平和竞赛组织经验；国际级、国家级和国家一级裁判员概况；体育产业、体育彩票、体育消费等相关情况。

（5）接待条件

运动会期间可使用的各类宾馆、酒店、饭店的地理位置、数量、星级、床位、相关服务等；工作用车的计划来源等情况。

（6）经费保障

运动会承办经费预算及经费保障方案等。

（7）相关承诺

申办单位政府对圆满、顺利举办赛事在人、财、物、交通、安全、环保等方面给予充分保障的承诺；对遵守市场开发规则，维护市场开发秩序，宣传推广赛事理念和品牌形象，严格保护赛事知识产权的承诺；对节俭办赛、廉洁办赛，维护赛事公平竞赛环境，狠抓赛风赛纪和反兴奋剂工作方面的承诺等。

2. 国际大型综合性体育赛事申办报告

2008年北京奥运会申办报告分三卷，共18个部分，其主要框架包括以下内容：

第一卷

一、国家、地区及候选城市特点；二、法律：三、海关和入境手续；四、环境保护与气象；五、财政；六、市场开发。

第二卷

七、比赛项目总体构想；八、比赛项目；九、残疾人奥运会；十、奥运村。

第三卷

十一、医疗和卫生服务；十二、安全保卫；十三、住宿；十四：交通；十五、技术；十六、新闻宣传与媒体服务；十七、奥林匹克主义与文化；十八、保证书。

（五）体育赛事申办的重要事项

1. 报告撰写

申办报告作为赛事所有者评判申办城市、地区和组织的重要依据，是投票委员了解申办城市、地区和组织的第一手资料。撰写申办报告是申办过程中最重要的工作，也是最困难的工作。各个申办城市、地区和组织都应该对此倍加重视。以奥运会申办报告为例，国际奥委会对申办城市提交的申办报告要求极其严格，每一个具体的陈述都需要做到有定性定量的依据，而在篇幅和文字方面要求近乎苛刻，并且要求配有英、法两种语言，并且在要求的期限内送达瑞士洛桑国际奥委会总部。

2. 对手情况

在申办过程中，把握竞争对手的进展情况，并根据对手的行动随时调整策略给出对策，能够使申办者在申办的竞争中握有主动权。如果只顾埋头苦干而忽视对手，一定会导致严重的后果。首先，申办方需要明确双方优势及弱势，制订相应的策略扬长避短，并且强打对方弱势区域；其次，申办方应该了解对方与国际体育组织的关系，有利于己方做出相应的应对；最后，需要了解对方的工作进度与准备情况，利用多方面信息来掌握对手进展，并始终保持领先。当然在申办过程中，申办方同样应当防备对手采取的各种策略，积极做出应对。

3. 公关活动

公关活动渗透在申办过程的各个环节中，是申办过程中必不可少的一个部分。申办方可以从几个方面着手：首先，申办方通过体育知名人士及其他方式加强与申办赛事相关体育组织的联系和合作，做到能够在最短时间内获得与赛事申办相关的第一手资料，不断向世界和赛事所有者传递申办该赛事的信心和决心；其次，申办方需要与媒体加强联系和合作，以达到最大的正面宣传力度；最后，积极争取大众对于体育赛事申办的支持和认可，调动人们参与和支持申办的积极性。

4. 现场陈述

体育赛事申办的现场陈述是给予每个候选城市、地区和组织最后一次也是一次直面各位投票委员，对其进行说服的机会。通过语言、肢体和图片等多种形式尽可能地展现自己候选城市、地区和组织的优势，让委员们能够更加了解和赞成，并最终投出关键的一票。任何候选城市、地区和组织都应该珍惜这次难得的机会。

第二节 体育赛事的策划工作

一、体育赛事策划的概念与过程

（一）体育赛事策划的概念

体育赛事策划，是指通过收集、整理和解析体育赛事相关资料，以体育赛事目的为中心，依据心理、情感、创新、人文、造势等策划原理，科学合理有序地安排体育赛事相关工作、制订策划方案的过程，其结果一般是形成体育赛事策划案。体育赛事策划是一种创造性活动。

（二）体育赛事策划的过程

体育赛事策划贯穿于赛前、赛中、赛后各个阶段，在整个体育赛事管理过程中处于指导地位。其思考路径一般包括以下三个方面。

1. 体育赛事策划要明确体育赛事目的

体育赛事策划是以体育赛事目的为核心而进行的活动。体育赛事策划案的首要任务就是体现体育赛事目的或目标，从而在赛前对各项工作统筹安排。因此，在充分考虑体育赛事各利益相关者需求的前提下，体育赛事策划必须要明确体育赛事的主要目的，以避免后期工作的模糊性。

2. 体育赛事策划要阐述具体工作

体育赛事策划的整个过程可以说就是制订体育赛事战略规划的过程，所形成的体育赛事策划案是一份详细的体育赛事推进工作说明书，要包括体育赛事具体执行的各项工作安排以及时间表，基于此就可以组建团队进行体育赛事项目的实施。

3. 体育赛事策划要提供决策依据

体育赛事策划案要包含体育赛事各项基本环节，涉及竞赛组织、宣传推广、市场开发等多个方面，并且其内容必须是实质性的，是以客观事实为依据的。因此，体育赛事策划相当于是对拟举办的体育赛事进行整体设计，要在一定程度上为相关决策提供依据。

二、体育赛事策划案撰写

体育赛事策划案是为策划举办一项新的体育赛事而提出的一套整体的规划、策略和方法，它是体育赛事策划具体内容的归纳总结和结果呈现。

（一）体育赛事策划案的主要构件

一般地，体育赛事策划案的主要构件有以下几项。

1. 封面

封面包括策划单位、策划团队成员、日期、编号等基本信息。

2. 序文

序文主要阐述此次赛事策划的目的、主要构思、赛事策划的主体层次。

3. 目录

目录体现该体育赛事策划案框架内容及内部的层次排列。

4. 体育赛事概况

体育赛事概况包括体育赛事的名称、目的和主题、举办时间、举办地点、组织机构、竞赛规程等内容。

5. 预算

预算包括场地和设施租赁费用、宣传推广费用、日常管理费用、奖品或奖金、交通食宿费用等方面，一般以预算表的形式呈现。

6. 工作进度安排

主要指按时间顺序对团队成员具体工作的统筹安排，一般使用甘特图或计划网络图表示。

7. 市场开发计划

市场开发计划主要是指市场开发总体指导方案，包括市场开发目标和具体措施。

8. 宣传推广计划

宣传推广计划包括媒体合作计划、活动营销方案等。

（二）体育赛事策划案撰写的注意事项

1. 体现综合性和系统性

体育赛事往往涉及政治、经济、文化、生态环境等多个方面，举办体育赛事更是一项系统工程，和旅游、住宿、交通、通信、餐饮等多个行业相关，所以在策划体育赛事时一定要从整体出发，考虑体育赛事所有构成部分和相关部分的协调、综合发展，保证体育赛事系统各环节、各层次相互作用和制约，有序进行工作安排。体育赛事集人力、财力、物力等众多资源于一体，受多种因素的影响，因此一定要辨别体育赛事系统的各要素并厘清其相互关系，从社会效益、经济效益综合统一的角度，根据体育赛事的目的和主题、举办条件及未来发展趋势，动态地进行策划。

2. 遵循可操作性原则

体育赛事策划案的撰写必须要遵循可操作性原则，即策划案一定要以所具备的能够付诸实施的现实条件为基础，保证策划案的内容既兼具前瞻性和创新性，也不背离实际，具有可操作性，同时还要确保策划案的实施途径是切实可行的。所以，要充分掌握基本资料，根据体育赛事相关的主客观条件及其动态变化，使得策划案建立在牢靠的实际条件之上，保证体育赛事组织实施具备可操作性和体育赛事成功的最大可能性。

3. 注重体育赛事的吸引力

体育赛事是体育竞赛表演业的核心产品，从眼球经济的角度考虑，体育赛事应该具备参与性、针对性和创新性，以增强体育赛事的吸引力，从而吸引公众的注意力，因此在体育赛事策划案中必须要着重体现体育赛事的吸引力。具有强烈参与性的体育赛事能够给予其参与者所追求的体验，所以在策划案中应设计可供大众参与的环节，通过亲身参与其中，留下美好的回忆。策划体育赛事一定要针对其市场定位和参与对象而进行，使得体育赛事主题、竞赛内容和形式、相关服务能够受到参与者的欢迎，以提高体育赛事成功的可能性。同时，当前各类体育赛事蜂拥而至，如何体现赛事的创新独特性，迎合参与者的

“猎奇”心态，已经成为体育赛事策划案首先要解决的问题之一。

4. 坚持体育赛事的市场化运作

体育赛事的运作一定要走出政府出钱包办的旧模式，强化市场行为，淡化政府行为，坚持市场化运作理念，引导公平竞争，做到责权利分明，既要考虑社会效益，也要充分追求经济效益。所以，在策划体育赛事时要根据市场需求开发相关产品和服务，分析市场现状和发展趋势，以发现消费者新需求，从而开发体育赛事亮点，创造适应市场发展趋势且具有前瞻性的体育赛事。同时，市场化运作理念还要求注重体育赛事品牌建设和发展、无形资产开发和维护，并且做好在体育赛事结束后的市场评估。在体育赛事策划案中，市场化运作理念主要体现在市场开发计划和宣传推广计划中。

5. 加强体育赛事策划案的编写规范

体育赛事策划案是体育赛事策划结果的直接体现，其首先要为体育赛事举办方提供决策依据，而且还直接影响体育赛事组织实施的效果，为体育赛事执行提供指导。因此，必须规范体育赛事策划案的编写，做到主题鲜明，并坚持清晰、审慎、创新的原则。总体架构要做到体育赛事与各相关条件和要素的协作及配合，分析内外部环境，体现赛事核心，逐步精心构思；具体内容一定要完整，逻辑性强，有说服力；文字做到简明扼要、易于理解，用推理为主，逐项表达要点，并尽量运用图表、数据和模型；视觉设计方面要有一定美感，实现文字和图形的充分配合，排版体现设计感。

（三）体育赛事组织系统工程流程图绘制

甘特图和计划网络图的共同点在于把任务分解成可管理的单元，赋予时间限制和放在图表中使用，因此能用于体育赛事的较小管理领域，也可用于整个体育赛事管理，应该成为体育赛事管理的核心手段。

1. 甘特图的制作

甘特图是流程图的一种。它基本上是一种线条图，横轴表示时间，纵轴表示要安排的活动，线条表示在整个期间上计划的和实际的活动完成情况，它能直观地表示计划任务在什么时候进行，以及实际进展与计划要求的对比。甘特图还包括了职责、资源和时间框架与任务的依赖关系，任务依赖关系表明了此项任务必须在下一个任务开始前完成。从甘特图的意义和特点上看，在对关键日期、截止期限和有相互关系的体育赛事任务的处理上，运用甘特图十分可行。甘特图可以对体育赛事的每一项具体工作进行程序化规范，多用于微观控制。图 3–1 是一个虚拟的体育赛事甘特图。

2. 计划网络图的制作

计划网络图是一种图解模型，形状如同网络，故称为网络图。网络图由作业、事件和路线三个因素组成。网络图是利用网络分析制订计划并对计划予以评价的技术。它能协调整个计划的各道工序，合理安排人力、物力、时间、资金，加速计划的完成。

在现代计划的编制和分析手段上，网络图被广泛地使用，是现代项目管理的重要手段和方法。

体育赛事进度计划的制订，可以利用网络图的方法来分析体育赛事的运作流程，如图 3–2 所示。

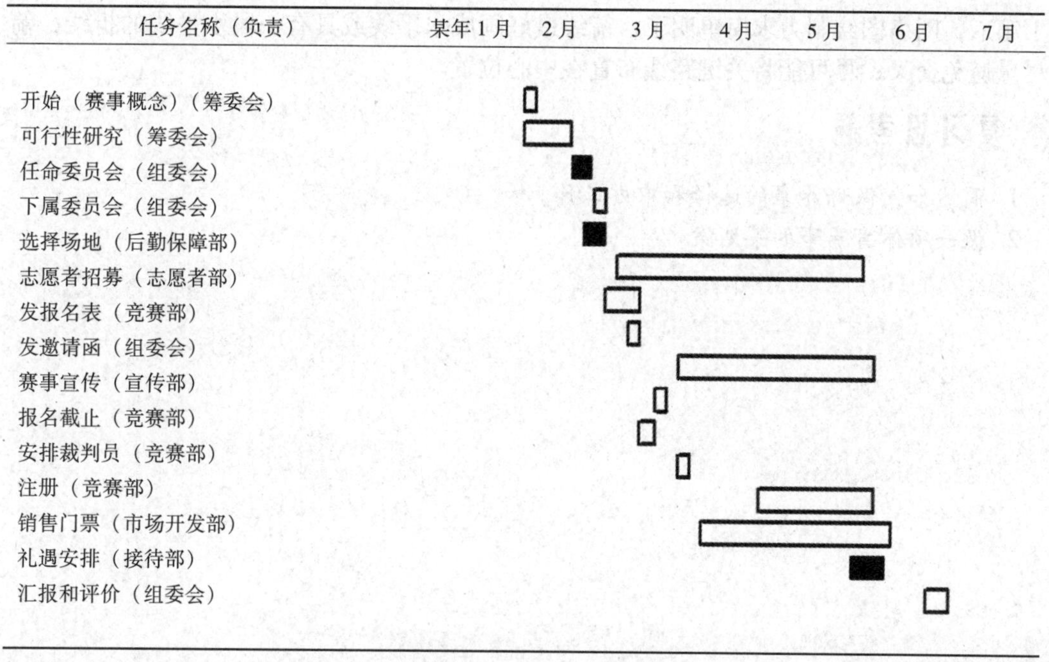

图 3-1 体育赛事甘特图①

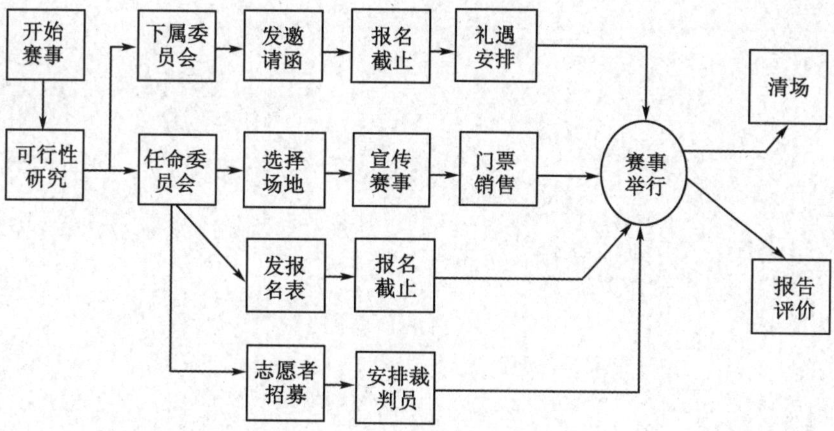

图 3-2 体育赛事网络示意图①

绘制网络图必须严格遵循以下几点基本规则：

第一，网络图中不能出现循环路线，否则将使组成回路的工作过程永远不能结束，体育赛事的组织将永远不能完成。

第二，进入一个节点的箭线可以有多条，但相邻两个节点之间只能有一条箭线。

第三，在网络图中，除网络始点、终点外，其他各节点的前后都有箭线连接，即图中不能有缺口，使自网络始点起经由任何箭线都可以达到网络终点。否则，将使某些任务失去与其紧后（或紧前）任务应有的联系。

第四，箭线的首尾必须有事件，不允许从一条箭线的中间引出另一条箭线。

第五，为表示体育赛事组织的开始和结束，在网络图中只能有一个始点和一个终点。

① 肖林鹏，叶庆辉. 体育赛事项目管理［M］. 北京：北京体育大学出版社，2005：126.

第六，网络图绘制力求简单明了，箭线最好画成水平线或具有一段水平线的折线；箭线尽量避免交叉；尽可能将关键路线布置在中心位置。

复习思考题

1. 简述如何做好赛事的选择和申办工作。
2. 做一项体育赛事的策划案。

第四章　体育赛事的组织机构及职能

建立体育赛事的组织机构是体育赛事管理工作的关键环节，不同规模的赛事组织机构的设置不尽相同，多数赛事的组织机构会采用组织委员会（简称组委会）的形式。赛事的组委会是全面领导整个赛事工作的最高权力机构，其机构编制、人数没有具体限制，视比赛性质和规模而定。

第一节　体育赛事的组织形式

体育赛事的组织形式一般分两种，即大型体育赛事的组织形式和小型单项体育赛事的组织形式。

一、大型体育赛事的组织形式

无论哪一级体育部门承办大型体育赛事，即国际、全国、省市比赛，都必须由主办单位提出基本方案，其中包括本次赛会的经费来源、赛事规模等，然后再由承办单位提出可行性意见，征得当地政府主管部门的同意后，便可正式承接赛会。接受承办任务后的单位，应在政府主管行政负责人的主持下，召集与本届赛会将发生关联的同级有关部门领导参加赛会业务协调会议（若是国际比赛，还应有外事部门的有关人员参加），以便比赛得到本地区各部门的支持，在诸多方面给予配合和保证。主办单位对赛会的组织工作有参与、指导的义务，对专项业务实施具体的指导和监督，并根据赛事性质和规模下拨全部或部分赛事经费。此外，上级主办部门还须制定、发布竞赛规程和补充规程，承办单位只负责执行规程和协助制发补充规程的通知，规程的修改权和解释权均在上级主办单位。若是国际单项比赛，除行政事务管理外，所有技术方面的规定都必须获得国际单项体育组织的批准，包括有关技术问题的解释权等均由该组织的技术代表予以解释。

二、小型单项体育赛事的组织形式

由各级体育部门或教育、行业、系统的工会、共青团等团体组织主办本地区的竞技体育或群众体育的年度赛事及其他辅助性赛事活动，均由本部门主管领导统一指挥，并由本部门所属的具体职能部门负责对赛会的竞赛、宣传、保卫、后勤等各项工作进行组织与实施。这类赛事仅限于本地区或本部门，参赛单位和人员均在所属范围内，业务管理及赛事经费独立承担。组织机构由本单位或本系统的各职能机构的工作人员组成，上一级业务部门一般不派人参加组委会的工作。竞赛规程从制定到发布及对其修改和解释都由主办赛事单位赛事主管部门负责。

第二节　体育赛事组织机构的类型

建立体育赛事组织机构，是承接体育赛事组织、管理工作的关键环节。因此，机构设置合理、职能划分明确、责任落实到位，是完成整个赛事的根本保证。

通常，管理学将组织的结构分为职能型组织结构、矩阵型组织结构、网络型组织结构和扁平式组织结构四种类型。在进行体育赛事计划时，应针对不同赛事的特点，设计不同的赛事组织结构。

一、职能型组织结构

职能型组织结构是指按职能组织部门分工，把承担相同工作任务的人员组合在一起，设置相应的部门和职位。通常承办大型综合性赛事运用此组织结构，叫组委会结构。这种结构的有利之处在于个人或者群体被分配到专门的任务领域，有效地避免了赛事组织任务的重叠，可以较容易地按照赛事运营的要求增加其他的职能。而其局限性在于承担不同任务的群体和个人之间难以协调，为解决这一问题，大型赛事要求在组委会和组织机构成立后，各部门应尽快确定工作方案、明确分工、确定各部门实际的工作任务及需要其他部门配合的工作内容，由上级领导统筹安排集中解决需要部门之间协调的工作。所有部门管理者或领导之间定期召开会议，并利用工作人员全体大会和简报等形式进行沟通，以增加不同部门群体和个人对组织现有状况的了解。该组织结构适用于奥运会、全运会等大型体育赛事。具体结构如图 4-1 所示。

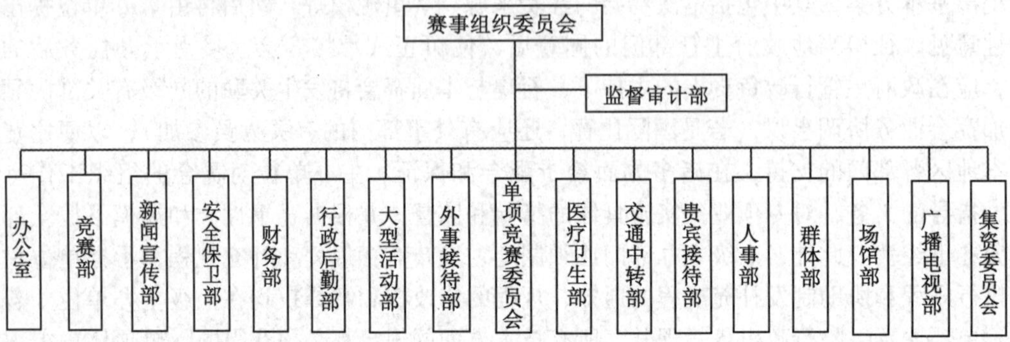

图 4-1　职能型组织结构图

二、矩阵型组织结构

矩阵型组织结构是在体育赛事职能型组织结构建立的基础上，为赛事的某个特别任务成立专案小组，把按职能划分的部门和按项目划分的小组结合起来组成的一个矩阵式结构。职能部门是赛事运作的固定组织，项目小组是临时性组织（见图 4-2）。一名管理人员既同原职能部门保持组织和业务上的联系，又参加项目小组的工作，当项目小组任务完成后就自动解散，其成员回原部门工作。这种结构的优势在于允许群体或个人直接承担和完成任务，促进群体间的沟通和合作。局限性在于难以协调各职能人员按时、按计划完成任务。奥运会、全运会等大型体育赛事临近比赛期通常会运用此组织结构，如奥运会的场馆运行团队及全运会的项目竞赛委员会等组织机构。

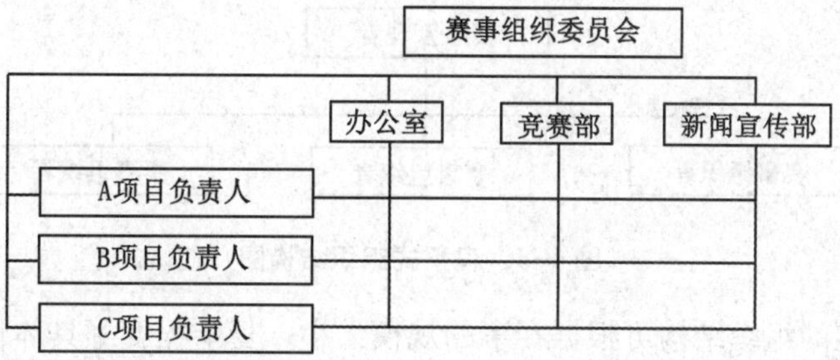

图 4-2 矩阵型组织结构图

三、网络型组织结构

网络型组织结构是管理者将主要职能通过合同等形式外包出去的一种结构，如图 4-3 所示。目前中小规模的比赛都将以此目标发展。目的在于：① 响应国家政策，加速发展体育产业，对各地方大小体育赛事公司起到促进作用。② 降低政府机关体育行政部门的工作压力。③ 更加有效地对政府机关、体育行政部门（体育局、体育协会、体育发展中心等）、赛事公司、参赛人员、社会其他群体起到协调作用。④ 提高赛前筹备审批与赛后整理等工作效率。⑤ 通过灵活管理机制，创造更大的社会价值。

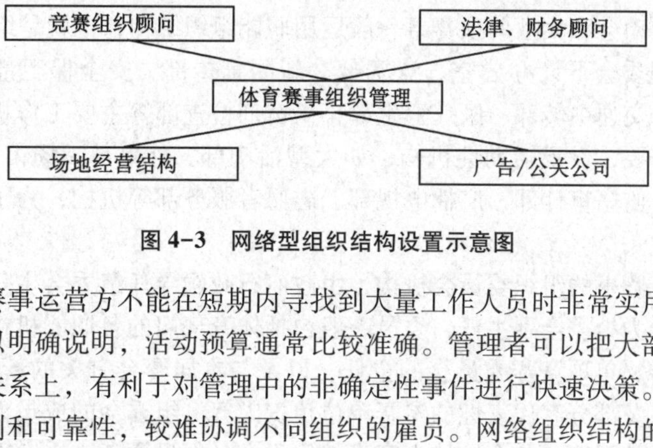

图 4-3 网络型组织结构设置示意图

这种结构在赛事运营方不能在短期内寻找到大量工作人员时非常实用。由于大部分成本都在合同中得以明确说明，活动预算通常比较准确。管理者可以把大部分时间花在协调和控制这些外部关系上，有利于对管理中的非确定性事件进行快速决策。其局限性在于依赖合同的质量控制和可靠性，较难协调不同组织的雇员。网络组织结构的设计，对于一些职业巡回赛事、省级锦标赛等赛事管理是十分有效的。

四、扁平式组织结构

扁平式组织结构就是管理层级少而管理幅度大的结构。该结构在小型或单项体育赛事中使用比较普遍，所有的决策都由负责赛事组织活动的管理者做出（见图 4-4），这种结构具有灵活性与适应性的特点。由一个管理者负责整个赛事活动，责任明确，当赛事组织者具有多项工作任务时，可以进行有效的协调。但是当组织达到一定规模时仅由单个管理者做出决策就会影响决策效率；另外，这种组织结构管理的效果与管理者的素质相关性很大。由于管理信息集中在单个人身上，当个人不能行使职责时，将对组织的管理产生极大的负面影响。该组织结构适合小型单项比赛，如群众性规模较小、人数较少的体育竞赛。

如图 4-4 中的三个组织者在小型赛事中可以分别负责竞赛组织、后勤、宣传等工作。职责明确，效率也会很高。

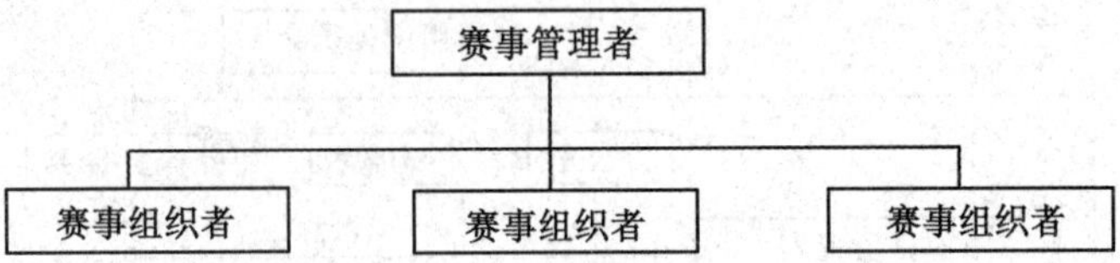

图 4-4　扁平式组织结构图

以上四种类型的组织结构可根据赛事的规模大小、复杂程度等具体情况进行运用，职能型组织结构一般适合大型综合性赛事的组织筹备期运用；矩阵型组织结构适合大型综合性赛事的筹备后期和比赛期的运用；网络型组织结构适合职业巡回赛事、省级锦标赛等赛事的运用；扁平式组织结构适合小型单项比赛的运用。

第三节　大型体育赛事组织机构的设置及职能

一、组织委员会组织结构

（一）组织委员会及其工作机构设置

大型综合性运动会和大型单项赛事一般运用职能组织结构，也就是组织委员会（组委会）组织结构，组委会下设办公室、竞赛部、新闻宣传部、安全保卫部、财务部、行政部、贵宾接待部、交通中转部、医疗卫生部、兴奋剂检查部等主要工作机构。另可根据赛事规格和规模的需要，设置辅助性机构，如大型活动部、外事部、场馆部、信息通信部、群体部、人事部、监察审计部、广播电视部、志愿者服务部等机构，为了补充经费不足还可专设集资部。

较大规模体育赛事的组织委员会机构，由政府行政领导任组委会主任，主办单位和承办单位的有关领导为组委会副主任，委员一般包括体育部门的各职能机构的领导、协作单位职能机构的领导、单项竞赛委员会的主任，以及与本届赛会有关的新闻、服务、公安、通信等单位负责人及部分有代表性的参赛单位负责人等。组委会的成员人数可根据竞赛规模而定，没有具体的限额。综合性体育赛事的组委会一般设主任 1 人，副主任若干，委员若干。单项体育赛事的组委会组织形式和人员构成范围与综合性体育赛事的组委会大致相同。组委会是任何级别和规模体育赛事的各项工作的最高领导机构。

（二）组织委员会及其主要机构的职能

1. 组织委员会

综合性运动会中的组织委员会或单项竞赛中的组织委员会，是整个运动会组织工作的最高领导机构。它的主要职责如下：

审议通过决定主办、承办（协办）单位；审议通过组委会或竞委会的参加范围及人员组成；审议批准各职能机构的设置及主要负责人名单；审议批准赛事组织的各项实施方案；审议批准大会经费的使用原则、范围及大会预、决算方案；裁决赛事组织过程中的重大问题；对关于赛事举办的所有相关事务的申请、报备、审批、审核、发布拥有决定权和解释权。

2. 办公室

办公室是组委会的综合职能部门。其主要职责是：组委会成立前的筹备工作；建立信息管理程序和组织管理网络；组委会各类工作会议的组织及会务（包括会议通知、会议文件、会议安排等）；督促监察组委会决定的贯彻落实情况并向组委会领导反馈；对外联络、接洽与组委会相关的事宜；负责组委会各类文件运转，撰写以组委会名义下发的文件；负责组织竞赛期间的迎送等礼宾活动；负责各部门之间工作情况反馈，印发综合信息简报（或建立信息传送网络）；负责各部门之间横向工作协调；负责运动会开（闭）幕式主席台主要领导及嘉宾的座次安排；组委会结束任务后的收尾及文件整理归档工作；大型赛事保险的购买办理相关工作。

3. 竞赛部

竞赛部是运动竞赛方案的制订和实施的部门。其主要职责是：

对运动会的具体竞赛工作进行实施和管理，并负责制订本次运动会的竞赛工作计划；进行对国际、国内专项体育组织的请示和联络，并及时下达上级单项体育组织的指导及对计划的修改意见；制订竞赛总规程及各单项竞赛规程，制订与竞赛有关的补充规定或与竞赛有关的临时通知；负责各运动队注册、报名及资格审查工作；编排各项竞赛秩序，制订总日程表并负责总秩序册和单项秩序册的编印；统一运动会所用各类竞赛表格的设计规格及标准；负责运动会现场成绩统计公告和总成绩汇总公告，并编印总成绩册；对各单项竞赛委员会实行业务指导与监督，反馈各赛区竞赛组织工作动态和信息；负责各项竞赛仲裁、技术官员、裁判员的人选和聘用工作；协助裁判主管组织裁判队伍的赛前业务培训及赛后评估、推选表彰工作；负责勘察竞赛场馆设施，确定各项竞赛地点，提交大会组委会审议，并按规格要求检查验收场地器材的准备工作；负责大型国际比赛中为检验组委会各项准备工作运行系统筹备情况而举办的实习性测试赛组织工作；负责颁奖工作人员的配备选调，奖牌、奖品的组织设计和准备，颁奖人员的培训，颁奖音乐的征集，颁奖嘉宾的确定以及颁奖方式方案的制订，提请大会组委会审议批准并实施；协助兴奋剂检测专门机构与参赛运动队之间的联系及指定运动员参测的协调工作，根据兴奋剂检测机构或人员要求，对本场比赛所需使用的功能房及备品进行筹备，并积极配合兴奋剂检测人员与各竞赛部门之间的工作；制订竞赛经费预算方案及各项竞赛经费使用范围和政策，审批各项竞赛经费预算，监督检查竞赛费用使用情况。

4. 新闻宣传部

新闻宣传部是赛会宣传工作的管理实施部门。其主要职责是：

制订大会宣传推广及信息服务计划；提出参与本届运动会的工作人员和运动队行为规范及思想道德准则；负责落实运动会环境布置和社会宣传推广方案（包括组织大会会徽、会旗、会歌、张贴画、吉祥物等宣传品的征集、制作和发放）；负责采访运动会记者的组织、管理以及向相关媒体提供每日竞赛信息和大会活动信息；负责组织和实施新闻发布工作（包括宣传稿件的撰写、新闻发言人的新闻发布内容的整理及确认）；负责大会新闻中心的管理与协调工作；负责宣传经费的预算，监督管理宣传经费的使用。

5. 安全保卫部

安全保卫部是赛事安全保卫工作的实施部门。其主要职责是：

对赛事实施安全管理，赛前制订安保工作方案，制订并实施安全保卫计划；协助竞赛部与其他相关部门对比赛期间的人流、车流管理制订管理方案；制订各类交通车辆的管理法规并监督实施；对大会驻地实施防火、防盗、防毒等安全措施和要求，负责赛场秩序的管理和防爆工作；制发各类人员在大会期间的使用证件，保证出席各类仪式或场合的各级领导人的安全；负责大会车辆驾驶人员的安全教育工作，制发各场馆在运动会期间使用的车辆通行证；负责公路竞赛的沿途安全和射击比赛的枪支、弹药管理；负责开、闭幕式等大型活动通往主会场的道路交通管制、疏导和管理。重大比赛应由省级或以上公安、武警部门在比赛现场布置安保指挥中心，并掌握比赛区域周围一定范围内一切社会活动（如全运会有国家领导人出席的开、闭幕式活动等）；对比赛期间各场馆、区域、通道、路线、功能房等制订明确安保方案，负责比赛期间，比赛场地、热身场地及各处办公地点、通道、看台、公共区域的安保工作；根据竞赛部门要求，确定通行人员的活动范围，并制作相应通行证件；在比赛期间有专门人员检查进入各区域的人员证件，佩戴具备相应区域的证件可以进入，否则不能进入；负责安全工作经费预算，监督管理安保经费的使用。

6. 行政部

行政部视运动会规模大小而设立，如运动会规模较小此项职能可设在办公室范畴之内。其主要职责是：

运动会各类生活及行政物品的筹备、提供、管理、结算；负责各参赛代表团、队的迎来送往，安排与会人员的食宿及各项服务性组织工作；负责各类人员返程车、船、机票的登记、购买和发放；负责办公用品、器材和奖品的购置、保管；负责大会医疗救护、饮食卫生和防疾；负责运动员往返于训练、参赛场馆的交通车辆调配、使用及驾驶人员的管理。

7. 财务部

财务部是负责赛事的财务管理、资金使用、审计监督的部门。其主要职责是：

执行赛事相关协议内有关财务规定的所有事项；编制大会总经费预算、资金分配方案及决算，监督各职能部门的经费使用情况；对运动会各工作部门的资金使用实施管理；编制财务管理制度、审计制度并监督执行；大会日常资金使用及管理；对大会使用经费进行风险控制及结束后的财务审计；有奖金赛事的运动员奖金发放工作。

8. 大型活动部

大型活动部是运动会（辅助活动）大型活动的组织部门。其主要职责是：

运动会大型展示活动的策划、组织和实施；开幕式的组织；闭幕式的组织；象征运动会精神的开、闭幕式方案（如火炬传递仪式等大型展示及相关活动方案）和大型团体操及其他文化、体育表演的设计、编排与演练的组织实施；组织参赛团队的大型团体活动等；负责大型活动经费预算并监督使用支出；征召为运动会服务的志愿者，并组织其开展各种服务和参与大型活动。

9. 外事接待部（国际联络部）

负责组织国外运动团体和宾客的迎来送往及食宿安排；负责安排外宾的活动日程及为外宾提供翻译服务；负责有外宾参加的招待会、宴会等礼仪性组织工作；负责外国团队与大会各业务部门的联络和接洽；负责对外联络人员、翻译人员的培训、工作安排和日常管理；负责对外事接待经费的审批和支配。

10. 贵宾接待部

负责党和国家领导人、中央和地方副省（部）级以上领导、国家体育总局领导及其随行人员的接待工作；安排出席开、闭幕式及其他重要活动，负责起草领导出席各项重大活动的重要讲话，制定领导的活动日程方案，上报审批后组织落实；负责组委会邀请的国际奥委会贵宾、外国体育代表团、境外来宾接待工作，制订接待计划和出席各项重大活动的接待方案、礼宾规格并组织实施；协助办理相关人出入境事宜及涉外事项。

11. 交通中转部

负责组委会车辆及驾驶员的征集、调配与管理；负责与有关部门商洽运动会交通相关减免路桥费、停车、制作运动会专用车牌等问题；负责内宾及与会人员离会、返程的交通票务工作。

12. 医疗卫生部

制订运动会医疗救护、卫生监督、防病和性别检查的工作方案；指导、检查、督促做好赛区及驻地的医疗救护、食品卫生、饮用水卫生、旅业卫生、环境卫生、疾病预防控制和除害防病等工作；负责组委会组织的大型活动的现场医疗救护、卫生监督及组委会负责接待的驻地医疗保健、卫生监督，做好预防与控制传染病等工作；负责对参加女子项目决赛的有关运动员进行女性性别取样及送检等工作。

13. 场馆部

负责按标准、规范对运动会比赛场馆进行检查、监督；负责对新建、改建比赛场馆的验收、接管工作的检查和督促；负责对运动会场馆特殊设备的增补、采购；负责解决组委会各部门等有关方面的协调工作。

14. 信息通信部

拟订运动会电子信息服务系统的总体方案，制订运动会信息通信部的总经费预算；组织运动会电子信息服务系统的网络建设、软件开发、系统集成、联合调试等工作；负责电子信息服务系统与场馆建设之间的技术协调；负责电子计时计分系统的监理；负责竞赛电子计算机系统的建设服务；负责组织电子信息服务系统各子系统的设计、招标和监理工作；按照电子信息服务系统的总体方案，做好指挥监控、注册登记、官方网站运作、综合成绩处理、多媒体查询、电子商务、新闻信息发布、各竞赛项目的成绩处理；负责运动会期间的电子信息服务系统的指挥、调度和操作运作；负责运动会常规通信指挥系统的设计和实施；选定、配置和管理电子信息服务系统的设备；培训、组织、管理信息通信技术人员。

15. 兴奋剂检查部

制订兴奋剂检查条例；编写禁用药物手册；负责与主办单位及竞赛部商定受检人数及抽查范围；负责配置检测器材、仪器及试剂、标准药样；负责检测人员的技术培训。

16. 志愿者服务部

负责运动会志愿者的招募、培训等组织工作；根据组委会各部门、各竞委会的需要派遣志愿人员；配合新闻宣传部组织开展社会宣传工作；负责比赛场馆的文明观众、文明啦啦队的组织工作；组织志愿者机动队伍，配合各部门完成应急性任务。

17. 广播电视部

负责运动会电视广播的宣传策划、转播、节目的编制；协助集资委员会进行电视转播权拍卖的组织协调和开发工作；负责运动会电视公益广告的宣传策划；负责运动会前期和后期的电影、电视、音像制品的摄制和发行等工作；组织好开、闭幕式电视屏幕和代表团入场的解说词的编写及开、闭幕式的直播工作；负责筹划广播电视新闻中心，接待管理好广播电视记者；保障电视转播信号的畅通；协调电视记者发稿线路技术等问题；为新闻中心大厅提供各赛区的电视信号；协调电视台、电台等单位进口有关设备；协助做好运动会的通讯工作。

18. 群体部

协助全国群众体育先进集体、个人的评选工作；组织开幕式前群体精品展示表演；组织召开全国群众体育先进表彰大会；组织火炬传递活动；承担全国群众体育先进分子与会的接待工作；负责安排全国群众体育先进代表与会期间的参观活动；组织全民健身展示活动。

19. 人事部

制订组委会的机构设置及人员配置方案；负责制订运动会所需工作人员的计划；根据组委会决定，承办运动会工作人员职务任免和调配工作；协助竞赛部做好各比赛项目竞委会机构设置、组织落实；负责对运动会各部内设处室工作职责的监督、落实；负责组委会工作人员资格审核；拟订并实施工作人员的薪金酬劳方案。

20. 监察审计部

依照国家对审计工作的有关条例，对运动会的财务收支和有关经济活动进行内部审计、监督；独立行使内部审计职权；根据廉政法规条例和规章要求，对组委会成员及各部门工作人员进行党风廉政建设教育和遵纪守法情况进行检查监督，受理个人或单位对上述人员的举报，并进行核查，提出处理意见。

二、我国全运会项目竞委会模式

大型综合性体育赛事项目竞委会是承办体育赛事各项目比赛组织工作的职能主体，是在体育赛事组委会统一领导下、接受组委会各部门指导的独立运行机构。我国举办的大型综合性体育赛事如全国运动会，就是在国家体育总局成立的组委会领导下，根据比赛项目设立各个项目的竞赛委员会，全权承办各个项目的赛事，所有资源都分别集中于各个竞委会管理。每个竞委会下设若干个职能部门来开展各个项目的竞赛组织工作，如图 4-5 所示。

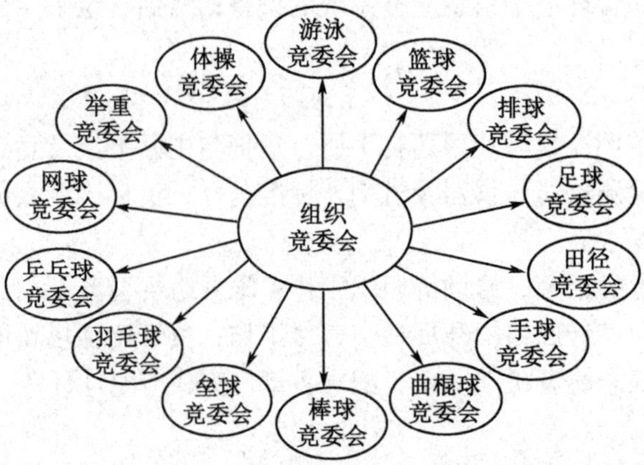

图 4-5　竞委会模式示意图

(一) 项目竞委会人员构成

大型综合性赛事均设置项目竞赛委员会，我国各类赛事项目竞委会的人员构成模式基本相同，以我国第 12 届全运会项目竞委会为例，其人员构成如下：名誉主任 1 人，通常由赛会主赞助商派人担任；主任 1 人，市属场馆由各市分管市长担任，省体育局属场馆由省体育局局长担任，省属高校场馆由省属高校领导担任；执行主任 1 人，由总局项目运动管理中心主任担任；执行副主任 1 人，市属场馆由各市分管副秘书长担任，省体育局属场馆由省体育局副局长担任，省属高校场馆由省属高校副校长担任；副主任若干人，由总局项目运动管理中心副主任或项目部领导、省体育局副局长、省体育局项目管理单位主任、所在高校其他领导、各赛区组委会副主任或各市体育局局长及副局长等担任；委员若干人，由总局项目运动管理中心、组委会相关部室和赛区工作对口成员单位局长或主任及各代表队领队担任。

中华人民共和国第 12 届运动会田径竞赛委员会

名 誉 主 任：特步（中国）有限公司总裁

主　　　任：沈阳市人民政府副市长

执 行 主 任：国家体育总局田径运动管理中心主任

执行副主任：国家体育总局田径运动管理中心副主任

沈阳市人民政府副秘书长、市体育局局长

副　主　任：辽宁省体育局副局长

国家体育总局田径运动管理中心竞赛部部长

沈阳市人民政府副秘书长

辽宁省田径运动管理中心主任

沈阳市浑南区人民政府常务副区长

沈阳市体育局副局长

辽宁省田径运动管理中心副主任

委　　　员：与本届赛会有关的新闻、服务、公安、通信、卫生等单位负责人

(二) 项目竞委会工作机构设置

项目竞委会的工作机构设置可根据项目规模大小及承办项目数量多少，按照工作职责需要参考设置，如表 4-1 所示为第 12 届、第 13 届全运会项目竞委会工作机构设置。各工作机构要明确工作职责，部分工作机构可合署办公。

表 4-1　　第 12 届、第 13 届全运会项目竞委会工作机构设置

第 12 届全运会项目竞委会工作机构设置	第 13 届全运会项目竞委会工作机构设置
办公室	综合协调处
竞赛处	竞赛组织处
场馆设施管理与环境处	场地环境处
信息技术处	信息技术处
电视转播协调处	媒体运行处
新闻宣传处	
后勤接待处	行政接待处
交通保障处	安全保卫处
安保处	

续表4-1

第12届全运会项目竞委会工作机构设置	第13届全运会项目竞委会工作机构设置
医疗卫生处	医务处
兴奋剂检查处	兴奋剂检查处
财务审计处	财务处
志愿者工作处	志愿者工作处
观众服务处	观众服务处
赞助企业权益保障处	

项目竞委会要在体育赛事组委会统一领导下，接受组委会各部门指导，表4-2所示为项目竞委会各处室与赛事组委会各部室对应指导关系。

表4-2　项目竞委会各处室与赛事组委会各部室对应指导关系

组委会指导部室名称	项目竞委会各处室名称
办公室、气象保障部	办公室
竞赛部	竞赛处
场馆建设与环境治理部、电力保障部	场馆设施管理与环境处
信息技术部	信息技术处
广播电视部	电视转播协调处
新闻宣传部	新闻宣传处
行政接待部、贵宾接待部	后勤接待处
交通保障部	交通保障处
安保部	安保处
医疗卫生部、食品安全保障部	医疗卫生处
兴奋剂检查部	兴奋剂检查处
市场开发部	赞助企业权益保障处
财务部、监察审计部	财务审计处
志愿者工作部	志愿者工作处

（三）项目竞委会工作机构的主要职责

① 建立相应运动项目在体育赛事组织中的运转机制和各项工作制度；在组委会各职能部门的指导和协调下，根据组委会总体部署和相应比赛项目的技术标准，制订运动项目在体育赛事期间的各项工作计划和实施细则，包括各项危机处理预案和应急措施等，并经组委会相关职能部门审核，报组委会批准。

② 拟订竞赛中各类运动项目岗位设置计划，制订岗位职责；负责对运动项目所需竞赛相关人员的推荐、招募、岗前和在岗培训等。

③ 拟订竞赛中各类运动项目竞赛的经费预算、物资和器材清单的计划和编制等。

④ 对竞赛中各类运动项目竞赛场馆和训练场馆的设计、改造、建设过程中体育工艺进行指导和监督。

⑤ 根据组委会统一要求，在有关职能部门的协调下，负责或协助做好竞赛中各类运动项目竞赛组织、场地器材、行政后勤、票务、礼宾外事、新闻宣传、安全保卫、交通、通信、技术、医疗卫生、形象景观等相关工作，为参赛运动员、相应比赛项目国际或区域组织联合会技术官员、观众、赞助商、转播商等提供高水平的整体化服务。

⑥ 负责竞赛中各类运动项目的其他事宜。

（四）项目竞委会的工作内容

1. 制订项目竞赛的筹备组织计划、应急管理规定及实施方案

根据赛事组委会竞赛部的要求，制订本项目比赛的筹备组织计划、应急管理规定及实施方案，包括竞赛组织、场地器材、场馆设施、环境整治、信息技术、兴奋剂检查、新闻宣传、电视转播、后勤接待、交通保障、医疗卫生、安全保卫、市场开发、财务审计、志愿者服务等工作，形成各场馆每日工作流程、应急预案清单并组织各项计划、方案的实施和应急预案的演练。

2. 场地、器材及配套设施的使用和管理及竞赛运行与周边工作的开展

（1）场馆验收及运行保障

在赛事组委会竞赛部、场馆建设部的统一安排下，根据承办项目竞赛规则及规程要求，对赛事所需场馆规格、数量，功能性用房、功能性设备情况及指示标牌、形象景观等配置情况进行全面检查验收，并针对验收过程中发现的问题及时提出整改措施，同时制订切实可行的运行保障方案。

（2）器材、设备

与赛事组委会竞赛部、信息技术部共同完成竞赛器材设备和信息系统设备的布置、安装、调试、验收工作；严格按照赛事组委会最终确定的器材规格、数量、品牌、型号等标准及备用器材计划，组织落实器材设备；按规定做好赛事组委会竞赛部、信息技术部、场馆建设部等部室统一提供的器材设备的管理、使用、回收、移交工作。

3. 赛事组织安排

赛事组织安排工作是实施竞赛计划的重要环节，项目竞委会按照组委会竞赛部制订的标准和要求进行该项工作。具体内容包括：

项目竞赛日程、项目竞赛规程、配合项目竞赛秩序册和单项竞赛指南的印制工作；训练场地及时间安排；根据参赛队伍的实际情况，向各队提供训练时间表，包括赛前和比赛期间各队训练场地及训练时间的安排；配合组建裁判员队伍；配合组织试运转、测试赛及正式比赛。

4. 竞赛信息的采集和传递

竞赛信息是参赛单位、新闻媒体及社会关注的焦点，因此应保证高效及时、准确无误地采集和传递。

编印分发项目秩序册、项目成绩册；将现场成绩处理系统的数据及时传输至组委会成绩处理中心；为相关部门提供相应的竞赛信息，包括为新闻宣传部、广播电视部提供竞赛日程安排、重要赛事的预告等；为行政接待、安全保卫、医疗卫生、制证中心等部门提供运动员、裁判员、代表团（队）信息，以便安排食宿、安全保卫、交通、医疗、各类证件制作等后勤服务工作；为票务中心提供赛事信息，便于分发、销售比赛门票。

5. 兴奋剂检查工作

根据组委会兴奋剂检查部总体工作方案，结合项目情况制订兴奋剂检查工作方案；建立符合标准、设施完善的兴奋剂检查站；选拔项目竞委会兴奋剂检查辅助工作人员；为兴奋剂检查工作人员提供信息、交通等服务保障。

6. 评奖、颁奖工作

根据项目竞委会制订的颁奖工作方案，按项目颁奖的要求组织进行颁奖工作；根据组委会竞赛部要求设计、布置领奖台、背景板以及颁奖环境；按组委会竞赛部要求和项目竞

赛规程规定，落实奖杯、奖章、证书、奖品及颁奖辅助用品、颁奖音乐、颁奖礼仪人员服装等事宜；邀请颁奖嘉宾，并负责颁奖嘉宾的接待、引导和补缺工作；组织代表队、运动员、裁判员“体育道德风尚奖”评选活动。

7. 新闻宣传工作

在组委会新闻宣传部和赛区组委会新闻宣传部的指导下，结合项目特点及赛事情况，利用报纸、广播、电视、网络、标语、宣传画等多种手段宣传赛事文化，包括比赛的精彩场面及运动员在参赛中表现出的良好精神风貌和优良品质等。

编印与项目赛事相关的宣传材料；引导各类媒体进行广泛的赛事宣传；布置赛场内外及城市宣传环境，渲染赛会气氛；做好各类媒体人员的服务和技术保障工作。

8. 电视转播工作

在组委会广电部和赛区组委会广电部的指导下，做好与项目竞委会相关部门的沟通和衔接，协调电视转播团队在场馆内的活动，为电视转播方案的实施和公共信号制作创造条件。

9. 医疗卫生工作

根据组委会医疗卫生部工作总体方案，制订项目医疗卫生工作方案并组织实施；成立项目紧急救护、卫生监督、医疗保健工作小组，并组织应急演练；指定就近综合性医疗救护医院；组织医疗卫生人员就赛事医疗救护进行岗位技能培训。

10. 安全保卫工作

制订项目竞赛安全保卫（海上安保）工作方案，包括比赛场馆、赛场周围、人员驻地的安全保卫；制订交通、安保、电力、气象等突发事故处置方案，并做好相关工作人员的岗位培训。

11. 观众服务工作

赛前利用各种媒体手段为观众提供详细的赛事信息，包括竞赛项目、主要参赛运动员介绍及场馆、交通、票务情况和观赛须知等；为观众抵离比赛场所提供便捷、快速的交通条件，同时提供多样化的购票渠道和寄存、购物、餐饮、医疗、安保、提款、失物招领等相关保障服务；将多种竞赛展示元素整合在一起，为观众从入场到离场创造独特的氛围，在解说词、音乐、视频剪辑和记分板显示上体现赛会和项目赛事的主题，对比赛场上的活动进行解说和评论（包括致欢迎词、宣告安全措施、介绍运动员、通报比赛成绩、答谢赞助商等），精选音乐、广播、音像以及最佳时间，组织吉祥物和啦啦队表演、观众互动游戏等活动，以增强观众的参与感。

12. 后勤接待工作

认真做好运动员、教练员、技术官员、各项主题活动参与人员、记者、工作人员的迎送接待、食宿等工作；安排专人负责贵宾的迎送和接待工作。

13. 交通保障工作

根据组委会交通保障部总体工作方案，制订项目竞委会交通保障工作计划，并在交通保障部的指导下，认真做好运动员、教练员、技术官员、记者及工作人员的交通保障工作；为参会人员提供中转、离会、返程的票务工作；针对恶劣天气、道路交通事故、突发事件等紧急状况制订应急预案。

14. 市场开发工作

根据组委会市场开发部工作计划，制订本项目市场开发工作计划和方案；在组委会市场开发部的指导下，经审批同意，开展项目赛事的营销活动；协助组委会市场开发部做好组委会合作伙伴、赞助商、供应商等企业的回报和维权工作。

15. 财务审计工作

根据组委会竞赛补助经费使用要求，编制项目竞委会赛事组织工作经费开支计划与管理办法，经审定后落实到各部门，并及时检查调度各部门预算执行情况；制订财务管理制度、会计制度及核算制度，严格执行各项开支标准；负责项目竞委会日常经费的使用和管理；负责对本项目竞委会的审计工作；负责协助相关部门对项目竞委会进行专项审计。

16. 志愿者工作

按组委会志愿者工作部和各赛区组委会志愿者工作部的部署，根据赛事需要做好赛事志愿者各项工作。

三、奥运会的场馆运行模式

“场馆运行”的赛事组织管理模式被国际奥委会确定为举办奥运会的基本形式。在这种运行模式下开展竞赛组织工作，与国内综合性运动会及单项体育赛事有所不同。“场馆运行”模式是通过团队的配合，使竞赛组织工作在各个场馆内顺利运行，为竞赛组织工作提供了全面的运行保障，其他各项工作都要服从、服务于场馆团队工作。经过检验和比较，其竞赛组织工作与以往的大型综合性赛事运行模式相比，更体现了规范运行、权责统一、标准统一、计划性强、分工明细、责任明确等特点，成为评价大型体育赛事组织效能的最基本依据。

为奥运会服务的各类场地、设施都称作场馆。从使用的角度可以将场馆分为竞赛场馆、训练场馆、非竞赛场馆及服务场所（由于非竞赛场馆和服务场所不承担竞赛和训练任务，因此不予介绍）。“场馆运行”这一概念是指有效保障场馆组织竞赛活动的管理服务过程，是奥运会、残奥会及其测试赛赛时运行的基本形式。“场馆运行”模式作为奥运会赛时运行的基本形式，它是指奥运会期间所有比赛、各项服务、各种活动都集中在场馆中运行，绝大多数工作在场馆中完成，绝大多数问题和矛盾在场馆中解决。

（一）组织机构形式的转变

这种以场馆为单位运行赛事的模式需要一个转变的过程。历届奥运会组委会在成立之初都采用了以职能部门为单位的“条”状管理模式，见图 4-6。

而奥运会赛时运行是以场馆为单位的“块”状管理模式，这是因为随着奥运会准备工作的向前推进，大量工作的落脚点需要向场馆转移。为达到这一目标，需要将奥运会筹办工作从以职能部门管理为重心逐步转变为以场馆整体运行为重心的格局。这一过程也就是场馆化的过程，见图 4-7。

所谓场馆化，是指场馆运行各类资源、运行方案和指挥机制逐步落实到场馆，并在场馆层面逐步整合和实施的过程。如图 4-6 和图 4-7 所示，实行场馆化的转变后，人员组织结构从组委会各职能部门的直线职能式转变为类似矩阵式的场馆团队模式。图 4-7 是以场馆为单位的“块”状管理模式的示例图，在场馆化后，将会从以奥组委的二十几个职能部门管理为重心转变为以若干个场馆团队整体为重心的格局。在这一过程中需要对人员、资源、职能、政策等几个方面进行整合。在实行场馆化这一过程后，在组织结构、空间、人员管理方面将出现如下三个转变：

第一，组织机构的转变。资源从职能部门转入场馆；决策从职能部门下放到场馆。

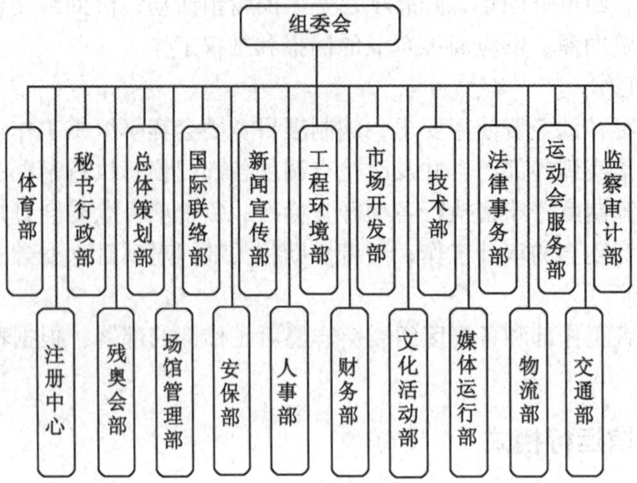

图 4-6　奥组委各职能部门的“条”状管理模式

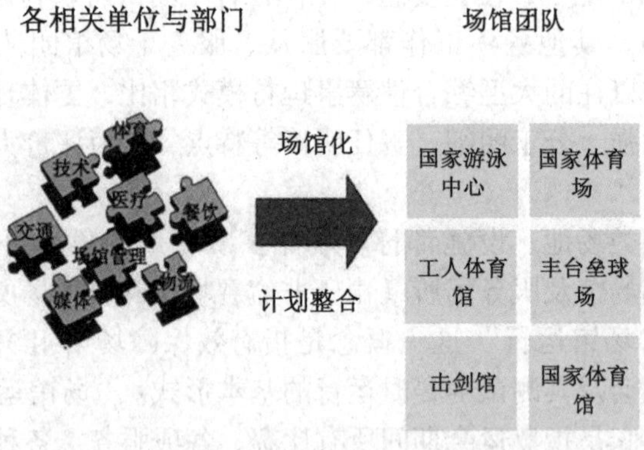

图 4-7　以场馆为单位的“块”状管理模式

第二，空间转变。场馆团队成员从职能部门办公室搬入场馆团队集中办公。

第三，心理转变。职能部门和高层领导转为支持者的角色，需要对场馆团队“放手”，即权力重心的下移。

（二）场馆运行团队的组织结构及职能

前面提到了场馆从使用的角度分为竞赛场馆、训练场馆、非竞赛场馆及服务场所，由于非竞赛场馆及服务场所不承担竞赛和训练任务，只是为奥运会和残奥会提供各方面支持和服务，因此下面以北京奥运会为例，仅对竞赛场馆团队和训练场馆团队的组织结构及职能进行讲述。

1. 场馆运行团队的基本组织架构设计

一般在组建场馆管理团队的时候，把场馆运行团队设为“3 个层级管理团队、4 个人员层级配置”。非场馆运行工作人员一般不列入场馆运行团队的人员序列，如体展演出人员、物流搬运人员、临场执裁的裁判人员等。

（1）3 个层级管理团队

① 场馆运行核心管理团队。每一比赛场馆设一位场馆运行主任、若干名场馆运行副

主任，组成场馆运行的核心管理团队。

② 业务归口管理团队。按照场馆运行业务相近相关原则，每位场馆运行副主任负责某一方面归口业务及其人员管理，设若干业务主管，组成业务归口管理团队。

③ 业务运行管理团队。按照同一业务独立组织运行的原则，每位业务主管负责某一方面业务运行任务及其人员管理，设若干专员或专员级人员，组成业务管理和执行团队。

（2）4 个人员层级配置

① 主任级：全面负责场馆运行总指挥总调度，一般由赛事承办或场馆业主单位指派相应人员担任。必要时由组委会指定一名竞赛项目专家任常务副主任。

② 副主任级：全面负责场馆某一方面运行管理及事务性工作协调和调度，可由赛事承办或场馆业主单位的相应人员或组委会下派人员担任，必要时可设副主任助理一名。

③ 主管级：负责某一项具体事务性工作管理或执行，可由志愿者以外的其他人员担任，必要时可设副主管。

④ 专员级：负责独立执行某项具体运行任务，可由承担赛事或场馆业主单位派出或指定人员、赛事志愿者、组委会指定人员，以及场馆承建、器材供应、服务外包等合同商派驻人员担任。

2. 竞赛场馆团队的组织机构及工作职责

一般来讲，竞赛场馆团队由 23 个业务口组成，人员可划分为 4 个层级，即场馆主任层、场馆业务经理层、场馆业务主管层及场馆工作人员。图 4-8 所示是竞赛场馆运行团队通用组织结构简图，主要表明了场馆主任层人员及其分管的各业务经理的基本构成（各个场馆根据自身运行特点可以做个性化的设置）。

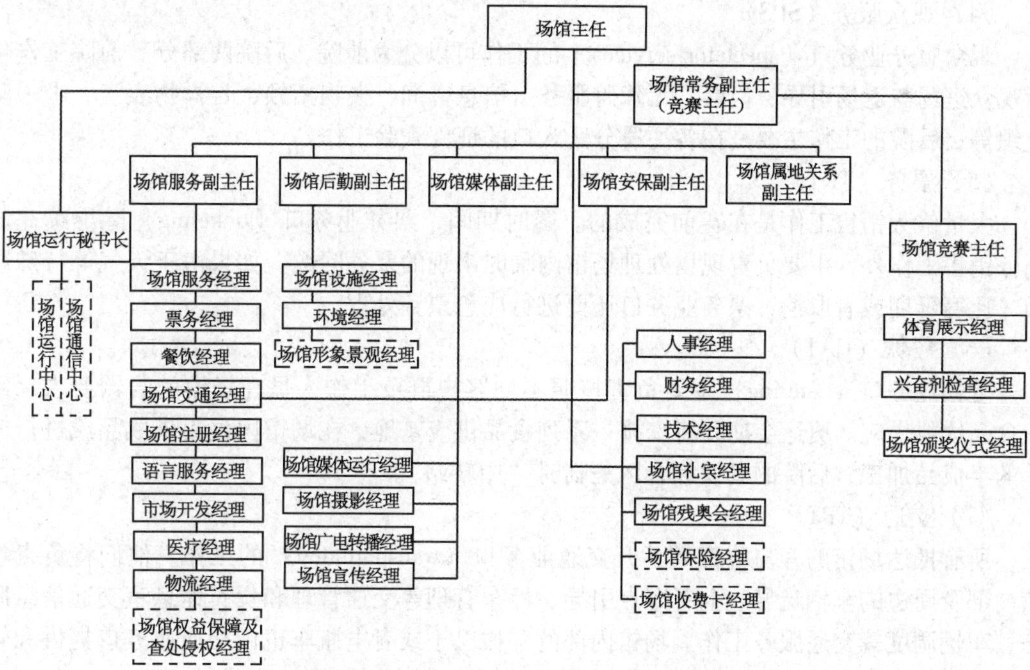

图 4-8　竞赛场馆运行团队通用组织结构简图

场馆主任是竞赛场馆团队的最高领导，另外有 6 名副主任，分管竞赛、服务、后勤、媒体、安保和属地关系相关工作。为更好地落实属地管理，场馆主任一般由业主单位或属地区县政府领导担任，后勤副主任由业主单位主管建设的负责人担任，属地关系副主任由属地区县政府派出的领导担任。这种“岗位兼职”的方式，将为场馆运行、场馆建设与城市运行的无缝衔接奠定基础。

（1）竞赛组织（SPT）

竞赛组织业务口（sport）全面负责竞赛相关工作，包括协调国际单项体育联合会安排比赛日程、提供比赛信息、运动员和技术官员接待服务、比赛组织等。还要协调其他业务口完成混合区采访、兴奋剂检查、颁奖仪式、新闻发布会等，并协调联络奥运村、技术官员驻地以及训练场馆相关工作。此外，竞赛主任作为蓝区、2 区分区主管，还负责发放升级卡。

（2）体育展示（SPP）

体育展示业务口（sport presentation）主要通过现场解说、音乐播放、视频画面、现场表演等方式，充分展示体育项目，活跃赛场气氛。不同比赛项目的体育展示方式各有特点，例如，按照惯例，田径比赛主要依靠解说和音视频手段；沙滩排球和篮球比赛还要增加一些有特色的场间表演，精彩的体育展示是赛场的一大亮点。

（3）兴奋剂检查（DOP）

兴奋剂检查是确保“公平竞赛”的重要环节。场馆内的兴奋剂检查业务口（doping control）负责根据相关规定和标准确定受检运动员，并在赛后进行运动员标记，全程贴身跟随，直至完成样品收集。在安保人员的护送下，样品将被安全运送至兴奋剂检测中心。

（1）~（3）业务口与比赛直接相关，通常接受场馆常务副主任和竞赛主任的直接领导。

（4）观众服务（SPS）

观众服务业务口（spectator services）的工作可以分为前院、后院两部分。前院工作包括观众进场与退场引导、检票、无障碍服务、信息咨询、失物招领、吉祥物表演、啦啦队组织等；后院的工作主要是在各注册分区入口的证件查验工作。

（5）票务（TKT）

大量票务销售工作是在赛前完成的。赛时期间，票务业务口（ticketing）除继续完成票务销售工作外，主要负责现场处理场馆内临时出现的票务问题。如果由于天气等特殊原因，比赛延期或者取消，票务业务口还要进行应急票务处理。

（6）餐饮（CAT）

餐饮业务口（catering）主要负责按照不同客户群及工作人员在场馆的餐饮要求，组织食品饮料供应。奥运会期间将安排一系列食品供应基地，在场馆内仅提供成品或进行简单的半成品加工，后院的餐饮综合区是临时“中转站”。

（7）交通（TPT）

所有抵达场馆的客户群都离不开交通业务口（transportation）的工作。他们将负责场馆内部及周边的车辆疏导、上下车点引导、停车管理等交通管理和贵宾休息室交通信息服务、车辆调度等交通服务工作。场馆内部的穿梭巴士或者电瓶车也由交通业务口提供和管理。此外，他们还负责临时车证的申请和发放，交通指路标识设计安装和维护。

（8）注册（ARC）

与票务业务口类似，注册人员的信息收集、背景审查和证件制作工作在赛前已经完成，各类注册人员身份注册卡的发放也不在竞赛场馆。竞赛场馆内的注册业务口（accreditation）主要负责一日卡（day pass）等临时证件的办理，处理一些突发的证件问题。

（9）语言服务（LAN）

语言服务业务口（language）主要负责为运动员、奥林匹克大家庭成员和媒体记者等提供翻译服务，包括口译或笔译。兴奋剂检查、新闻发布会、奥林匹克大家庭成员的有关活动都是语言服务人员的工作重点。奥运会期间还会设立多语种通信服务总机，可以通过拨打电话获得帮助。

（10）市场开发（MKT）

国际奥委会对奥运会场馆有严格的“清洁场馆”（clean venue）要求，即禁止任何商业、政治、宗教、种族性的宣传和广告，同时要保护奥运会赞助商的权益。市场开发业务口（marketing）就要按照这样的要求进行巡查工作，对违反“清洁场馆”的行为进行处理，另外还要负责特许商品零售，并为赞助商提供必要的接待服务。

（11）医疗服务（HEC）

医疗服务业务口（health care）在场馆内的工作主要包括两大方面：一是为运动员、奥林匹克大家庭成员、媒体、观众和工作人员提供医疗急救服务，根据竞赛要求还要为运动员进行理疗和体检，如果突发较重病情，要将病人及时运送到指定医院进行救护；二是由公共卫生执法人员进驻场馆，负责场馆公共卫生监督，对场馆内食品、饮水、空气等进行动态监测和应急处理。

（12）物流（LOG）

物流业务口（logistics）的主要职责是确保场馆运行所需的设备物资及时运抵场馆，并完成接收、卸载、入库、分发、维护等一系列工作。场馆物流与主物流中心工作密切相关，物流货运要按照主配送时间表（MDS）进行有序管理，场馆后院的物流综合区可以说是运输链上的临时中转站。此外，场馆资产保全和紧急采购也由物流业务口负责。

（4）~（12）业务口通常接受场馆服务副主任的直接领导。

（13）场馆设施管理（SMG）

业主单位、建设单位、临时设施建设承包单位、市政保障等单位管理人员将共同组成一个保驾团队，全面负责场馆设施管理（site management）工作。在赛前完成场馆建设与临时设施建设后，赛时负责对场馆硬件设施的管理、维护、修缮及日常巡查，同时与外围市政管理保障工作人员紧密协作，确保水、电、气、热等市政基础设施正常运转。

（14）环境（ENG）

环境业务口（environment）主要负责场馆内各个区域的清洁服务与废弃物分类收集，管理场馆内垃圾暂存区，一般情况下在场馆外的清废综合区进行垃圾转运和处理。同时在观众公共活动区设置宣传台，开展绿色奥运及环境保护教育工作。

（13）、（14）业务口通常由场馆后勤副主任分管。

（15）新闻运行（PRS）

新闻运行业务口（press operation）负责为文字记者提供相关服务，主要工作地点包括文字记者工作间、混合区、新闻发布厅等，还要通过奥林匹克的新闻服务（ONS）工作，为媒体记者提供赛事报道参考信息。新闻运行经理作为4区分区主管，还负责临时升级卡的发放。

（16）摄影服务（PHO）

摄影服务业务口（photo services）负责为摄影记者提供相关服务，包括摄影工作间、摄影记者位置的管理，摄影器材存放，摄影背心的发放，摄影技术设备设施检查，以及场馆内及场馆至主新闻中心的磁盘胶片递送服务。

（17）电视转播（BOB）

电视转播业务口（broad casting）是场馆团队内较为特殊的业务口，其工作人员主要由北京奥运会转播服务公司派出，不纳入场馆团队人员编制。作为北京奥运会的主转播商，他们将进行比赛特播，提供音视频信号，并协调特权转播商有关活动。

（15）~（17）业务口由场馆媒体副主任分管。

（18）安保（SEC）

安保业务口（security）全面负责场馆安全，包括人员和车辆安全检查、场馆设施安全监控、治安管理及要人保卫等工作。重点工作部位包括比赛场地、观众活动区和看台、奥林匹克大家庭区、兴奋剂检查站、奖牌存放间、票款运点等。

场馆安保工作由场馆安保副主任主管。

（19）场馆人事（HRS）

场馆人事业务口（human resources）负责工作人员的管理与服务，包括人员计划、排班、调配、员工签到、激励、培调考核、餐券发放、备用制服管理以及工作人员休息区的服务等后勤保障工作。场馆人事业务口特别要做好志愿者的管理与服务工作，通过有效措施保证志愿者的工作热情和“美丽微笑”。

（20）场馆财务（FN）

场馆财务业务口（finance）负责场馆预算的审核和监控，场馆现金以及财务票据的日常管理，收费卡现金结算，技术官员津贴支付，场馆餐券的销售和结算等工作。

（21）技术（TEC）

技术业务口（technology）主要负责协调各个专业合同商，负责计时与记分和成绩处理、信息、网络、音视频、有线电视以及固定、移动、集群、头戴等通信系统的运行保障工作，还将进行无线电设备认证及赛时频率监测。另外，通过场馆内专设的技术呼叫热线或技术人员的现场巡查，为各类客户群提供及时的技术支持服务。

（22）场馆礼宾（PRL）

场馆礼宾业务口（protocol）的主要工作是为奥林匹克或残奥大家庭成员提供服务。他们的主要工作地点是大家庭休息室和大家庭看台区，需要协调相关业务口做好车辆调度、餐饮供应、比赛信息分发等工作，还要负责颁奖仪式嘉宾的引导、礼宾旗帜管理等。场馆礼宾经理作为6区分区主管，还负责临时升级卡的发放。

（23）场馆管理（VEM）

场馆管理业务口（venue management）主要负责场馆运行事务的综合协调，管理场馆运行中心（VOC）及场馆通信中心（VCC）的日常工作等。VOC的工作包括与主运行中心的日常联络，制订场馆每日运行时间表，组织场馆每日会议，场馆文件档案管理以及场馆内各个用房的钥匙管理等。VCC的工作包括集群通信设备发放，监听集群通话及集群总台转接工作。场馆运行秘书长作为红区分区主管，还负责临时升级卡的发放。

（19）~（23）业务口由场馆主任直接领导。

除上述23个固定业务口外，还有5个流动业务口也要参与场馆运行工作。虽然不是场馆团队的固定成员，这些工作人员也同样承担着重要的工作任务。

（1）颁奖仪式业务口（medal ceremony，MED）

颁奖仪式业务口负责按照国际奥委会的规定，编排颁奖礼仪程序，组织相关工作。包括仪式前的旗帜、鲜花、奖牌、国歌、音乐、广播、视频等准备工作，颁奖仪式后的场地恢复、证书和奖牌盒发放等工作。

（2）形象景观业务口（image and identity，IMI）

形象景观业务口主要负责按照奥运会景观布置要求，制作景观及标识物品，并对其进行维护管理。景观布置的重点是比赛场地、观众看台、场馆建筑外立面，以及混合区、新闻发布厅等电视转播重点区域。精彩的形象景观能够凸显奥运会特色，烘托赛会气氛，给世界留下深刻印象。

（3）收费卡业务口（rate card，RCD）

收费卡业务口主要负责向奥运会期间来访的媒体、大家庭、各国奥委会、国际单项体育组织人员提供包括办公空间、通信、设施在内的租赁服务。从预定、安装、验收、交付使用到支持维护，实现“一条龙”全过程服务到位。

（4）保险业务口（insurance，INT）

保险业务口主要负责奥运会的保险理赔事务。

（5）权益保障与查处侵权业务口（legal affairs，LGA）

权益保障与查处侵权业务口主要通过巡查场馆内部及周边区域，制止并处理违规使用奥林匹克标志的行为。

3. 训练场馆团队组织结构及工作职责

与竞赛场馆相比，由于训练场馆的工作任务较为单一，因此运行团队的层级和岗位也要在竞赛场馆团队的基础上做“减法”。原则上竞赛场馆附属的训练场馆不单独组建训练场馆团队，其业务工作统一纳入竞赛场馆团队管理。在人员计划中，可根据实际情况适当增加训练工作岗位的人员。

独立训练场馆（群）要单独组建团队。团队设场馆经理和分管不同专项工作的副经理、训练场（群）团队主管及其以下人员的岗位，可以结合训练场馆团队工作需要自行确定。训练场馆团队组织结构见图 4-9。

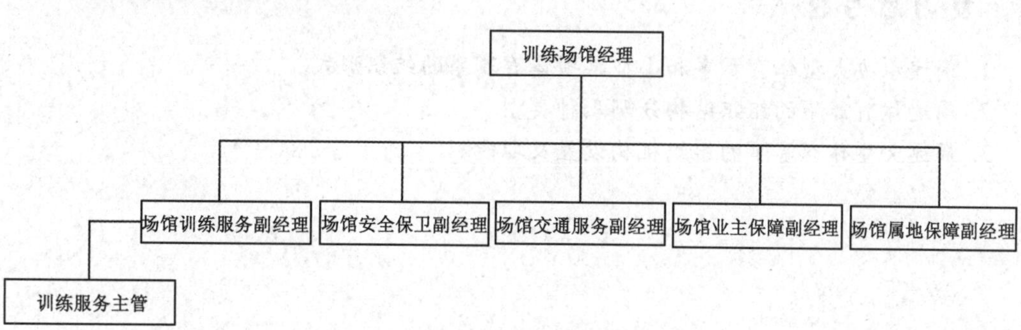

图 4-9 训练场馆团队组织结构图

（1）训练场馆经理

一般从场馆业主或上级单位选派，牵头负责训练场馆全面工作。赛前组织落实训练场馆计划，主持场馆经理办公会及场馆运行与外围保障工作例会，赛时负责组织赛时运行工作、上级指挥机构的汇报工作，并负责处理各类突发问题。

（2）训练服务副经理

一般从场馆业主单位选派，在业务上接受相关竞赛场馆常务副主任或竞赛主任统一指导，负责训练场馆训练、医疗、物流、餐饮等服务保障工作；按照国际单项体育联合会需求监督、落实场馆内各项软、硬件设施条件。

（3）安全保卫副经理

由奥运安保协调小组委派，负责场馆内外安保工作的统筹、指挥与协调，负责编制场馆安保工作计划，协调场馆内各业务口与安保运行工作的衔接，及时处置涉及安保各类突发问题。

（4）交通服务副经理

由奥运交通运行中心委派，负责场馆内外交通服务工作的统筹、指挥与协调，协调运动员训练用车的调配工作，负责相关车辆往返奥运村及竞赛场馆、训练场馆间的交通运行工作，及时处置涉及交通突发问题。

（5）业主保障副经理

由业主单位或属地政府选派，负责训练场馆内设施、景观、环境等综合服务及训练场馆外的秩序维护、环境整治等外围服务保障工作。

（6）属地保障副经理

由训练场馆属地区县政府选派，负责训练场馆秩序维护、环境整治等外围服务保障工作。

（7）训练服务主管

由奥组委竞赛部门选派，负责协调落实有关训练业务工作。

在运行方式上，训练场馆与竞赛场馆基本一致，即以属地管理为主，依托场馆业主单位，充分吸纳业主单位人员，落实训练场馆经理负责制。统一编制运行计划，分工落实运行保障，统一监控工作进度。训练场馆所在区县政府是保障场馆运行的责任主体，训练场馆团队与训练场馆所在区县政府建立顺畅、协调的沟通渠道，共同落实场馆运行和服务保障工作。

复习思考题

1. 简述承办大型体育赛事和小型单项体育赛事的组织形式。
2. 简述体育赛事的组织结构分哪几种类型。
3. 简述大型体育赛事的组织机构设置及职能。

第五章　体育赛事竞赛的组织与管理

体育赛事组织与管理工作涉及的内容是多方面的，是一项系统工程，其中体育赛事的竞赛组织与管理是体育赛事管理诸多工作中的核心和基础性的工作，体育赛事竞赛工作的效率和质量，直接决定了整个体育赛事的效率和质量。本章将系统介绍体育赛事竞赛管理工作的相关内容。

第一节　体育竞赛管理概述

一、体育竞赛管理的概念

所谓体育赛事竞赛管理，就是指在一定的环境下，通过对体育赛事竞赛相关资源进行计划、组织、领导和控制等工作，保证体育竞赛工作顺利开展，并达成体育赛事组织者既定目标的过程。

体育赛事的竞赛管理与体育赛事管理不同。体育赛事管理是对体育赛事整体以及各方面工作的管理活动的总称，包含的内容更多、涵盖的范围更广，可能涉及体育赛事的市场营销、体育赛事的场馆建设和运营管理、体育赛事的安保、交通及相关基础设施建设等多个方面；而体育赛事的竞赛管理是指直接针对体育赛事的竞赛工作开展的组织管理活动，其所含范围相对更小和更具体。

二、体育竞赛管理的地位

体育竞赛是体育赛事中的核心部分。体育竞赛由赛事项目、竞赛场馆、竞赛器材、运动员、教练员、裁判员和组委会工作人员等要素组成。没有体育竞赛，也就没有体育赛事中场馆运行、安保、交通、接待、后勤保障、信息技术、新闻宣传、市场开发等部门的存在。所以，体育竞赛是体育赛事的核心，体育赛事管理就是以体育竞赛顺利进行为目标，多个部门协调配合，最终完成整个体育赛事活动的过程。

三、体育竞赛管理的特点

（一）相对的规范性

根据国际单项运动联合会关于运动项目的竞赛规定和竞赛指南，每个比赛项目都有相对完整的竞赛组织规定。在赛事组织期间，竞赛管理过程是严格按照规范性的文件进行操作的。

（二）周期性

竞赛管理过程是从赛事的筹备期开始的。从派发有关竞赛的参赛通知、回收参赛运动员反馈，到运动员、官员制证，再进行竞赛编排等工作，贯穿整个赛事的筹备过程。在赛事举办期间将运动员参赛过程和竞赛成绩等数据进行统计、发布的工作都具有周期性的特征。

（三）项目性

在竞赛管理的每一个环节都具有项目的典型特征。综合性赛事的这一特征更为明显，要将所有的竞赛项目根据实际要求进行项目分类，指派专人进行统一的管理。

四、体育竞赛管理的目标

竞赛管理的最终目标是建立公开、公平、公正的竞争机制，为运动员提供展示竞技运动技术水平的平台，促进体育竞技水平的提高。为了达到这样的目标，竞赛管理至少要保证实现以下目标：第一，以公平、公正、公开的原则制定、执行竞赛规程与规则，确保竞赛的严肃性和公正性，从根本上保障竞赛的直接提供者（特别是运动员）的权益。第二，提供安全、完备和性能良好的竞赛环境，包括符合规程和规则要求的场馆、器材、设备和其他条件，为竞赛的顺利进行和运动员的安全提供保障。同时，为运动员创造更好的竞技成绩提供良好的物质环境。第三，进行科学合理的竞赛编排，为赛事各利益主体提供良好的竞赛服务，既要保证竞赛的质量，又要提高竞赛的观赏性。第四，建立严谨、周密、及时的竞赛成绩统计和公布体系，确保竞赛成绩的准确性和时效性。

第二节　体育竞赛组织与管理的主要内容

在体育赛事申办成功后，体育赛事申办机构将成立组织委员会，其中竞赛部主要负责竞赛的组织和管理工作。体育赛事竞赛管理按照时间进度可分为竞赛的赛前管理、竞赛的赛时管理和竞赛的赛后管理。下面根据体育竞赛管理的三个阶段分别对组织委员会竞赛部门的竞赛管理工作的主要内容做说明。

一、体育竞赛赛前管理

（一）竞赛团队的设置

所谓竞赛团队的设置，就是根据体育赛事的整体目标和具体的竞赛目标和任务，按照一定的标准对竞赛相关的人员、资源等要素进行划分，形成若干功能互补的工作部门或小组的过程。

总体来说，体育赛事的竞赛团队是体育赛事众多职能机构的有机组成部分。竞赛团队的主要职责是承担体育赛事活动中与竞赛直接相关事务的组织管理工作。团队的核心目标是确保竞赛工作的顺利完成。

竞赛团队的职能除了做好核心的竞赛组织工作，还要求与体育赛事其他部门充分地沟通协调，既要确保其他部门的工作始终围绕竞赛组织工作来开展，同时也要确保竞赛组织工作与其他各项工作同步协调推进。

竞赛团队的设置根据体育赛事的规模和复杂程度来确定。不同规模的比赛的设置有所不同，名称也有所不同，如奥运会称其为项目竞赛团队，如田径项目竞赛团队、网球项目竞赛团队等；全运会称其为竞赛组织处或竞赛处；中小型比赛称其为竞赛办公室。中小型比赛的人员设置比较简单，在此不予介绍。

下面分别介绍我国第12届全运会单项竞委会竞赛处和2008年北京奥运会场馆团队中竞赛团队的组织架构及工作职责。

第12届全国运动会单项竞委会竞赛处机构设置及工作职责

1. 处长：1人，由国家体育总局项目中心人员担任。

2. 副处长：3~6人，其中国家体育总局项目中心人员1~2人，省体育局项目中心人员1人，十二运会组委会竞赛部1人，其余由各赛区组委会选派。

（1）主持工作的副处长：负责本项目测试赛和全运会的竞赛计划、组织、管理和实施工作，主持竞赛处日常工作；与技术代表配合，按照国家体育总局项目中心要求组织竞赛；与电视转播协调处沟通电视转播工作；与信息技术处合作，确保计时记分和成绩处理的正常运行；与组委会竞赛部联络，依据相关预案提出应急处理方案等；和竞委会其他部门保持联络，确保各项保障工作协调畅通；按照相关制度领导竞赛处的工作。

（2）负责综合事务的副处长：负责所有竞赛需要的行政支持，包括与其他部门联络，如运动会服务、交通、安保、新闻宣传等；负责竞赛处和志愿者日常管理和后勤保障工作；负责办理总局项目中心交办的工作；负责竞赛处日常工作的组织和管理。

（3）负责竞赛技术运行的副处长：确保比赛场地和训练场地按照运行设计正常运转；与总局项目中心指派的技术代表保持技术层面的联系，协调技术需求；协调与信息技术部门的联系，保障竞赛信息畅通；参加技术会议和领队会议，听取技术官员和各队的要求，解决所提出的临时需求；协助竞赛处处长按照预案处理应急事务；负责竞赛器材和设施的安全与维护。

3. 各类工作主管

（1）行政文秘主管：协调所有面向竞赛处人员和志愿者的后勤服务，包括日程安排、交通、餐饮、住宿、服装及办公设备、耗材的维护等相关保障工作；负责竞赛团队运行所需的行政办公设备的安装、维护；对总局项目中心提供行政支持；监督工作人员制装的供给；解决有关工作人员的问询；协助副处长领导服务团队的工作。

（2）比赛场地主管：协助副处长确保所有场地问题及时有效地解决；确保比赛场地有效维护，监督比赛场地的灯光；及时向副处长反馈场地情况，确定场地是否能按计划进行比赛；确保场地器材装备的安全和维护；监督运动员和技术官员执行总局关于广告等方面的有关规定；协助颁奖仪式，确保比赛场地秩序维持；协助副处长领导比赛场地团队的工作。

（3）训练场地主管：负责训练日程的安排和调整，确保训练场地内运动员的服务；保证场地有效维护，确保训练场地器材设备的使用和保养；协调比赛期间的训练场地日程；协助副处长确保所有场地问题及时有效解决；提供每日训练场地情况报告，确定场地是否符合训练和赛前热身要求；协助副处长领导训练场地团队工作。

（4）运动员服务主管：确保运动队更衣室和休息室的开放和维护；协调运动队的交通服务；管理本项目运动队的座席；协调比赛场地的运动员休息室的餐饮服务；负

责队伍赛时联络；协调训练日程安排，及时申请和补办；协助颁奖仪式，确保运动员到场准备；协助副处长领导服务团队的工作。

（5）技术官员服务主管：协调总局项目中心官员的联络接待，为总局项目中心提供服务和帮助；准确传达总局项目中心和竞赛处之间的信息；负责技术官员更衣室和休息区的开放和维护；协调技术官员的交通；确保比赛场地和训练场地的技术官员休息区的服务；提供运动会信息给技术官员；协助副处长领导官员服务团队的工作。

（6）器材主管：管理器材库房，确保所有器材的维护和安全，确保场地器材设备的使用；确保所有训练、比赛器材的使用完全符合总局项目中心的规定；提供每日器材使用情况报告；协助副处长领导器材团队的工作。

（7）竞赛编排主管：确认比赛、训练日程的安排和调整；当竞赛出现延误、推迟和取消等情况时，协助副处长依据相关预案提出处理方案；协助总局项目中心做好技术官员的管理和协调工作；准确、及时记录比赛进程，并在赛场信息栏公布；做好信息分发工作；协助总局项目中心做好赛前技术会议的抽签工作；协调注册和报名工作；负责竞赛所有相关表格的管理和分发工作。

（8）颁奖仪式主管：负责颁奖流程的制订和演练；负责颁奖用品的计划和保管；负责颁奖礼仪志愿者的管理；协调参加颁奖的颁奖嘉宾；协助副处长领导颁奖团队的工作。

2008 年北京奥运会项目竞赛团队机构设置及工作职责

（1）竞赛主任：负责竞赛项目的计划、组织、领导、控制工作。

（2）竞赛副主任：协助竞赛项目的计划、组织、领导、控制工作。

（3）综合事务经理：负责竞赛项目运动队、技术官员、竞赛信息等相关工作以及其他行政事务工作。

（4）技术运行经理：负责竞赛项目编排、技术运行、器材管理和训练管理，协助信息处理和成绩处理。

（5）赛事信息主管：负责竞赛信息服务工作。

（6）运动员服务主管：负责运动员和随队官员的服务工作。

（7）技术官员服务主管：负责相应比赛项目国际或区域组织联合会官员和技术官员的服务工作。

（8）行政事务主管：负责竞赛团队的行政事务和内部运行等后期保障。

（9）竞赛场地主管：负责竞赛场地的管理工作。

（10）训练场地主管：负责训练场地的管理工作。

（11）竞赛编排管理主管：负责竞赛编排工作。

（12）场地器材主管：负责竞赛器材的管理工作。

（13）国际单项体育联合会服务主管：协调竞赛团队与国际组织之间的联络及接待工作。

奥运会的竞赛团队和全运会的竞赛处人员设置虽然名称有所不同，但是工作职责基本相同，见表 5-1。不同之处有二：其一，由于奥运会是国际比赛，所以竞赛团队中增加了国际单项体育联合会服务主管的职位，主要是协调竞赛团队与国际组织之间的联络及接待工作；其二，奥运会的颁奖仪式不归竞赛团队负责，全运会的颁奖仪式归竞赛处负责，说明奥运会的场馆团队分工更加细致。

表 5-1 奥运会、全运会竞赛团队机构设置

奥运会竞赛团队机构设置	全运会竞赛处机构设置
竞赛主任、竞赛副主任	处长、副处长（主持工作）
综合事务经理	负责综合事务的副处长
竞赛技术运行经理	负责竞赛技术运行的副处长
赛事信息主管	竞赛编排主管
运动员服务主管	运动员服务主管
技术官员服务主管	技术官员服务主管
行政事务主管	行政文秘主管
比赛场地主管	比赛场地主管
热身地主管	训练场地主管
场地器材主管	器材主管
国际单项体育联合会服务主管	
	颁奖仪式主管

（二）制订体育竞赛规程

体育竞赛离不开竞赛规程，竞赛规程是使体育竞赛顺利进行的重要保证，是竞赛组织管理人员、运动员、教练员、裁判员都必须共同遵守的行为准则，是体育竞赛的管理依据。同时竞赛场地、竞赛器材和辅助器材等的使用也需要依照体育竞赛规程的要求严格执行。

1. 竞赛规程的主要内容

竞赛规程包括竞赛名称、竞赛时间和地点、竞赛项目及组别、参加单位、运动员资格、参加办法、竞赛办法（采用的竞赛规则和所采取的赛制、团体总分的设置办法、决定名次和计分的办法等）、仲裁委员会的组成以及有关经费的规定。

2. 制订并下发竞赛规程的注意事项

制订并下发竞赛规程是一项非常严肃、细致和慎重的工作，应考虑到以下几个方面的内容：

① 竞赛规程的制订要以竞赛的目的任务和竞赛计划为依据。

② 竞赛规程要与国家颁布的有关方针、政策、法规相适应，并与体育竞赛制度、计划和国际组织的有关规定及国内竞赛的有关规定相配套。

③ 竞赛规程的制订要符合客观实际。既要符合国家、地区的情况和体育项目的实际，又要反映国际、国内体育运动发展的水平和趋势，以及运动员对竞赛的需求状况等。

④ 竞赛规程应充分体现公平竞争精神。

⑤ 竞赛规程应提前下发。竞赛规程下发的时间应视情况而定，一般应提前半年到一年下发。

⑥ 比赛的规模越大，层次级别越高，其执法时间提前量应越大，以便参赛单位和运动员有充分准备。

⑦ 单项规程要与总规程吻合。综合性大型运动会各单项竞赛规程的制订要以总规程为依据，口径一致，不允许出现相互矛盾现象。

⑧ 应具有稳定性。竞赛规程一经审定颁发必须严格执行，不能朝令夕改、变化无常，并尽可能少发补充通知或修改规定。

（三）制订每日竞赛组织运行时间表

在制订每日体育竞赛组织运行时间表过程中，除了要符合各个运动项目的各种技术标准外，也要同时考虑到主办地或主办方、运动员、观众、赞助方、媒体等多方面的利益。制订体育竞赛运行时间表是一项复杂的工作项目，运行时间表是非常重要的体育竞赛文件。

（四）竞赛场馆管理

竞赛管理团队要保证竞赛场馆完全符合技术标准，若不符合竞赛要求，则根据相应技术标准改造，经检验合格后，方可投入使用。

① 确定竞赛场地及功能房间位置，要严格划分竞赛区域、普通工作区域、观众活动区域、运动员准备区域、媒体区域、转播商区域和贵宾区域等。

② 制作场馆运行流线图。

③ 竞赛信息台的设置要符合要求。

④ 运动员和技术官员的座席安排。

⑤ 功能房间设置。

（五）竞赛器材管理

体育赛事竞赛所需的竞赛器材必须符合竞赛规程的要求，经检验合格后，方可投入使用。

在竞赛开始前，场地器材工作人员要严格按照流程，根据技术官员的指导，按照相应的技术标准，结合媒体等部门需要，对相应竞赛器材、计时记分系统等进行安装调试。

（六）制订竞赛管理的文件及图表

竞赛管理的文件和图表主要表格有裁判分工表、器材分配表、赛事抗议表/申诉表、竞赛秩序单、安全责任书、训练日程表、场馆平面图及场馆建筑图、竞赛场所及功能区设置图、场地运行流线图、体育展示流程单、颁奖仪式流程单、场地设备及接口布线图、竞赛信息台图等。除此之外，还需要制作竞赛指南、秩序册等，提供给参赛的运动员、教练员、技术官员及赛事相关人员。

下面是竞赛指南和竞赛秩序册的主要内容。

1. 竞赛指南的内容

竞赛指南主要包括以下内容：总赛程表、重要日期、主要联络信息、竞赛项目、竞赛日程、参赛队伍及报名情况、竞赛规则、竞赛办法、器材和服装、联席会议及抽签信息、竞赛信息服务、竞赛程序、训练信息、技术官员座席、场馆检查信息、技术官员信息和比赛训练器材信息等。

2. 竞赛的编排及秩序册的制作

体育赛事竞赛编排是关于竞赛活动形式的具体安排，是竞赛工作的重要内容之一。科学合理的竞赛编排是体育赛事正常进行的基本保证。

竞赛编排工作的主要任务和目的，是在一定时间和空间范围内，按照一定标准对赛事所包含的所有比赛进行科学合理的安排。主要内容包括竞赛日期、时间、地点、赛场以及对阵等的具体安排。

一般来说，竞赛日程的安排可分为总日程安排和每日日程安排。竞赛日程的安排应根据赛事整体的规模和目标等来进行设置。简单的竞赛日程可能只涉及一天、一个场馆，而复杂的竞赛日程则可能时间跨度很长，且涉及较多数量的比赛和场地。竞赛日程安排中最核心的工作是竞赛编排工作。编排工作的好坏直接影响赛事的竞赛质量。因此，需要掌握编排工作的原则，主要包括：① 不得违反竞赛规程的相关规定。作为竞赛活动纲领性的文件，竞赛规程一般规定了赛事举办的时间、地点、项目、赛制等基本安排，在具体的竞赛编排工作中应严格遵循竞赛规程的相关规定。② 确保公平公正。在竞赛编排过程中，要充分考虑到竞赛的公平性和公正性，避免竞赛安排明显有利于个别参赛者或参赛队。例如，要连续进行多场比赛，应通过合理编排尽量避免有的运动员需要连续作战，而有的运动员则能得到充分休息的情况发生。③ 增强比赛观赏性。好的竞赛编排要在保证公平、公正的前提下，积极考虑观众需求，努力提升赛事的观赏性。④ 合理利用场地设施。好的编排要提高赛事运行的效率，其中很重要的一点是要充分考虑办赛的场地设施条件，要通过合理编排达到对场地设施的最有效利用。

体育赛事竞赛秩序册是保证竞赛顺利进行的一个重要组成部分，单项体育赛事需编制单项赛事秩序册，综合性体育赛事的秩序册是各个单项赛事秩序册的汇总。竞赛秩序册一般由以下几个部分组成：体育赛事名称；体育赛事举办时间和地点；主办单位和协办单位；主要赞助商名录；体育赛事组委会结构图，包括各部门联系人名录和体育场馆、竞赛委员会、仲裁委员会等部门的联系人名录；体育赛事竞赛规程和竞赛日程；参赛队名录；体育赛事场馆、下榻酒店、风景名胜分布图和交通路线图；体育赛事历史数据展示。

（七）裁判员及运动员的赛前管理与服务

1. 裁判员管理与服务

对裁判员的选拔、任用、资格审查及沟通；对裁判员的服装、装备提供服务。

2. 运动员管理

对运动员参赛资格管理：按体育赛事的规模、类别，依照竞赛规程要求对参赛运动员进行资格管理。国际性赛事要对参赛运动员进行国籍审核，确保运动员代表所属国家参赛。要求参赛运动员年龄段的体育赛事，如青少年联赛和青年运动会，对参赛运动员进行年龄审核。业余联赛会根据组委会和相关协会的相关规定，限制职业运动员参加。

（八）志愿者培训

体育竞赛需要大量专业工作人员参与，同时也需要数量众多的志愿者，不同的体育竞赛工作对志愿者的能力、技能有不同的需求。所以体育竞赛管理团队要根据竞赛项目的需要，对志愿者进行目标明确的培训。

（九）应急预案

自人类社会开始，便存在着各种各样的危机和风险，有些是不可抗力造成的不可避免，有些是个人或组织决策造成的危机可通过一些手段避免。在体育竞赛的过程中也会出现各种各样的危机，不论是对于重大国际性赛事，还是区域的小型赛事，危机管理都十分重要，因此，在赛前应充分做好应急预案。体育竞赛应急预案范例如表 5-2 所示。

表 5-2　　体育竞赛应急预案范例

<table>
<tr><td>预案编码</td><td colspan="2">×××××</td><td>版本号</td><td></td></tr>
<tr><td>填报人</td><td>×××</td><td>通用性</td><td colspan="2">通用</td></tr>
<tr><td colspan="5"></td></tr>
<tr><td>事件名称</td><td colspan="2">比赛后运动员、教练异口同声对比赛结果不满，与技术官员发生冲突</td><td>关键词</td><td>运动员　教练员　技术官员　冲突</td></tr>
<tr><td>上报流程</td><td colspan="2">竞赛管理团队—场馆团队—体育指挥中心</td><td>紧急程度</td><td>★★★</td></tr>
<tr><td>场景描述</td><td colspan="2">当场比赛结束后，运动员对比赛结果不满不下场，或者有不良举动，影响比赛的顺利进行</td><td></td><td></td></tr>
<tr><td>预案依据</td><td colspan="4">项目规划与处理惯例</td></tr>
<tr><td rowspan="5">应对预案</td><td>应对步骤</td><td>主责单位</td><td>配合单位</td><td>资源需求</td></tr>
<tr><td>由 TD 按照相关规则进行处理</td><td>IF</td><td>竞赛管理团队</td><td></td></tr>
<tr><td>竞赛组织配合 TD 做好工作</td><td>竞赛管理团队</td><td></td><td></td></tr>
<tr><td>如事态严重，竞赛主任与 TD 协商后，请安保部门介入以便控制事态发展</td><td>场馆安保团队</td><td>竞赛管理团队</td><td></td></tr>
<tr><td>竞赛主任将有关情况报告场馆常务副主任、场馆主任和体育指挥中心</td><td>竞赛管理团队</td><td></td><td></td></tr>
</table>

二、体育竞赛赛时工作的组织与管理

（一）竞赛场地管理

竞赛场地管理需要注意的重要问题包括：

严格控制竞赛场馆的竞赛场地范围、数量；严格控制竞赛场馆的竞赛场地使用权限，包括使用时间、使用形式与内容、使用人员等，使用前进行必要的申请，通过审核方能使用；具有竞赛场地权限工作人员只有在有工作任务时方可进入竞赛场地区域，完成相应工作后应立即离开；国际或区域组织联合会技术代表可自由进出竞赛场地；竞赛管理团队可根据竞赛现场情况对竞赛场地进行调整等。

（二）运动员管理

按照组委会场馆运行的有关政策，在竞赛主任和竞赛综合事务经理的领导下，严格遵循组委会的相关规定，为运动队提供训练热身相关服务；当运动员在比赛场馆时，为他们提供问询和引导服务，帮助运动员、随队官员解决相关的问题，保障竞赛流程的顺利进行。运动员竞赛管理工作一般涉及以下方面。

1. 运动员引导

引导运动员、教练员及相关工作人员到达热身场地及运动员看台；在引领过程中介绍各功能房间的位置，在比赛结束后，引领运动员从比赛场地离开；协助检查人员做好运动员及教练员的身份验证工作，如证件丢失或忘带，及时指引事主到相关部门补办证件；将比赛的运动员引领至班车停靠点，要熟悉班车运行路线、时间、间隔、目的地。

2. 运动员看台

严格执行体育赛事的有关规定，对违反规定的运动员及教练员及时劝阻，对不接受劝阻的人员终止其观看比赛资格，带出场馆；保持运动员座席区的整洁、有序，走道通畅，为运动员、随队官员提供一个良好的环境；保证比赛运动员和非比赛运动员座位区得到适当的维护和监督，保证教练员看台预约区的管理和使用；每节比赛结束时进行检查，收集遗忘物品并交给运动队服务主管。

3. 运动员安全管理

体育赛事由于其自身特点，不可避免受到参赛各方政治、经济、文化等因素的影响，运动员如果发生意外，会造成巨大的不良影响，甚至引发民族冲突和政治危机。运动员人身安全分为主动安全和被动安全两个大的方面：提高运动员对于风险的认识，对运动员加强安全知识普及，保证其在竞赛过程中避免伤害和在整个赛事期间规避其他风险；对于竞赛场地、运动员住宿和交通线路也要进行科学、合理的安全管理，对竞赛场地要进行仔细排查，合理安排安保区域，根据实际情况有效设置安保器材和身份、场地权限。

（三）裁判员管理

1. 裁判员作风管理

竞赛能否顺利进行，与裁判员队伍的水平高低密切相关。竞赛中要抓好裁判员的职业道德教育，将“公正、准确、严肃、认真”八字方针贯彻于裁判员工作的始终，杜绝“私下交易”“本位主义”等不良裁判作风。

2. 裁判员业务管理

应在赛前组织裁判员认真学习竞赛规程、规则和裁判法，统一认识，统一尺度，周密研究可能出现的问题和处理办法，重要岗位的裁判员要反复培训，并组织必要的考核。

要开好赛前裁判员准备会，合理分工，重要场次比赛要提前认真研究，慎重安排水平较高裁判员担任临场工作，对抗性强的项目和评分项目尽量安排与参赛队无关的裁判员，确保万无一失，公正准确；要及时认真地组织每一场比赛的赛后裁判总结与讲评，不断提高裁判工作质量。

（四）体育竞赛信息管理

整个体育竞赛过程中会产生大量的竞赛资料，竞赛信息管理主要涉及记时、记分和成绩系统相关工作，每项比赛结束后，终端需及时把经总裁判长和技术官员确认后的成绩传至成绩系统，并及时公布。

（五）颁奖工作管理

颁奖仪式是最庄严、最热烈的时刻，也是获奖运动员和所代表单位最激动、最荣耀的时刻。与此同时，颁奖仪式的每一个环节、每一项内容、每一个创意，都是广大公众和新闻媒体最喜欢关注和评论的热点之一。因此颁奖流程的制订和演练、颁奖用品的计划和保管、颁奖礼仪志愿者的管理以及颁奖嘉宾的邀请等都是非常重要的管理工作。

三、体育竞赛赛后管理

在体育赛事结束后，体育赛事竞赛部门根据体育竞赛的实际情况进行总结，形成书面文案以供存档和为将来的比赛提供参考借鉴。

（一）体育竞赛总结

体育竞赛总结主要是为了积累经验教训，为下次成功举办赛事提供借鉴。体育竞赛总结一般包含四个部分：

① 赛事名称、时间、地点、项目、参赛人数等详细具体的信息；

② 对竞赛组织水平、场地协调管理能力等方面的综合评价；

③ 对比赛过程中突发情况和重要问题处理的经验教训；

④ 同类赛事举办的相关参考建议和意见。

（二）竞赛档案管理

整个体育赛事结束后会留下大量竞赛过程中的记录材料以及赛后评估、反馈材料，体育竞赛资料管理主要针对竞赛规程、参赛人员、竞赛场馆相关资料及其他必要资料。将各类竞赛资料整理好后，要按照组委会相应规章制度进行存档。

复习思考题

1. 简述体育赛事竞赛管理与体育赛事管理的区别。
2. 简述体育赛事竞赛的赛前管理的主要工作内容
3. 简述体育赛事竞赛的赛时管理的主要工作内容。

第六章　体育赛事竞赛的组织方法

第一节　体育竞赛项目及分类

一、体育竞赛项目的分类

（一）依运动成绩评定方法分类

不同运动项目竞赛的结果是运用不同的评定方法予以确定的，这些不同的评定方法又都反映着各个项目本身固有的特点。因此，依运动成绩的评定方法建立体育运动项目的分类体系，对于竞赛规则的制订与改进以及竞赛活动的组织进行都有着积极的作用。

依运动成绩的评定方法可以将体育竞赛项目分为测量类、评分类、命中类、制胜类和得分类（见图 6-1）。

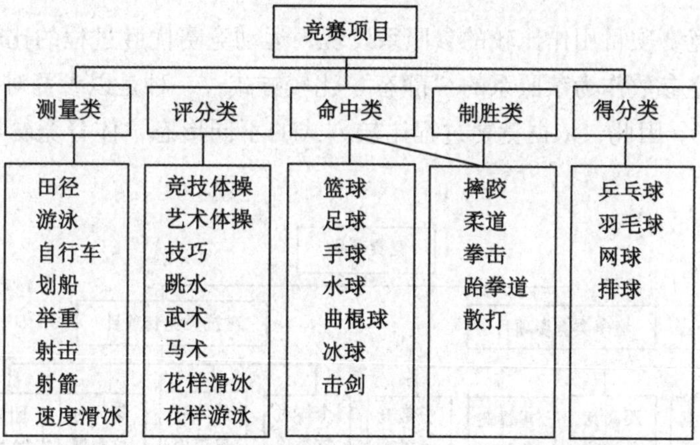

图 6-1　依据运动成绩的评定方法对竞赛项目进行分类

1. 测量类竞赛项目

测量类竞赛项目的运动员在比赛中所表现出来的运动水平高低可以客观而准确地予以测量，其项目有：田径、游泳、自行车、划船、举重、射击、射箭、速度滑冰等。测量指标包括速度指标、距离指标（远度与高度）、重量指标与环数指标。其中，电子测时系统的研制与应用大大地提高了竞速项目成绩判定的准确性。

2. 评分类竞赛项目

评分类项目是由裁判员根据比赛规则确定的标准和方法对运动员在比赛中的成绩给予评分，按分数的高低排列比赛名次的竞赛项目。在水上、陆上、冰上、雪上多种场地进行比赛的技能主导类表现难度性项目都属于此类。其项目有：竞技体操、艺术体操、技巧、跳水、武术、马术、花样游泳和花样滑冰等。

3. 命中类竞赛项目

命中类项目是比赛中计算命中对方防守的特定目标区域的次数，命中次数多者为胜的竞赛项目。篮球的球筐，足球、手球、冰球、水球、曲棍球的球门以及击剑、拳击选手身上的有效得分区都属计分的目标区域。

4. 制胜类竞赛项目

制胜类项目评定运动成绩的方法特殊。在一般情况下，与命中类项目一样，比赛中命中对手设防的特定区域即可得分，最后按得分多少决定胜负。但若在比赛过程中出现如拳击中将对手打倒在地上定时不起或柔道中的一本胜利等情况时，则可判为绝对胜利，也就不再去计算比较双方命中得分的情况了。其项目有：摔跤、柔道、拳击、跆拳道、散打等。

5. 得分类竞赛项目

隔网比赛的乒乓球、羽毛球、网球及排球均属得分类竞赛项目。依比赛中得分多少（表现为比赛中的一方首先获得规定的取胜分）判定比赛的胜负。比赛中的得分手段既包括运动员主动进攻，将球击落命中于对方设防的特定区域，又包括对方自己失误的送分。

（二）依竞赛方法学分类

经研究各种竞赛项目用作比较的参照系发现，运动竞赛优胜过程的比较方式有两种形态：一种是以时空参数作为参照系的“静态”比较方式；一种是以参赛对手互为参照系的“动态”比较方式。因此，依据竞赛过程比较方式的不同形态，体育竞赛项目可以分为两大类（见图6-2）。

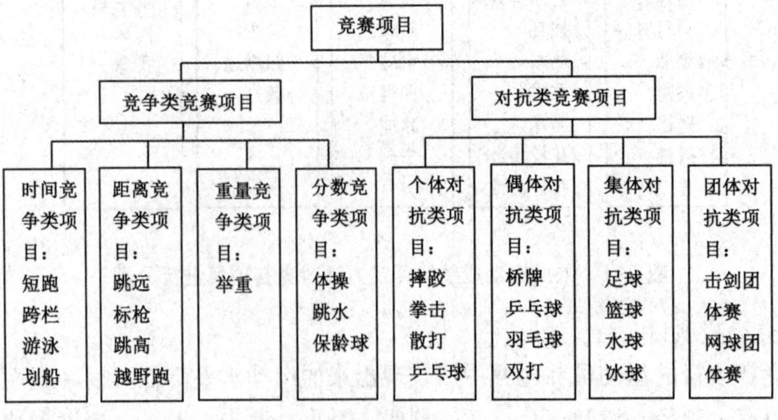

图6-2　依据竞赛方法学对竞赛项目分类

1. 竞争类竞赛项目

竞争类竞赛项目即尽可能使参赛者在不受外界干扰的条件下，充分发挥自身能力去夺取某些时空参数，以获得时空参数的大小来遴选优胜、排列名次的项目。如田径、举重、体操、跳水等竞赛项目。

竞争类竞赛项目又可以分为“时间竞争类项目”“距离竞争类项目”“重量竞争类项目”“分数竞争类项目”四大类。

2. 对抗类竞赛项目

对抗类竞赛项目即让参赛者在尽可能机会均等的条件下，相互之间捉对较量，以比赛的胜负来区分高下确定名次的项目。如篮球、足球、拳击、摔跤等竞赛项目。

对抗性竞赛项目又可以分为“个体对抗类项目”“偶体对抗类项目”“集体对抗类项目”“团体对抗类项目”四大类。

二、体育竞赛项目

为适应我国体育运动的发展需要，进一步与国际接轨，统一标准，促进竞技体育科学、规范管理，经国家体育总局批准，2006 年 12 月 26 日对我国正式开展的体育运动项目进行重新调整并公布。我国正式开展的体育运动项目如表 6-1 所示。

表 6-1　　国家体育总局正式立项的体育项目

序号	项　目	
1	游　泳	游泳
		跳水
		花样游泳
		水球
		公开水域游泳
2	射　箭	
3	田　径	
4	羽毛球	
5	皮划艇	激流回旋
		静水
6	棒　球	
7	篮　球	
8	拳　击	
9	自行车	场地
		公路
		山地车
		BMX 小轮车
10	击　剑	
11	足　球	足球
		五人制足球
12	手　球	
13	马　术	

序号	项　目	
14	曲棍球	
15	柔　道	
16	现代五项	
17	体　操	体操
		艺术体操
		蹦床
18	赛　艇	
19	帆　船	
20	射　击	
21	排　球	排球
		沙滩排球
22	垒　球	
23	乒乓球	
24	跆拳道	
25	网　球	
26	铁人三项	
27	举　重	
28	摔　跤	摔跤
		中国式摔跤
29	冬季两项	
30	冰　壶	
31	冰　球	

续表 6-1

序号	项目	
32	滑　冰	花样滑冰
		短道速滑
		速度滑冰
33	滑　雪	高山滑雪
		越野滑雪
		自由式滑雪
		跳台滑雪
		单板滑雪
34	潜　水	潜水
		蹼泳
35	滑　水	
36	摩托艇	
37	救生	
38	健美操	健美操
		街舞
39	技　巧	
40	高尔夫球	
41	保龄球	
42	掷　球	
43	台　球	
44	藤　球	
45	壁　球	
46	橄榄球	
47	软式网球	
48	热气球	热气球
		热气飞艇
		氦气球
		氦气飞艇
		混合式气球
49	运动飞机	超轻型飞机
		轻型飞机
		特技飞机
		旋翼类
		模拟飞机
50	跳　伞	特技定点
		造型
		踩伞
		低空伞
		牵引伞
		花样跳伞
51	滑翔	滑翔机
		悬挂滑翔
		滑翔伞
		动力滑翔伞
52	航空模型	自由飞
		线操纵
		无线电遥控
		仿真
		电动
		航天模型
53	车辆模型	非遥控车
		电动公路车
		电动越野车
		内燃机公路车
		内燃机越野车
		火车模型
54	航海模型	仿真
		仿真航行
		帆船
		耐久
		动力艇
		建筑场景
55	定向	徒步定向
		滑雪定向
		轮椅定向
		山地车定向
		GPS 定向
56	业余无线电	业余无线电台
		无线电测向
		无线电通信
57	围棋	围棋
		五子棋
58	国际象棋	
59	中国象棋	
60	桥　牌	
61	武　术	套路
		散打
62	健身气功	

续表 6-1

序号	项　目		序号	项　目
63	登　山	登山	70	龙　舟
		攀岩	71	钓　鱼
		攀冰	72	风　筝
		山地户外运动	73	信　鸽
64	汽　车		74	体育舞蹈
65	摩托车		75	健　美
66	轮　滑		76	拔　河
67	毽　球		77	飞　镖
68	门　球		78	电子竞技
69	舞龙舞狮			

随着我国体育赛事产业的发展，以及国家对大众健身的重视，目前的体育赛事已不仅限于竞技体育项目，大众体育赛事在我国也得到大力发展，增加了许多适合大众参与的体育运动项目，见表 6-2。

表 6-2　新增体育项目

球类项目	冰雪项目	操、舞、套路	水上项目	其他项目
砂板乒乓球、羽毛球三对三、板羽球、短式网球、板式网球、板球、气排球、三对三篮球、笼式足球、荷球、和球、五体球	冰上曲棍球、俯式冰橇、陆地冰壶、旱地滑冰、旱地滑雪、钢架雪车、有舵雪橇、无舵雪橇、滑板滑雪、北欧两项	瑜伽、啦啦操、排舞、太极	水中体操、浮潜、水道滑水、水下橄榄球、冲浪、风筝冲浪	极限运动、定向越野、平衡车、飞盘运动、不间断骑行运动、跳绳

第二节　竞赛的组织方法

体育竞赛有多种竞赛组织方法，本节着重介绍循环赛制、淘汰赛制、混合制、败者复活制、佩奇制、顺序比赛制、轮换比赛制 7 种常用的竞赛方法。

一、循环赛制

循环赛制起源于英国，被称为“round robin tournaments”，是一种机会均等的竞赛方法。通常适用于足球、篮球、排球、棒垒球、手球等以整队为参加竞赛的集体球类项目，有时也被乒乓球、羽毛球、网球以及棋类、桥牌等项目的团体赛所采用。

循环制是指参赛者与除自身以外的每一位对手轮流进行比赛，每名参赛者都参加相同的比赛场次，依据结果判定比赛名次。

（一）循环赛的种类与特点

1. 循环赛的种类

根据循环赛本身固有的形式，它包括单循环、双循环和分组循环 3 种基本类型。单循环是所有参赛队（人）相互轮赛一次；双循环是所有参赛队（人）相互轮赛二次；分组循环是参赛队（人）较多时，根据参赛队（人）的基本情况，采用相应的“种子法”，把强队（人）分散在各组，先进行小组单循环赛，再根据小组名次来组织第二阶段的比赛。

循环赛类型的确定主要是由主办单位根据参赛队多少和比赛期限的长短以及项目特点而灵活选用。一般情况下，单循环宜在参赛队（人）不太多、比赛时间与场地又比较充裕时采用；分组循环大多是在参赛队（人）数多，比赛时间又不能过长，并尽量为参赛队（人）提供比赛机会，使比赛能较合理地排定名次时采用。

2. 循环赛的特点

运动竞赛采用循环法进行比赛，优点是所有参赛队（人）机会均等，进行比赛和互相观摩学习的机会多，能准确地反映出参赛队（人）之间真正技术水平的高低，客观地排定参赛队（人）的名次，比赛结果的偶然性和机遇性小。然而，循环法本身也存在着很多不足，因此在组织循环赛活动时应注意以下 3 个方面的问题。

① 比赛总的期限长，占用场地和时间多。当参赛队（或个人）多时，直接采用大循环赛有一定困难，应用范围上有一定的局限性。

② 如何合理地安排比赛的顺序，避免在比赛时间、间隙、地点、场次和比赛条件等方面出现不均衡现象。

③ 当比赛结果有两个或两个以上队（人）的胜负场数相同、得失分相等时，存在如何根据不同项目的特点，科学地解决好最后名次的排定问题。

（二）循环赛的轮数与场数计算

1. 循环赛的轮数

在循环赛中，每一参赛者出场比赛一次称为“一轮”。当参赛者数量为偶数时，比赛轮次等于参赛者数量减 1，参赛者数量为奇数时，比赛轮次等于参赛者的数量。

单循环轮数的计算方法：

n=参赛人数（或队数）。

人数（或队）为偶数时：　　轮数$=n-1$

人数（或队）为奇数时：　　轮数$=n$

按照上面公式，如 10 个参赛者进行单循环比赛时，10−1=9 即比赛需进行 9 轮。如有 9 个参赛者进行单循环比赛，则比赛轮次等于参赛人数，即为 9 轮。

双循环的轮数是单循环轮数的 2 倍。

双循环轮数的计算方法：

人数（或队）为偶数时：　　轮数$=2(n-1)$

人数（或队）为奇数时：　　轮数$=2n$

2. 循环赛的场数

循环赛的场数是指参赛队之间轮流比赛全部结束的总场数。计算循环赛的总场数，目的在于提前安排好人力、物力、比赛日程与场地。其计算方法如下。

$$\text{单循环场数}=n\times(n-1)/2$$

如 8 个队进行单循环赛，比赛的总场数为：$8\times(8-1)/2=28$ 场。

$$\text{双循环场数}=n\times(n-1)$$

如 8 个参赛者进行双循环赛，比赛的总场数为：$8\times(8-1)=56$ 场。

（三）循环赛的编排方法

1. 单循环的编排方法

（1）确定编排序号

即用阿拉伯数字 1，2，3，4，5，6，…来代表各参赛队的序号。确定各比赛队序号的依据有如下因素：

① 依据上一年或上一届比赛各参赛队的成绩。1 代表第 1 名，2 代表第 2 名，3 代表第 3 名……以此类推。（如有的队没参加上一年或上一届的比赛，按报名队先后顺序确定序号）。

② 主办单位不了解参赛队技术水平，或参赛队较多，需要进行分组时，由各参赛队进行抽签来确定各自队序号。

（2）编排比赛轮次

将各参赛队的序号等量地分成左右两列，左列由上往下排，右列由下往上排；然后用横线将相对应的两个数字连起，这就是第一轮比赛相遇的队。

（3）确定轮转方法

① 逆时针轮转法。若参赛队（或个人）为偶数时，一般都采用此法来安排各轮的比赛表。以 8 个队参加比赛为例，其第一轮比赛表是先将 1、2、3、4 号自上而下依次排列在左侧，再将 5、6、7、8 号自下而上与 4、3、2、1 号对应排列在右侧，而后用横线分别将左、右两个对应着的号码连起来，即为第一轮的比赛表（见表 6–3）。第二轮的编排将第一轮比赛表中的 1 号固定不动，其余号码按逆时针方向轮转一个位置，即为第二轮比赛表。以后各轮次以此方法类推。

表 6–3　　逆时针轮转法（n=8）

第一轮	第二轮	第三轮	第四轮	第五轮	第六轮	第七轮
1–8	1–2	1–3	1–4	1–5	1–6	1–7
2–7	3–8	4–2	5–3	6–4	7–5	8–6
3–6	4–7	5–8	6–2	7–3	8–4	2–5
4–5	5–6	6–7	7–8	8–2	2–3	3–4

② 顺时针轮转法。参赛队（或个人）为奇数时，若仍按逆时针轮转方法，将出现一些因轮空休息带来的不合理现象。所以，在参赛队（或个人）为奇数时，可采用顺时针轮转法进行编排。以 7 个队参加比赛为例，其第一轮比赛表的排列与 8 个队第一轮比赛表的排列相同，只是在最后一个数后补“0”凑为偶数（见表 6–4）。第二轮是固定的“0”号不动，其余号码按顺时针方向转动一个位置，各轮次按上述方式类推。

表 6–4　　顺时针轮转法（n=7）

第一轮	第二轮	第三轮	第四轮	第五轮	第六轮	第七轮
1–0	2–0	3–0	4–0	5–0	6–0	7–0
2–7	3–1	4–2	5–3	6–4	7–5	1–6
3–6	4–7	5–1	6–2	7–3	1–4	2–5
4–5	5–6	6–7	7–1	1–2	2–3	3–4

③“贝格尔”编排法。“贝格尔”编排法多运用于大型球类比赛中，在排球项目中的运用尤为频繁，在 1985 年后，该方法被明确规定在各种正式排球比赛中采用。它的基本方法是：尾数队左右摆（奇数为“0”），右下角的号提上来，先摆后转，按逆时针方向

轮转。也可以根据队数的多少，轮转不同的位置。即 3 或 4 个队，依次轮转一个位置；5 或 6 个队，依次轮转两个位置；7 或 8 个队，依次轮转三个位置；凡增加两个队，则轮转增加一个位置，如表 6–5 所示。

表 6–5　　“贝格尔”制编排表（$n=5$）

第一轮	第二轮	第三轮	第四轮	第五轮
1–0	0–4	2–0	0–5	3–0
2–5	5–3	3–1	1–4	4–2
3–4	1–2	4–5	2–3	5–1

此方法也具有一定的缺陷，如第二轮就出现了“1–2”的强队之争，第一轮也出现“3–4”的强队之争，导致高水平的竞技在比赛前期就已经出现，比赛后期各队的实力差距较大，比赛从高潮逐步走向低潮，导致精彩程度降低。

④ 大轮转、小调动。根据某种需要，如开幕式、闭幕式、节假日或东道主的特别需要等，可以在某种有规律性的轮转方法基础上，把部分比赛顺序加以调整。这种调整方法是多样化的，但必须有其内在的规律。例如，有 6 个队参加比赛，在安排前各队已按以往战绩确定序号，为使实力相当的各队在最后一天比赛，使整个赛会竞赛气氛达到高潮，可以先排出最后第五轮的比赛顺序，再按逆时针轮转依次排出第四、三、二、一轮的比赛顺序（见表 6–6）。

表 6–6　　大轮转、小调动轮转法（$n=6$）

第一轮	第二轮	第三轮	第四轮	第五轮
1–3	1–5	1–6	1–4	1–2
5–2	6–3	4–5	2–6	3–4
6–4	4–2	2–3	3–5	5–6

（4）编排竞赛日程

轮次表填好之后，把各轮次的比赛编成比赛日程表（比赛的日期、场地等）印发给各队。

2. 双循环的编排方法

双循环即为进行两次单循环赛，这种形式的比赛竞赛量巨大，场次多，适合于参赛者较少且比赛时间充足的情况，这样能够增加参赛者的比赛机会，比赛名次也更加客观。双循环赛比赛轮次表的排法与单循环相同，但在排第二次循环时，最好以第一次循环的比赛成绩为依据进行蛇形排列或用抽签的方法。比赛名次的确定以两次循环赛的积分总和为依据，积分越高，名次越靠前。

3. 分组循环赛的编排方法

分组循环赛是指在参赛人员数或参赛队比较多的时候，可以通过分组的方法，在各组内进行单循环。一般事先确定种子选手或种子队，使种子选手或种子队分入各组，以免强手或强队集中。分组循环赛一般分为预赛和决赛两个阶段。

（1）预赛阶段

将参赛队伍进行分组后排出比赛次序表，随后确定种子位置，分组循环赛的种子数量一般与分组数相同，或是分组数的 2 倍。若种子数量与分组数相同，那么需要将种子安排在各个小组的“1”号位；若种子数量是分组数的 2 倍，需采用蛇形排列的方法将种子依次分布在各个小组的“1”号和“2”号位上。非种子队也需要抽签进入各个号位。现将分组单循环赛抽签和蛇形排列法介绍如下。

首先确定种子数量，正常情况下种子的数量与分组一致或是组数的 2 倍，如有 4 组进行比赛，应有 4 个或 8 个种子队。如为 4 个种子队应每个小组分配一个，如为 8 个种子队，需将“1”号种子队与“8”号种子队编为一组；“2”号种子队与“7”号种子队编为一组，“3”号种子队与“6”号种子队编为一组，“4”号种子队与“5”号种子队编为一组。

抽签方法：种子队先抽签，确定各种子队的组别后其他各队再抽签确定组别。例如，24 个队分为 4 组，8 个种子队抽完签后，其他 16 个队再抽签。签号分为 4 组，每组有相同的 4 个签，由 16 个队抽签确定组别，然后再把各队按组别填入各组的比赛轮次表中。另外一种分组方法为蛇形排列分组，即按上一届名次进行分组。例如，有 12 个队分为 4 个组时，其排法如表 6-7 所示。

表 6-7　　12 个队分 4 组的比赛安排表

第一组	第二组	第三组	第四组
1	2	3	4
8	7	6	5
9	10	11	12

（2）决赛阶段

在决赛阶段需要注意的是：在预赛阶段已经相遇过的队，比赛成绩依然有效，决赛阶段不再进行比赛。其常用的比赛方法有，交叉赛、分段赛、同名次赛、录取名次赛等。

① 交叉赛：每组的前两名交叉比赛，两场胜者进行决赛争夺一、二名，两场负者再相互比赛决出三、四名；各组三、四名决出五~八名，其余类推。

② 分段赛：将各小组的名次分为几段，同一段名次的队编在一组决出总名次，如预赛两个组的一、二名编在一起决出一~四名，两个组的三、四名编在一起决出五~八名。

③ 同名次赛：就是将各小组预赛中相同名次编在一起进行比赛，如预赛时 4 个组的第一名编成一组进行单循环赛，决出一~四名，各小组的第二名编在一起决出五~八名。

④ 录取名次赛：根据竞赛规程规定的录取名次，在各小组中录取数量相等的队进入决赛（参加第二阶段决赛队的数量应等于或略高于录取名次的队）。例如，有 16 个队参赛，规定录取前八名，预赛分成两个组，则每组前四名的队第二阶段直接进入决赛，其余的队不再比赛。

（四）循环制的计分方法和名次的排列

篮球、排球、手球等项目的比赛计分方法一般是胜一场得 2 分，负一场得 1 分，弃权得 0 分（有的项目规定弃权队名次列最后）。

排球比赛采用五局三胜制，每场比赛均能决出胜负。篮球、足球、手球等项目的比赛往往双方会打成平局，但篮球、手球都采用决胜期的办法来决出胜负。足球则要根据竞赛规程的规定来决定，如采用加时赛或罚点球来决出胜负，但也有规定采用单循环制比赛打成平局时，不再进行加时赛或罚点球，用最后算积分的方法来决定名次。采用这种方法计算成绩时，往往采用胜一场得 3 分，平一场得 1 分，负一场得 0 分的计分方法，最后按积分多少排列名次。但比赛结果往往会出现两队或两个以上队积分相等的情况。积分相等队的名次排列，由于各项目规定不一样，在各单项竞赛规则中都有明确规定，遇此情况请查阅该项目竞赛规则（一般应写进单项竞赛规程），不再逐一阐述。

【例 6.1】 排球比赛单循环及分组循环阶段的计分和决定名次办法。

① 各队胜一场得 2 分，负一场得 1 分。积分多者名次列前。

② 如果两队或两队以上积分相等，则采用下列办法决定名次：

$$A（胜局总和）/B（负局总和）=C 值$$

C 值高者名次列前。

③ 如 C 值相等，则采用：

$$X（胜分总和）/Y（负分总和）=Z 值$$

Z 值高者名次列前。

④ 如 Z 值仍相等，则采用抽签的办法决定名次。

自第 10 届全运会开始，上述方法进行了调整。将②和③对换，即积分相等时先计算 Z 值，Z 值相等再计算 C 值。这种调整可使两队每球每分必争，增加了比赛的激烈、精彩程度。

【例 6.2】 羽毛球比赛单循环决定名次办法。

① 按获胜场数定名次。

② 若两名（对）运动员获胜场数相等，则两者间比赛的胜者名次列前。

③ 若三名（对）或三名（对）以上运动员获胜场数相等，则按在该组比赛的净胜局数定名次。计算净胜局数后，如还剩两名（对）运动员净胜局数相等，则两者间比赛的胜者名次列前。

④ 若还剩三名（对）或三名（对）以上运动员净胜局数相等，则按在该组比赛的净胜分数定名次。计算净胜分数后，如还剩两名（对）运动员净胜分数相等，则两者间比赛的胜者名次列前。如还有三名（对）或三名（对）以上运动员净胜分数相等，则以抽签定名次。

⑤ 团体赛按以上办法，依胜次、场数、局数、分数顺序计算成绩。

（五）循环赛竞赛日程的编排原则

① 当参赛队为单数时，不宜采用 2 号队固定的逆时针旋转法来编排比赛顺序：目前各级各类比赛中，凡采用循环法比赛，都是以左上角 1 号队为基准点固定不动，其他队（或个人）每轮按逆时针方向依次旋转一个位置。这种编排方法的优点是能保证每轮都有实力相近的两个队进行比赛；1 号种子强队所遇的对手由弱到强；最后一轮保证有 1 号与 2 号两强相遇，将比赛推向高潮。

但是这种安排会造成其中某一队连续多次遇到的对手，都是前一轮轮空的队，造成该队疲于应付。例如：有 7 个队参赛时，6 号队在 7 轮比赛中，后 4 轮全部与前一轮轮空的队进行比赛，这对 6 号队在体力上是不公平的。如果是 5 个队参赛，4 号队将有两轮连续与上轮轮空队比赛；若有 9 个队参赛，则 8 号队将有 6 轮连续与前一轮轮空队相遇。克服这一不合理现象的方法是，改为顺时针旋转法，或是固定右上角“0”号不转动，其他队则可用逆时针旋转来进行编排。

② 循环赛必须按轮次的次序逐轮进行：每一轮次中的比赛必须全部赛毕，方可进入下一轮的比赛，这样才能使各参赛队的比赛进度保持一致。绝不可在前一轮比赛尚未全部结束前让下一轮某场次的比赛提前进行。即使因某种特殊原因需要调整比赛时，也必须将整个轮次的所有比赛与另一轮次的全部比赛一起调动。否则会造成比赛队休息时间的不均等，还有可能提供一种可被利用的“机会”，干扰比赛的结果。

③ 注意各队在每场比赛结束后，有基本均等的休息时间。不同运动项目的比赛场与场之间每队最低限度的休息时间是不相同的，其中足球休整的间隙最长；排球、篮球、手球等次之；乒乓球、羽毛球等小球项目则较短。编排时应注意保证各队的间歇时间，尽可能使比赛双方的间歇时间相近，以防造成恢复体力时的不均等待遇。

④ 编排时，对比赛条件、场馆、观众、时间的安排要统筹兼顾，使各队基本上达到均衡；在安排赛程时，要使比赛能逐步推向高潮，各轮次都应保持有势均力敌的比赛场次，不使比赛出现冷场，让比赛越打越紧张。

二、淘汰赛制

据史料记载，在古希腊第 18 届古奥运会上，摔跤比赛曾用抽签的方式决定对手，并用淘汰方法决出胜负，是淘汰竞赛方法的雏形。随着历史的发展，淘汰赛制不断完善，至今已成为体育竞赛组织与编排最基本、最重要的方法之一。淘汰赛又称为淘汰法，主要是指参赛各方按编排的比赛次序，由相邻的两名选手进行比赛，败者被淘汰，胜者进入下一轮比赛，直至淘汰还剩最后一名选手，即为本次比赛的冠军。这种方法称为单淘汰赛，即通常所指的淘汰赛。淘汰赛制一般有两种情况：一种是按照一定的比赛顺序，让参赛者一个接一个地参加比赛，可以不同时、同地进行，通过及格赛、预赛、复赛和决赛来淘汰成绩差的选手，决出优胜名次。这种方式在田径、游泳等项目中采用比较普遍。另一种在球类、拳击等对抗性项目中的运用比较普遍，主要形式是必须一对对地按照淘汰表的顺序进行比赛，每次优胜者进入下一轮比赛，失败者直接淘汰，直至决出冠军。

（一）淘汰赛的种类与特点

1. 淘汰赛的种类

淘汰赛可分为单淘汰、双淘汰、交叉淘汰 3 种方式。淘汰赛一般有两种情况：一种计量性项目的淘汰赛，它按一定顺序让参赛者（队或组）一个接一个地表现其成绩，可以不同时、同地进行，通过及格赛、预赛、复赛、决赛来淘汰差的，决出优胜名次。这在田径、游泳和举重等项目中采用较普遍。另一种是对抗性项目，如球类、摔跤、拳击、击剑等比赛，必须一一对应地按淘汰表的顺序进行比赛，每次获胜队或个人进入下一轮，而失败则遭淘汰，失去继续比赛的资格，直到最后一对决出冠军。

2. 淘汰赛的特点

（1）淘汰赛的容量大

它能在最短的时间内、较少数量的场地条件下，安排大量的选手进行比赛。

（2）淘汰赛具有强烈的对抗性

比赛双方没有妥协的可能性，非胜即败，败一次将失去进入下一轮比赛的资格。一般来说，比赛双方既不受第三者影响，也不会影响其他选手的成绩，能较充分地体现出运动竞赛的竞争特性。

（3）淘汰赛作为一种比赛的方法，存在着缺陷和不足

例如除第一名和第二名外，很难合理地排定其他参赛者的名次；强者之间很可能在前几轮就相遇，一次失败即被淘汰，造成名次排列上的不合理现象；参赛者之间互相交流、学习、比赛机会少。

为弥补上述缺陷，人们在竞赛的策划、组织和编排中，要采用一些对策和措施，尽可能减少和克服淘汰赛的不合理现象，一般有以下 3 种措施。

① 运用“种子”、分区、抽签和定位等方法，避免强者或同一单位参赛者过早相遇。

② 采用补赛法（又称附加赛），以帮助确定第 2 名以后的名次，见图 6-3。

③ 增设双淘汰赛，失败两场方被淘汰。

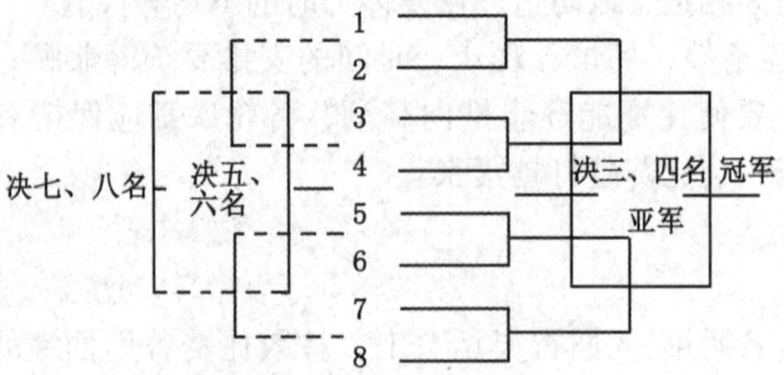

图 6-3 单淘汰附加赛示意图

（二）淘汰赛的轮次、场数和号码位置的选择

1. 淘汰赛的轮次与场数计算

（1）单淘汰赛轮次和场数计算方法

在淘汰赛的秩序表中，每名运动员（队）出场比赛一次（轮空也算出场一次）称为一轮。

若参赛队数等于 2 的乘方数，则比赛轮次等于 2 的指数，若参加比赛队不是 2 的乘方数，则比赛轮次为略大于参赛队数的 2 的指数。

单淘汰赛的轮次为 2^n 中的 n。

单淘汰赛的场数=参赛者（队）-1

例如 8 人参加比赛，轮次为 2^3，即比赛为 3 轮；比赛场数为 8-1=7，即 7 场比赛。见图 6-4。

又如 5 个队参加比赛，比赛轮次是略大于 5 的 2 的乘方数，即 8，$8=2^3$，所以比赛轮次和 8 个队一样，也是 3 轮，但比赛场数是 5-1=4 场。见图 6-5。

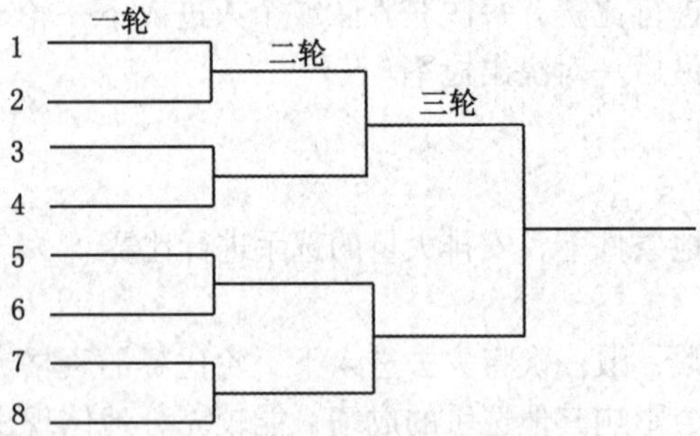

图 6-4 8 个队单淘汰赛顺序示意图

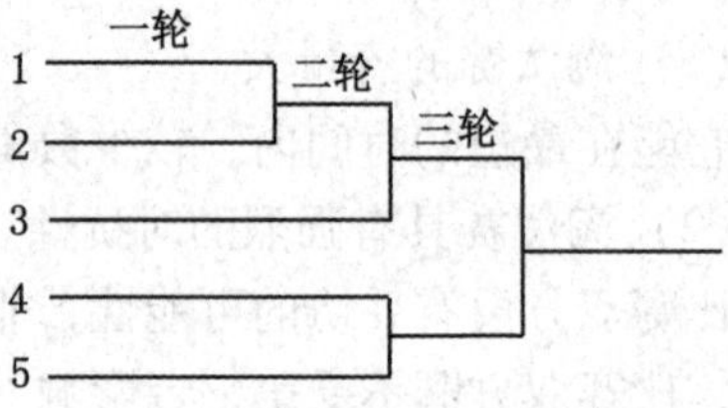

图 6-5 5 个队单淘汰赛顺序示意图

（2）双淘汰赛轮次和场数计算方法

参加比赛的运动员（队），按编排队秩序表进行比赛，失败两场即被淘汰，最后失败一场者为亚军，全胜者为冠军。这种比赛办法称双淘汰赛。

胜方轮次与单淘汰赛一致，负方轮次为参赛者数对 2 的乘方数的 2 倍减 2。

胜方轮数=n（即单淘汰轮数）

负方轮数＝（n－1）×2

总轮数＝胜方轮数+负方轮数

＝n+（n－1）×2＝$3n$－2

双淘汰比赛场数为参赛运动员（队）数的2倍减3。

双淘汰比赛场数＝2×运动员（队）数－3

例如8个队进行双淘汰赛，轮次为3×3－2＝7，需进行7轮，比赛场数为2×8－3＝13，13场比赛。见图6-6。

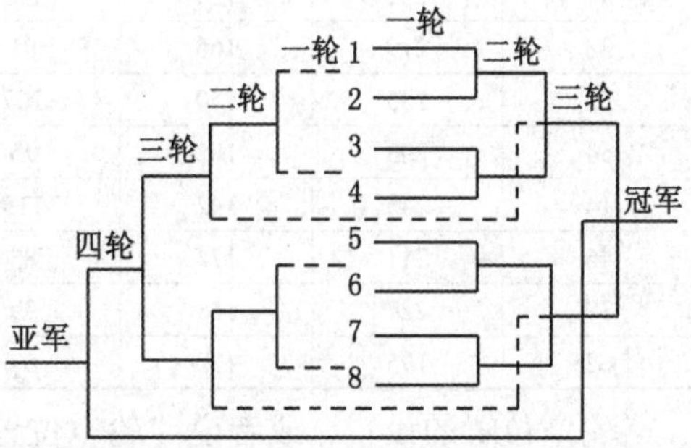

图6-6　双淘汰比赛顺序示意图

2. 淘汰赛号码位置的选择

在日常的比赛中，由于参赛运动员的人数（队数）不一定是2的乘方数，因此在确定淘汰赛的位置号码时，应根据参赛人数（队数），选择最接近的、较大或较小的2的乘方数作为号码位置数。

例如，125人参赛，使用较大的128个号码位置，则出现轮空号码。如129人参赛，选择较小的128个号码位置，则出现有的号码要抢号。

（三）淘汰赛的编排方法

1. 轮空的方法

所谓“轮空”就是指比赛中某些参赛者第一轮不参加比赛，不战自胜，直接进入下一轮比赛。如果参赛者数不足选择号码位置时，需安排轮空。

（1）轮空数目的确定

轮空数＝号码位置数－参赛者人（队）数

（2）轮空位置的确定：

轮空位置的确定可以在各项目的竞赛规则中轮空位置表中查到，以乒乓球为例，确定轮空位置可依据乒乓球轮空位置表（见表6-8）来安排，查表方法如下：先根据参赛者人（队）数，选择最接近的、较大的2的乘方数作为号码位置数，用该号码位置数减去参赛者人（队）数，即为轮空数。然后，按轮空数目，依次逐列由左向右摘出小于比赛号码位置数的号码即为轮空号码。

例如：有24人参加比赛，应选用32个号码位置，32－24＝8（轮空数），从表内由左向右逐列依次摘出小于32的8个号码数：2、31、18、15、10、23、26、7即为轮空号码位置。

表6-8　　轮空位置表

2	225	130	127	66	191	194	63
34	223	162	95	98	159	226	**31**
18	239	146	111	82	175	210	47
50	207	178	79	114	143	242	15
10	247	138	119	74	183	202	55
42	215	170	87	106	151	234	**23**
26	231	154	103	90	167	218	39
58	199	186	71	122	135	250	**7**

续表6-8

6	251	134	123	70	87	198	59
38	219	166	91	102	155	230	27
22	235	150	107	86	171	214	43
54	203	182	75	118	139	246	11
14	243	142	115	78	179	206	51
46	211	174	83	110	147	238	19
30	227	158	99	94	163	222	35
62	195	190	67	126	131	254	3

轮空位置的设置，或者说“轮空位置号码表”应该遵循以下两条原则。

第一，轮空位置要尽量均匀分布。

第二，安排轮空位置时，在种子选手与非种子选手之间，种子选手优先轮空，只有当种子选手全部安排了轮空后，才能安排非种子选手轮空；在种子选手内部，序号在前的种子选手比序号在后的种子选手优先轮空；安排非种子选手轮空时，序号在前的种子选手所在的各个相应的区的非种子选手，比序号在后的种子选手所在的各个相应的区的非种子选手优先。

轮空的三优先，即种子优先、种子序号在前的优先、种子序号在前的区的非种子优先。

2. 抢号的方法

如果参加比赛的运动员（队）稍大于号码位置数时，采用“轮空”的办法比较麻烦，在这种情况下，可采用“抢号”。即以最接近2的某次幂乘方数为号码位置数，超过号码位置数的运动员（队）则安排抢号。

“抢号”数=运动员（队）数-号码位置数

抢号位置的确定原则与轮空相同，应均匀分布在各个区域内，抢号位置也可由轮空位置表查得。例如，34名运动员参加比赛，选用32个号码位置，则有2（34-32=2）个位置进行抢号。由轮空位置表查得两个轮空号码是2、31，见表6-8。

比较轮空和抢号方法：用轮空法，34名参赛者应选择大于34的2的6次幂乘方数64为号码位置数，则需设30个轮空；如用抢号法，34名参赛者应选择小于34的2的5次幂乘方数32位号码位置数，则需设2个抢号，两种方法本质一样，但抢号法可避免过多设置轮空，使编排更加简化。

3. 分区的方法

把全部号码位置分成几个相等的部分，称为分区。例如，将全部号码位置分成两半，称上半区和下半区；将上、下半区的号码位置再分成两半，称为1/4区；将各个1/4区的号码位置再分成两半，称为1/8区，以此类推。

在淘汰赛中，为使同一单位的参赛者不过早相遇，要把他们合理地分开，安排在不同的区内。例如，同一单位的1、2号运动员应分别排在上、下半区；第3、4号运动员则应分别排在没有1~2号运动员的另外2个1/4区；第5、6、7、8号运动员，应分别安排在没有1~4号运动员的另外4个1/8区内，以此类推。淘汰赛的抢号和分区情况见图6-7。

4. 种子的安排方法

（1）“种子”的确定原则

“种子”是根据技术水平确定的，技术水平主要是看运动员（队）在各级比赛中所取

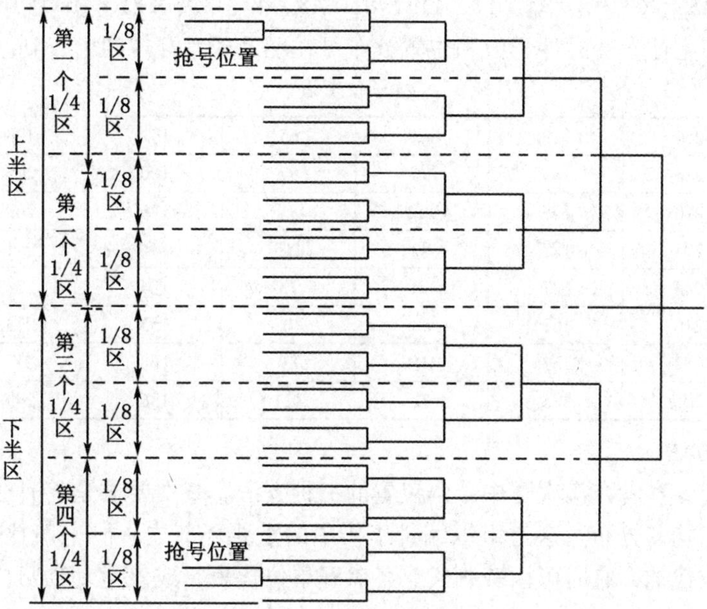

图 6-7　单淘汰赛的抢号和分区示意图

得的成绩，如奥运会成绩、世界锦标赛成绩、洲际比赛成绩、大型国际比赛成绩以及全国比赛成绩、省市比赛成绩等。在考虑比赛成绩时，要以最近的比赛和他所参加的高一级的大型比赛的成绩为准，远的服从近的，低的服从高的。在双打比赛中确定“种子”时，要以原配对成绩为主，除依据上述原则外，还可参考单打比赛或其中一人的双打成绩。混合双打的成绩以男运动员成绩为主。举办比赛的组委会可根据具体情况对确定“种子”的原则做补充规定。由于科技的发展，采用电脑积分排序系统，对世界优秀运动员（队）进行排名，并一年数次定期公布世界优秀运动员（队）排名表，是当前一些国际单项体育组织常用的办法。因此，在世界高水平的竞赛中，对照世界优秀运动员（队）排名表确定种子名单是简便实用的方法。

（2）“种子”的设置数量

“种子”设置的数量是根据参加比赛的运动员（队）数和录取名次数等综合因素考虑确定。一般采用 2 的乘方数，以 8~16 个号码位置设 1 名种子为宜。不同的项目也会有不同的要求，如羽毛球规定少于 16 名参赛者，最多设 2 个种子，32 名或者以下的参赛者最多设 4 个种子，64 名或以下的参赛者最多设 8 个种子，72 名或以上的参赛者最多设 16 个种子，如果超过 128 人，则先安排预选赛，淘汰掉一部分参赛者。

（3）“种子”的排列位置

种子位置的排列应遵循以下两个原则：第一是让竞技水平最高的参赛者在最后的决赛中相遇；第二是种子应按实力平均分配到各区，各区的实力指数之和是相等的。

种子的号码位置可查种子位置表（见表 6-9），查表方法如下：按比赛所设种子数目，在该表中由左向右逐行依次摘出小于或等于比赛号码位置数的号码，这些号码就是种子定位的号码。以乒乓球比赛为例，有 128 名参赛者，应设置 128 个号码位置数，假如设 8 个种子，从表中找出小于或等于 128 的 8 个号码，分别为 1、128、65、64、33、96、97、32，这些就是设定 8 个种子应固定的位置号码。如设置 16 个种子需向后再数 8 个，即 1、

128、65、64、33、96、97、32、17、112、81、48、49、80、113、16为16个种子应固定的位置号码。羽毛球参赛的种子数和位置分布可在羽毛球竞赛规则中查到。

表6-9　　种子位置表

1	256	129	128	65	192	193	64
33	224	161	96	97	160	225	32
17	240	145	112	81	176	209	48
49	208	177	80	113	144	241	16
9	248	137	120	73	184	201	56
41	216	169	88	105	152	233	24
25	232	153	104	89	168	217	40
57	200	185	72	121	136	249	8

5. 抽签的方法

抽签是确定参赛者在淘次赛中号码位置的一种方法。基本要求是将种子和同单位的参赛者合理分开，均匀分布，这是组织编排工作中的重要环节之一。一般比赛的抽签工作，通常由主办单位代抽。有时可由裁判长、各参赛单位代表，或该运动项目中德高望重的专家和权威人士参加。

在运动竞赛中，采用不同的竞赛方法，以及竞赛规模和规格的不同，抽签的具体实施方法也有很大区别。尤其是个人项目竞赛的抽签，不但在理论上较复杂，而且在实践中也是一项难度很大的工作。要做好淘汰赛个人竞赛项目的抽签工作，不但要理解抽签的理论，还要通盘熟知抽签的各项准备工作和具体实施方法。现以淘汰赛方法的个人项目为例，介绍抽签工作的顺序和方法。

（1）拟订抽签方案

竞赛规程中对竞赛办法的规定以及各参赛单位的报名情况，是研究抽签方案的两个重要依据。因此，在接受报名和审核报名单的基础上，需要进行下列工作。

① 在对参赛者进行资格审查后，统计出各个比赛项目的参赛人数，汇总报名单的结果，可印发或抄写出来，以供研究和确定具体的抽签方法和编排方案。

② 确定比赛的号码位置数和轮空或抢号的位置。

③ 确定种子数量和名单。

④ 研究分区方案和抽签顺序及办法。根据参赛者人数情况，制订出相应的分区控制表，然后可依据各参赛单位在竞赛规程中的排列顺序、报名时间的先后、种子队员的多少、参赛人数的多少或单位字头的笔画数等方法，来确定抽签的次序。

（2）准备抽签所需工具

常用的抽签工具包括签卡、分区控制表、抽签记录表、比赛次序表等。

① 签卡主要包括号签、名签和区签。号签用于填写位置号、区号或组号等；名签主要用于填写参赛者姓名、序号或队名等；区签主要包括上、下半区，1/4区和1/8区，区签在抽区时可以反复使用，但号签和名签每位参赛者应只有一张。

② 分区控制表：根据各队的报名情况，绘制出相应的分区控制表（见表6-10），抽签前填入相应的参赛者姓名、队名和人数，然后再按抽签顺序填入。

③ 抽签记录表：抽签过程中，应在现场将抽签结果填入记录表中，它是编排赛序的重要依据。

④ 其他用具。如存放签卡的小盒和盘子等。

表 6-10　　分区控制表

抽签顺序			A	B	C	D	E	F	位置数	轮空数	固定数	机动数	位置数	轮空数	固定数	机动数
1/2区	1/4区	号码														
上半区	1															
	2															
下半区	3															
	4															

（3）抽签人员分工

在正式比赛中抽签人员的多少应根据竞赛的级别而定，主要的抽签人员和职责主要包括：

主签员：一般由裁判长担任，是抽签工作的主要负责人，负责实施抽签。

号签员：掌握各种号签（区签、组签、位置签），与主签员配合进行具体抽签。

控制员：掌握抽签控制表，记录种子进位和非种子进区情况，向主签员提出不同的运动员所需进行的控制。

记录员：负责记录各项抽签结果。

公告员：负责当场的宣告和公告工作。

（4）抽签步骤

一般大型比赛中，赛前 24 小时内进行抽签，小规模赛事可在赛前 1 小时内进行，抽签的时间主要依具体情况而定，但无论什么赛事，抽签都必须在赛前完成。因此，应及时做好抽签的准备工作，如掌握报名情况、确定比赛方法和抽签顺序、准备抽签工具等。具体实施方法如下：

① 确定数目：根据各队报名人数计算位置数、轮空或抢号数，并将轮空或抢号签先抽去。

种子的抽签与进位：按种子的号码位置抽签或按种子的竞技实力进行抽签的方法，直接将全部种子进行定位。

② 非种子的抽签与定位：按抽签方案确定的顺序，对非种子选手采用“先分区后定位”的方法进行抽签。

③ 各单位的运动员分批进行抽签：如先抽该单位的 1、2 号运动员，分别进入上、下半区；再抽该单位的 3、4 号运动员，分别进入上、下半区的另外两个 1/4 区；再抽该单位的 5、6、7、8 号运动员，分别进入没有 1、2、3、4 号运动员的另外 4 个 1/8 区，以此类推。

④ 控制平衡与复核检查：为保证抽签结果合理，抽签时需要进行必要的控制来保持平衡，检查种子选手是否做到了合理分开和最后相遇。

6. 淘汰赛编排的注意事项

淘汰赛的抽签工作结束后，紧接着要对全部比赛的场次进行编排，即确定全部比赛的日期、时间和场地。这是一项十分重要和细致的工作，编排方案的质量直接影响到竞赛、观众、场地、交通等各个方面。如何在规定的时间内将运动员科学合理地安排在一定数量的场地上，按一定的秩序进行比赛，必须经过反复考虑，最后由各方面的人员来综合检验，方能确定。

进行淘汰赛的编排工作时，应注意以下几个方面的问题。

① 在个人项目的淘汰赛（如羽毛球、乒乓球等）中，由于比赛项目和场次多，而且交叉进行，编排时容易出现重场、漏场和连场等问题，因此要注意全面检查，认真核对，杜绝差错。

② 无论是单淘汰赛或双淘汰赛，比赛都应逐轮进行，以保持比赛进度一致。当遇到有抢号场次时，应提早安排；遇到轮空场次时，则轮空后的一场比赛可适当推后一些时间进行，这样可以保证运动员有足够的间隙时间休息。

③ 安排好决赛。一次竞赛的决赛是整个比赛的最高潮，应安排在观众最多的时机和竞赛的最后进行，而且是单独进行。为了确保比赛的效果，各项决赛的具体时间可在决赛前再确定，不一定在赛前就具体排定，尽量保证有更多的观众观看比赛。

④ 凡属有兼项比赛的球类项目淘汰赛中，编排方案应立足于假设选手在任何一个项目中的任何一场比赛中都有望取胜，以此来编排每个选手可能出现的最大比赛强度和极限量，注意不能突破规则和规程规定的该项目比赛的极限量。对于在一段时间中可能进行两场或更多场次比赛的竞赛项目，选手在相邻两场比赛之间应保证得到不少于规定的休息时间，同时也要避免过长的休息时间。

⑤ 对于一个场馆内安排若干个比赛场地的个人项目竞赛，特别要注意科学、合理地使用比赛场地。场地设置的数量不宜频繁变动。一般是随着比赛进程逐步减少场地的数量，避免忽多忽少。比赛场地的安置要便于四周观众观看，不能过多集中在某一侧。

三、混合制

混合制是在同一比赛中不同阶段所采取不同竞赛制度的比赛方法，即循环制与淘汰制相结合的一种竞赛方法，它集合两种竞赛方法的优点，使两种常用的竞赛方法在同一比赛中相辅相成，客观真实地反映参赛者的真实水平，同时又利用淘汰制的优点将比赛的数量大大减少。一般比赛中可以采用“先循环后淘汰”和“先淘汰后循环”两种方法。

（一）先循环后淘汰

先循环后淘汰的方法可以给一些水平较差的参赛者提供更多的参赛机会，促进各个参赛者之间的交流。此外该方法还可以有效控制比赛的场次，在进行到淘汰阶段时又将比赛逐步推向高潮。主要形式包括：

第一阶段采用积分循环制，第二阶段采用淘汰制。

第一阶段采用单循环制，第二阶段结合单淘汰制和双淘汰制同时进行。

第一阶段采用单循环制，第二阶段采用交叉单淘汰制。

第一阶段采用分组单循环制，第二阶段采用同名次单淘汰附加赛。

第一阶段采用单循环制或双循环制，第二阶段采用佩奇制。

（二）先淘汰后循环

先淘汰后循环的方法使得比赛名次比较客观，在淘汰赛阶段减去大量水平一般的比赛后，循环赛阶段使得少数优秀参赛者有更多比赛的机会，比赛的精彩程度在赛程后期一直保持在较稳定的水平上。主要的形式包括：

第一阶段得分淘汰赛，第二阶段单循环赛。

第一阶段分组单淘汰，第二阶段单循环赛。

第一阶段单淘汰赛，第二阶段分组单循环赛，第三阶段同名次单循环或同名次淘汰附加赛。

【例 6.3】在一般比赛中运用先淘汰后循环的比赛方式时，大部分情况下会通过单淘汰赛决出 8 强后再进行单循环，如有 32 名运动员进行先单淘汰再单循环的比赛，第一阶段先进行 2 轮的单淘汰赛，进入 8 强的运动员进入第二阶段的单循环赛，最后根据积分排出名次。

四、败者复活制

败者复活制的编排方法多用于柔道竞赛，根据复活赛的形式不同，复活制可分为单败者复活制和双败者复活制两种。

（一）单败者复活制

在单败者复活制中，参赛的运动员应先分为 A、B 两个区进行单败淘汰赛，两区的第一名晋级争夺冠军；被两区第一名击败的运动员应分区按轮次以阶梯式排列进行败者复活赛，确定其余名次。

单败者复活赛的特点：

① 在整场比赛中只要输掉一场比赛就失去争夺冠军的机会。

② 只有与小组第一名交手时输掉比赛的参赛者才能参加复活赛。

③ 复活者分布区域不均衡，不能真实反映参赛者的技术水平，具有一定的偶然性。

（二）双败者复活制

双败者复活制是单淘汰和双淘汰复活赛的结合。双败者复活制与单败者复活制的不同在于：与 A、B 两区中的第一和第二名比赛过而又输掉比赛的运动员应分区按轮次以阶梯形方式排列入区，A 区和 B 区的第二名进行交叉放在复活赛的后一轮进行败者复活赛，确定第三名以后的名次。

双败者复活赛的特点如下：

① A 区和 B 区的第二名在参加复活赛时必须进行交叉，放在复活赛的最后一轮。

② 和单败者复活赛相比，复活者分布的区域较为均衡，反映的成绩也更加客观。

③ 只有与两区的第一、二名比赛过而又输掉比赛的参赛者才能参加复活赛。

五、佩奇制

“佩奇制”于 1931 年首次被使用于澳大利亚维多利亚州足球联赛的决赛中，是由该联赛专员珀西·佩奇首先倡导使用的，因此而得名“佩奇制”。

佩奇制采用的方法是：按照循环赛的方式决出一、二、三、四名，然后在一、二名之间和三、四名之间分别进行比赛。三、四名比赛的负方获得第四名。一、二名比赛的负者与三、四名比赛的胜者之间再进行一次比赛，胜者与一、二名比赛的胜者再进行决赛，负者获得第三名。决赛胜方为冠军，负方为亚军。见图 6-8。

佩奇制的优点：

① 比赛竞技性增强，激烈程度增大。减少了“假球”“放水”现象，每支球队不管在

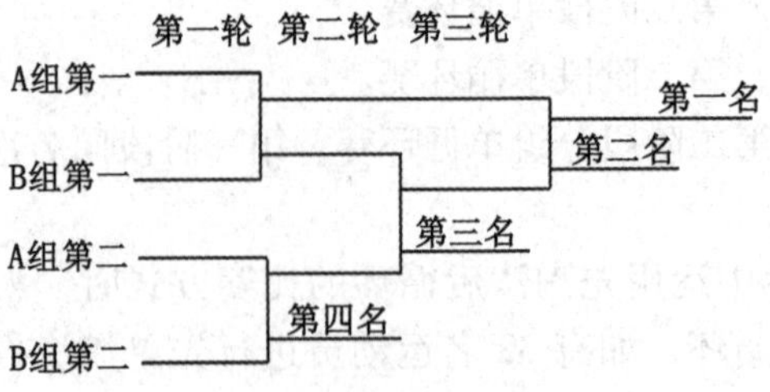

图 6-8 佩奇制示意图

预赛或决赛，都要打好每一场比赛，都要努力争取好成绩。

② 减少比赛的偶然性。小组的第一名具有独特优势，可以坐山观虎斗，能够养精蓄锐，不会因一场失误而失去夺冠的机会，因此，相对来讲较为公平合理。

③ 减轻教练员的压力和负担。不需要考虑下一轮对手，提前思考己方在本轮次的有利位置，可以安心地指挥每一场比赛。

④ 佩奇制比双败淘汰赛又减少了比赛场次，节约了经费和时间。

⑤ 佩奇制使强队即使失手一次或数次，也有机会争夺冠军，同双败淘汰制类似，减少了比赛的偶然性。

佩奇制的缺点在于具有一定的偶然性，有利于强队，也略显不公。

六、顺序比赛制

顺序比赛制是运动员（队）按照一定的顺序表现成绩进行比赛的一种方法。

顺序比赛法分为“分组”和“不分组”两种，是一种按照赛程规定的顺序依次进行比赛的一种方法。

分组顺序法是参赛者比较多时，将参赛者分为若干组，各组按照顺序分阶段（预赛、次赛、复赛和决赛）进行比赛，定出每个赛次录取的人数，被录取者可参加后续的比赛，最后由决赛评出比赛名次的方法。有客观评定成绩的项目，为减少比赛时间和比赛次数，也可以分组一次决赛。需确保客观条件符合标准，如按照时间、距离、重量、命中环数评定运动成绩的项目。如田径的径赛、游泳等项目。

不分组顺序法是运动员按一定的先后顺序依次表现成绩进行比赛的方法。主要应用于在同一比赛时间、同一场地上不能同时有两人及以上进行比赛的项目中采用，如三级跳远、跳高等。

顺序比赛制的优点是参赛者面临的比赛条件基本相同，竞争激烈，对抗性强。

缺点是比较耗费时间，当参赛人数过多时开展困难。

七、轮换比赛制

轮换比赛制是将参赛者分成若干组，在同一比赛时间内，分别进行不同项目的比赛，一个项目赛完后各组按规定的顺序依次轮转进行下一个项目的比赛，直至把所有的项目比赛完。体操团体赛、个人全能赛就采用此方法。

轮换比赛制的优点是竞赛时间短；能充分利用场地；能满足观众的不同需求。

缺点是各队出场比赛的时间和顺序不同；对抗性不强；竞争氛围不浓；比赛相对于顺序法不够激烈。

复习思考题

1. 简述体育竞赛的主要竞赛方法。
2. 试述循环赛制和淘汰赛制的缺点，如何弥补该缺点？

第七章　体育赛事竞赛组织方法的应用

第一节　命中类项目竞赛组织方法及应用

一、足球

（一）足球竞赛的组织与编排方法

常用的足球比赛方法有循环制、淘汰制和混合制 3 种。根据比赛的目的、任务、要求，以及竞赛时间的长短，参加队数的多少和训练水平、比赛场地、人力、财力等因素来考虑选择何种竞赛方法。

1. 循环制

（1）单循环

① 比赛总场数和轮数的计算方法见第六章。

② 比赛轮次表的排列见第六章。

③ 确定各队赛序，编写比赛日程表。

轮次排出之后，还应明确各参赛队的代表号码数，将各队队名按其代表号码数填到轮次表中，然后编写比赛日程表。

决定参赛代表号码数的方法一般有两种：

第一种抽签法：赛前召集各队代表一起抽签，以明确各个号码分别代表何队。

第二种直排法：根据上届比赛名次，直接将队名填于相应号码处，若上届排名中有不参加本届比赛者，须将其后名次队依次升填到缺队号码处，若本届比赛有若干新增加队，则须将新队按报名先后或其他竞赛名次的高低，依次排在上届最后一名之后。如同一地区或单位有两队以上参加比赛应安排第一轮先打。

（2）双循环

双循环最显著的特点就是增加了各参赛队之间的比赛机会，使足球比赛胜负的偶然性大大减少，比赛名次的排定更合理、客观。

双循环可分为集中赛会制和主客场制两种形式。

① 集中赛会制双循环：它是指各参赛队集中到某一赛区，在一定时间内进行双循环比赛，适合于参赛队数较少且时间和经费又允许的情况下使用。

② 主客场制双循环：它是指各参赛队在进行双循环比赛时，需分别与所有对手在本队所选场地（主场）和对手所选场地（客场）各赛一场，最后以各队全部比赛成绩排定名次。

主客场制的特点：赛中间歇时间及整个赛期持续时间长，便于练、赛结合，提高水平。增加参赛队获取地利与人和的优势，满足当地球迷观看主队比赛的需求，推动足球市场发展。适合于职业化或半职业化球队间的竞赛。

集中赛会制和主客场制这两种双循环在编排上没有区别，均以单循环方法为基础，两次循环的赛序可以相同，也可以根据需要而改变第二循环的赛序，实践中以两次循环的赛序相同最为常见。

例如：5个队不同赛序双循环，第一循环以左上角“0”号定位逆时针轮转，第二循环以右上角“0”号定位顺时针轮转（见表7-1）。

表7-1　主客场制双循环轮转法

赛序	第一轮	第二轮	第三轮	第四轮	第五轮
第一循环	0—5 1—4 2—3	0—4 5—3 1—2	0—3 4—2 5—1	0—2 3—1 4—5	0—1 2—5 3—4
第二循环	1—0 2—5 3—4	2—0 3—1 4—5	3—0 4—2 5—1	4—0 5—3 1—2	5—0 1—4 2—3

（3）分组循环

分组循环的特点在于它既保留了循环制中各队相遇机会较多的优点，又可缩短比赛时间。但因其只能确定出各队分组赛中的名次，所以一般在非单一循环复合赛及混合制复合赛中采用。

分组循环比赛时，为了使分组比较合理，能反映出比赛的实际水平，一般采用种子队或蛇行排列分组办法。如同一地区或同一单位有两队以上参加，应分别排进各组。

① 种子队编排法：首先应确定种子队。种子队的确定应在领队会议上根据参赛队的水平或上届比赛的名次协商解决。第一步种子队先抽，先把种子队经抽签分到各组中去，然后再用抽签的方法确定其他各队在各组的位置。种子队的数目应该与分组数相当，或者是分组的倍数，8个队分两组可设两名种子队。如果每组有两名种子队时，应把第一名种子队与最后一名种子队编在一个组内，第二名种子队与倒数第二名种子队编在一个组内，以此类推。例如分4个组设8名种子队时，种子队的编排如表7-2所示。

表7-2　种子队编排法

第一组	第二组	第三组	第四组
1	2	3	4
8	7	6	5

② 蛇行编排方法：蛇行编排是按上届的名次进行分组，例如16个队分成4组时，排列的方法如表7-3所示。

表7-3　蛇行编排后的分组表

第一组	第二组	第三组	第四组
1	2	3	4
8	7	6	5
9	10	11	12
16	15	14	13

分组循环的比赛总场数等于每组的比赛场数之和。

(4) 循环制比赛的计分方法

循环制竞赛的计分方法必须在竞赛规程中明确规定。

国际足联要求所属会员国在其本国的正式足球比赛中均采用3分制。目前我国全国足球甲级联赛的计分方法是：

① 每队胜一场得3分，平一场得1分，负一场得0分。以全部比赛积分的多少决定名次，积分多者列前。

② 如全部比赛结束时两队或两队以上积分相等，依下列顺序名次列前：

A. 积分相等队之间相互比赛的积分多者；

B. 积分相等队之间相互比赛净胜球多者；

C. 积分相等队之间相互比赛进球总和多者；

D. 整个联赛中净胜球多者；

E. 整个联赛进球总和多者；

F. 抽签优胜者。

2. 淘汰制

(1) 单淘汰

① 总场数和轮数的计算方法：

单淘汰比赛总场数=参赛队数-1

比赛轮数：若参加比赛队数等于2的乘方数，则比赛轮数等于2的指数，若参加比赛队数不是2的乘方数，则比赛轮数为略大于参赛队数的2的指数。

例如：8个队参加比赛，总场数则为8-1=7。轮数则因8是2的3次乘方，即比赛为3轮。

又如5个队参加比赛，总场数为5-1=4。轮数是略大于5的2的乘方数，8是2的3次乘方，所以比赛为3轮。

② 轮空队的编排：如果参加比赛的队是2的乘方数（4，8，16，32，…），第一轮比赛没有轮空，所有的队都参加比赛。如参加比赛的队数不是2的乘方数，则必须在第一轮的比赛中有一部分队轮空，使第二轮的比赛队数成为2的乘方数。因此，应先计算出第一轮的轮空队数。

轮空队数=略大于参赛队数的2的乘方数-参赛队数

根据淘汰制的特点，为了能较准确地反映出比赛的实际水平，实力较强的队较晚或最后相遇，使末轮比赛更加精彩，要把轮空位置安排在种子队的旁边。

为了编排方便，并考虑一次比赛或一个比赛组一般在不超过32个队的情况下，可按下列轮空位置表安排（见表7-4）。

表7-4 轮空位置表

2	31	18	15	10	23	26	7
6	27	22	11	14	19	20	3

查表方法：用略大于参赛队数的2的乘方数作为最大位置号数，再根据轮空队数，在轮空位置表上由左向右依次找出小于最大位置号数，就是轮空位置。与轮空位置相遇的队就是第一轮的轮空队。

③ 种子队的编排和比赛表的分区：为了避免实力较强的队在第一轮比赛相遇而过早被淘汰，可采用设置种子队的方法编排比赛秩序。把实力较强、技术较好的队定为“种

子”，并把种子队合理地分别排入各个不同的区内，使他们最后相遇，这样在比赛中产生的名次较为合理。

确定种子队时，主要依据它的技术水平或最近参加的主要比赛所取得的成绩。一般情况下应根据参赛队数的多少来确定种子队数目。单淘汰一般以5~8个队设立1个种子队为宜。16个队或少于16个队则可设2个种子队，17~32个队参赛时可设4个种子队。种子队应分布在各个区内。单淘汰赛的区是指全部号码位置所分成的若干相同的部分，例如有32个号码位置时可划分为1~16号和17~32号上下两个部分，即为上、下两个半区（1~16号为上半区，17~32号为下半区）。上、下半区的16个号码的位置还可划分为相同的两个部分（上半区分成1~8号和9~16号，下半区分成17~24号和25~32号）。这样所分成的4个部分称为1/4区。

为了安排种子队的位置方便、合理，可用查表方法确定种子队位置（见表7-5）。

表7-5　　种子队位置表

1	32	17	16	9	24	25	8

查表方法：按比赛所设种子队数，在种子队位置表上由左向右依次找出小于或等于比赛号码位置数的号码即为种子队位置号码。

种子队的队数和位置确定之后，再让非种子队抽签，根据抽签号码确定其比赛秩序。

现以13个队设4个种子队参加单淘汰比赛为例，计算出总场数、轮数、轮空队数、轮空位置。

比赛总场数=13-1=12场；

比赛轮数=2的4次乘方=4轮；

轮空队数=16-13=3；

轮空位置：有3个队轮空，查轮空位置表，从左向右依次摘取小于16的号码数，即2、15、10号位置应是轮空位置。

④ 附加赛：附加赛是在采用淘汰制的情况下，除了要决出冠亚军队外，还要确定其他名次而采用的方法。运用附加赛决定名次的办法应在竞赛规程中规定。例如8个队参赛，附加赛办法是复赛中失败的两个队比赛一场，胜者为第3名，负者为第4名。在预赛中失败的4个队进行附加赛，决出5~8名。

（2）双淘汰

① 总场数计算方法：

$$总场数=2\times（参加比赛队数-1）$$

例如9个队参赛，总场数=2×(9-1) =16。

② 编排方法：双淘汰的编排方法基本和单淘汰相同，只是进入第二轮后，要把失败队放在左半区（横向编排时）或下半区（纵向编排时）编排起来再进行比赛，胜者继续参赛，败者则被淘汰。若最后决赛的两个队都是各败一场，需再比赛一场决出冠军。

（3）主客场制淘汰赛

① 总场数计算方法：总场数计算方法和双淘汰赛相同，竞赛规程另有规定除外，如我国足协杯赛在最后决赛时只进行一场比赛（比赛场地由主办单位选定或以抽签方法决定）。

例：中国足协杯赛24个队参赛，总场数=2×(24-1) -1=45场。

② 编排方法：比赛编排原则上按照上一年度各队名次蛇形排列分为上、下两个半区，

进行主客场淘汰赛。

主客场制淘汰赛应遵循客场进球制度。

客场进球制度是为了减小主客场优势对比赛的影响，使比赛更加公平。参赛两队会进行主客场两回合的比赛，总比分胜者晋级，若总比分相同，则客场进球多者晋级，若前两项都相同，则进行加时赛。加时赛之后，总比分胜者晋级，若总比分为0∶0，进行点球大战来决定胜负，如战成有进球的平局则客队依靠客场进球多的优势直接晋级。

3. 混合制

（1）交叉赛

例如第一阶段分A、B两组进行单循环赛，决出各组的名次。第二阶段淘汰时，可将两组的第一、二名进行交叉赛。即A组第一名对B组第二名，A组第二名对B组第一名进行比赛，然后两组的胜者进行决赛，胜者为冠军，负者为亚军。若要排出三、四名时，两组的负者进行附加赛，胜者为第三名，负者为第四名。各组的第三、四名同样采用此方法决出第五至第八名，以此类推。若有4个或者更多组的第一名或第二名参加第二阶段的淘汰赛，可以相邻组进行交叉赛，即A、B两组的第一、二名，C、D两组的第一、二名进行交叉赛，也可隔组交叉，即A、C两组的第一、二名，B、D两组的第一、二名进行交叉赛。

（2）同名次赛

第一阶段可分成A、B两组进行单循环赛，排出各组名次，第二阶段淘汰赛时，两组的第一名比赛决出第一、二名，两组的第二名比赛决出第三、四名，以此类推。

如果第一阶段是分成4个组循环赛时，先由4个组的第一名进行半决赛，然后胜队与胜队进行决赛，负队与负队进行附加赛，决出第一至第四名。1982年第12届世界杯足球赛就是利用这种方法决出第一至第四名。

（二）国内外主要赛事及竞赛方法简介

1. 国际主要赛事及竞赛方法简介

（1）国际足联世界杯

国际足联世界杯（FIFA World Cup）简称“世界杯”，是由国际足球联合会统一领导和组织的世界性的足球比赛。参加世界杯，是全球各个国家或地区在足球领域最梦寐以求的神圣荣耀，也是各个国家或地区所有足球运动员的终极梦想。世界杯每4年举办一次，任何国际足联会员都可以派出代表队报名参加这项赛事。世界杯分为男足世界杯、女足世界杯以及青少年世界杯。

① 国际足联男足世界杯：国际足联男足世界杯参赛队伍共32支球队，分为8个小组进行比赛，每个小组分别有4支球队进行比赛。首先确立8个种子队，分别随机进入小组赛8个分组以内。种子队根据近几届世界杯的成绩而定，卫冕冠军与东道主按规定列为种子队。原则上来自同一大洲的球队不能分在一个小组，由于欧洲参赛队较多，一个小组不能出现3支欧洲球队。这一原则的好处是尽量避免强队提前遭遇。男足世界杯淘汰赛的分组结果由抽签产生。参赛名额以2018年世界杯为例：淘汰赛共有32个名额，东道主俄罗斯队自动晋级，剩下的31个名额中，强队如林的欧洲区坐拥13个名额，非洲区享有5个名额，亚洲区和南美区分别有4支队伍直接晋级，中北美及加勒比地区则有3个直接入围名额。余下的2个名额将在小组赛最后的两轮附加赛中诞生，参加附加赛的球队是大洋洲区的胜者、亚洲区的第五名、南美区的第五名和中北美及加勒比地区的第四名。

② 国际足联女足世界杯：国际足联女足世界杯参赛队伍共 24 支球队，分为 6 个小组进行比赛，每个小组分别有 4 支球队进行比赛。首先确立 6 个种子队，分别随机进入小组赛 6 个分组以内。种子队根据近几届世界杯的成绩而定，卫冕冠军与东道主按规定列为种子队。女足世界杯小组赛中每个小组的前两名和四支成绩最好的小组第三名进入淘汰赛，积分相同则顺序按照净胜球、进球数、相互比赛成绩。各小组第三之间比较积分、净胜球、进球数与公平竞赛分。女足世界杯淘汰赛分组结果由抽签产生。参赛名额以 2019 年女足世界杯为例：小组赛共有 24 个席位，东道主法国队自动晋级，欧洲坐拥 8 席，亚洲 5 个名额，非洲 3 个名额，大洋洲 1 个名额，北美/中美洲 3 个名额+1 个名额（与南美洲第三名争夺），南美洲 2 个名额+1 个名额（与北美/中美洲第四名争夺）。

③ 国际足联 U-20 世界杯：国际足联 U-20 世界杯参赛队伍共 24 支球队，分为 6 个小组进行比赛，每个小组分别有 4 支球队进行比赛。分组结果由抽签产生。除了对于参赛球员年龄的限制（16—20 岁），其余竞赛要求都和女足世界杯一致。

U-20 世界杯的参赛名额分配如下：东道主占 1 个名额，欧洲 6 个名额，南美洲、亚洲、非洲和中北美洲各 4 个名额，大洋洲 1 个名额。欧洲的参赛名额由前一年 U-19 欧锦赛的前五名产生。亚青赛的 4 强直接获得次年世青赛的参赛资格。

国际足联世界杯所有赛事均采用混合制的竞赛制度。

（2）奥林匹克运动会足球比赛

奥林匹克运动会足球比赛是奥林匹克运动会的竞技比赛，分为男子奥林匹克运动会足球比赛和女子奥林匹克运动会足球比赛，每 4 年举行一次。男子奥林匹克运动会足球比赛与女子奥林匹克运动会足球比赛竞赛制度相同。经过预选赛进入奥运会足球决赛阶段比赛的共有 16 支球队，欧洲 4 支球队，亚洲和非洲各 3 支球队，北美洲、南美洲各 2 支球队，再加上上届的冠军球队和东道主球队。国际足联对奥运会足球赛规定：欧洲和南美洲参加过世界杯决赛的球员不得参加奥运会足球赛，年龄限制在 23 岁以下，每队允许有 3 名超龄球员。国际奥林匹克委员会章程规定：只有业余足球运动员才能参加奥运会的比赛。

奥林匹克运动会足球比赛采用的竞赛制度是混合制。

2. 国内主要赛事及竞赛方法简介

（1）职业联赛

① 中国足球超级联赛：中国足球超级联赛（Chinese Super League，CSL）是由中国足球协会组织的、中国最优秀的职业足球俱乐部参加的全国最高水平的足球职业联赛，仿照“英超”，简称为“中超联赛”。该联赛开始于 2004 年，前身为中国足球甲级 A 组联赛。

中超联赛共 16 支队伍参赛，全赛季共 30 轮，240 场比赛，每队胜一场得 3 分，平一场得 1 分，负一场得 0 分，并实施“升二降二”的升降级制度，即当赛季排名末两名球队降至下赛季中甲联赛，当赛季中甲联赛前两名球队升至下赛季中超联赛。

中国足球超级联赛采用的竞赛制度是主客场双循环制。

② 中国足球协会甲级联赛：中国足球协会甲级联赛（Chinese Football Association China League）简称“中甲”，是由中国足球协会组织的，由国内职业足球俱乐部参加的全国第二级别的足球职业联赛，仅次于中国足球协会超级联赛。

中甲联赛共有 18 支队伍参赛，每队进行 34 场比赛，每队胜一场得 3 分，平一场得 1 分，负一场得 0 分，中甲联赛结束，积分多的队名次列前。

中国足球协会甲级联赛采用的竞赛制度是主客场双循环制。

③ 中国足球协会乙级联赛：中国足球协会乙级联赛（China League Two）是中国第三级别的足球联赛，简称“中乙联赛”，英文简称为 C2。其前身是 1956 年举办的全国足球乙级队联赛（简称乙级联赛），2004 年改组为中国足球协会乙级联赛。

中乙联赛作为全国第三级别的足球职业联赛，参赛俱乐部队为 28 支，实行升降级制度，总决赛前两名升入中国足球甲级联赛，最后两名和中国足球协会会员协会冠军联赛总决赛五、六名参加升级附加赛，胜者参加次年中乙联赛。

中国足球协会乙级联赛采用的竞赛制度是第一阶段南北赛区主客场双循环赛制和第二阶段总决赛淘汰赛赛会制。

（2）中国足球协会杯赛

中国足球协会杯赛（Chinese Football Association Cup），简称为“中国足协杯”，是中国足球协会举办的由各地方足协的杯赛冠军参加的一项国内男子足球最高水平的淘汰制足球杯赛，每年举行一次，获赛事前 8 名的球队获得下一年度中国足协杯参赛资格。

足协杯参赛队伍资格根据各类赛事的大排名进行筛选，涉及相关赛事的层次排序依次为：中超联赛、中甲联赛、中乙联赛、业余联赛、中国足协杯资格赛。其中中超、中甲、中乙参照上赛季最终排名，中国足协杯资格赛晋级参照本年度资格赛成绩确定排名，上赛季中甲联赛升级球队排在上赛季中超联赛降级球队前，上赛季中乙联赛升级球队排在上赛季中甲联赛降级队前。具体参赛队伍情况以竞赛规程为准，比如 2017 年足协杯参赛队伍为 64 支球队、2018 年足协杯参赛队伍为 72 支球队。

足协杯第一轮至第五轮采用的竞赛制度是单场淘汰制，第六轮、第七轮采用主客场淘汰制。

（3）赛会制足球比赛（全运会、青运会）

赛会制指各参赛队集中到某一赛区、在一定时间内进行双循环比赛，它适合于参赛队数较少且时间和经费又允许的情况下使用。全运会足球比赛、青运会足球比赛、城运会足球比赛、省运会足球比赛、大学生足球联赛这些国内的主要赛事都以赛会制的形式进行。

① 全运会足球赛竞赛方法介绍（男子、女子）：全运会足球赛是中华人民共和国运动会的比赛项目之一，每 4 年举办一届。

A. 全运会男子足球比赛：全运会男子足球比赛分为男子 U-20 组别、男子 U-18 组别以及男子城市组。

每个组别有 8 支球队参赛，抽签分为两组进行比赛。小组赛第一轮和第二轮连续两场均胜出的队伍获得该小组第一名；小组赛第一轮和第二轮连续两场均负的队伍获得该小组第四名；小组赛第三轮胜出的队伍获得该小组第二名，负者获得该小组第三名。小组赛和淘汰赛（除决赛外）一样，每场比赛必须决出胜负，90 分钟比赛平局后直接进行点球大战。

每个组别的第一名可获得 3 块金牌、第二名可获得 2 块金牌、第三名可获得 1 块金牌、第四名可获得 3 块银牌、第五名可获得 2 块银牌、第六名可获得 1 块银牌、第七名可获得 3 块铜牌、第八名可获得 2 块铜牌。

B. 全运会女子足球比赛：全运会女子足球比赛分为女子成年组和女子 U-18 组别，竞赛方法与男子全运会足球比赛相同。

全运会足球赛采用的竞赛制度是混合制。

② 青运会足球赛竞赛方法介绍：青运会足球比赛分为社会俱乐部组和体校组，其中

社会俱乐部组分为十一人制足球比赛和室内五人制足球比赛两种共 10 个组别，每个组别有 12 支球队参赛。

如报名不超越 15（含 15）支队，将分为 3 个小组进行，每个小组的前三名和 3 个小组中成绩最好的 2 个第四名取得参与决赛阶段竞赛资格。如报名超过 16（含 16）支队，将分为 4 个小组进行，每个小组的前两名和 4 个小组中成绩最好的 3 个第三名取得决赛资格。

东道主每个年纪组别只能有一支队伍直接进入决赛阶段，无须参与资格赛。经过资格赛取得晋级资格的 11 支球队加上东道主 1 支城市代表队共 12 支球队进行决赛。参与决赛的队（12 支队）以抽签方法分为 3 个小组，每组 4 支球队，进行单循环竞赛。各组以逆时针轮转的方法编列竞赛日程进行单循环竞赛，排出名次。取得每个小组前两名的 6 支球队和 3 个小组中成绩最好的 2 个第三名，共 8 支球队有资格参与第二阶段决出赛榜首至八名的竞赛。另一个小组第三名的球队和每个小组第四名的球队，共 4 支队有资格参与第二阶段决出第九至十二名的竞赛。根据榜首阶段竞赛结果，依照对阵表进行筛选附加赛，摆放出榜首至八名。根据榜首阶段竞赛结果，依照对阵表进行筛选附加赛，摆放出第九至十二名。

青运会采用的竞赛制度是混合制。

二、篮球

（一）篮球竞赛方法及编排方法

1. 淘汰法

在参赛队多且比赛时间短的情况下使用淘汰法，这种方法在正式的篮球比赛中第二轮淘汰赛较为常见，目前在基层举办的“三对三篮球赛”中也时有采用。

（1）单淘汰的编排法

单淘汰的编排法详见第六章。

（2）双淘汰的编排法

双淘汰的编排法详见第六章。

（3）多场淘汰的编排法

多场淘汰的编排方法与单淘汰是相同的，通常在 NBA、CBA 联赛季后赛阶段使用，使用多场淘汰的方法，克服了比赛出现偶然性的缺陷，而是采用三战二胜、五战三胜，甚至在 NBA 季后赛阶段比赛采取七战四胜的结果论胜负，这种方法能够更加客观地反映参赛队的整体实力。图 7-1 为 NBA 季后赛对阵图，每场对阵均采取七战四胜的赛制决出胜队。

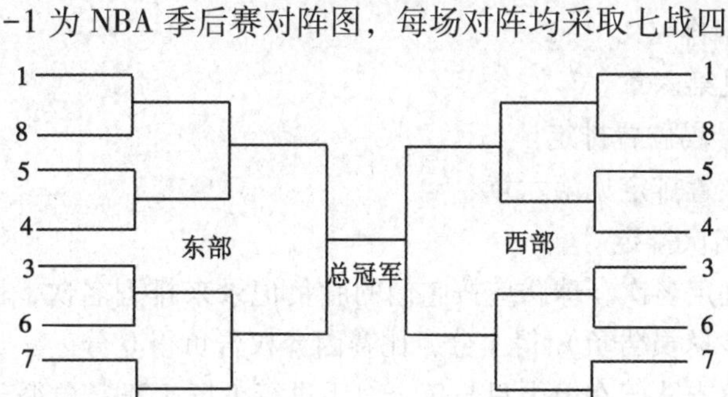

图 7-1　NBA 季后赛对阵图

（4）淘汰法的号码位置排定

① 完全随意的抽签。这种抽签方式适用于球队间实力较为平均的情况，每个队间相遇有相等的机遇。不合理性在于若两支强队提前相遇，其中一支面临着过早被淘汰的可能。

② 设种子队。种子队一般是上一次比赛获赛季排名较为靠前的球队，或各队公认的强队。种子队号码的位置，可有规律地分布在比赛对阵表中不同大区的顶部或底部，也可让种子队提前抽签，确定它们的位次，再让其他球队抽签。

③ 按照比赛成绩。根据上一次竞赛或本次竞赛前一阶段的名次，以“跟种子”的原理排定位置。图 7-2 是 8 个队按名次排定的比赛秩序表。在 NBA 季后赛阶段中，处于西部或东部前八名的球队一般采用这种方法。可提前确定种子队“1 号、4 号、3 号、2 号”。再根据比赛成绩，确定其他球队位置。

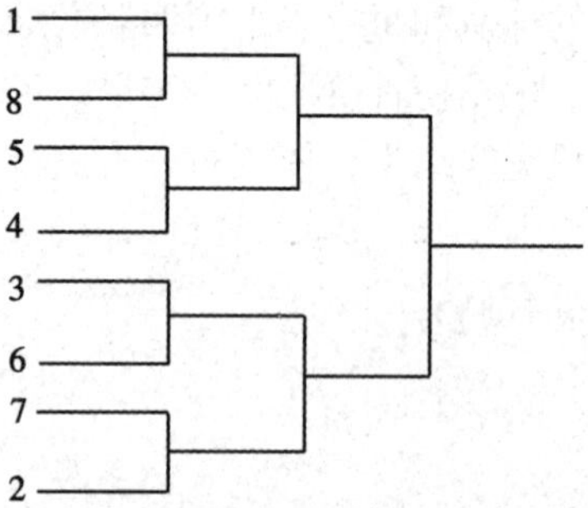

图 7-2　8 支队按照名次排定比赛秩序表图

2. 循环法

循环法是使参加比赛的队，在整个竞赛中或在同一组的竞赛中，都能够相遇进行比赛，最后根据各队在比赛中的胜负场数，按一定的计分办法排列名次的一种方法。循环法包括单循环、双循环和分组循环。这三种竞赛方法在各级篮球比赛中都有运用。其中单循环赛在全国与基层比赛中采用最为广泛，双循环赛近几年在全国 CBA 联赛的主客场制中被采用。上述单、双循环赛，最后都按各队在全部比赛中胜负场数、积分多少排列名次。

单循环是指所有参赛队均能相遇一场的赛制，各队间能相遇两场为双循环，相遇两场以上为多循环。在参赛队较多、时间和场地有限的情况下，通常将所有参赛队分为若干组，分组进行单循环比赛。通常奥运会、世锦赛、我国 U 系列青少年篮球赛等赛事均采用此方法。

（1）循环法的编排

循环法的编排见第六章。

（2）循环法的号码位置排定

循环法的号码位置排定见第六章。

（3）循环法的名次排定

采用循环法要确定名次，球队应按它们的胜负记录来排列名次，胜 1 场得 2 分，负 1 场（包括比赛因缺少队员告负）得 1 分，比赛因弃权告负得 0 分。

此方法适用于每支队伍在组内只与每个对手进行 1 场比赛（单循环比赛）以及每支队伍与每个对手进行 2 场或多于 2 场比赛（主客场制联赛或多循环比赛）的情况。

如果组内 2 支或多于 2 支球队在所有比赛后有相同的胜负记录，这两支或这些球队间的比赛将决定它们的名次排列。如果这 2 支或多支球队之间的比赛有相同的胜负记录，将按照下列原则依顺序进行排列：

① 它们之间比赛净胜分的多少；

② 它们之间比赛得分的多少；

③ 所有比赛净胜分的多少；

④ 所有比赛得分的多少。

如果采用这些原则仍无法决定，将用抽签决定名次排列。

例如：如表 7-6 比赛成绩公告表，表 7-7 四支球队积分、净胜分示意表所示。

表 7-6　　比赛成绩公告表

A vs B	95-55	B vs C	85-80
A vs C	90-80	B vs D	80-65
A vs D	75-85	C vs D	60-55

表 7-7　　四支球队积分、净胜分示意表

球队	场数	胜	负	得失分	净胜分
A	3	2	1	260：220	40
B	3	2	1	220：240	-20
C	3	1	2	220：230	-10
D	3	1	2	205：215	-15

因此：第一名 A（胜 B）；第二名 B；第三名 C（胜 D）；第四名 D。

3. 赛会式常用的方法

（1）在不分阶段比赛中所用的方法

① 单循环：此方法较多见于参赛队不多的比赛中，或将较多参赛队分组进行单循环比赛，在级别和水平较高的比赛中常结合淘汰法使用。

② 单淘汰：此方法在参赛队较多的情况下运用，例如全国大学生三对三篮球赛，校园海选赛阶段接近 80 支球队进行比赛，常用此方法。

（2）在分阶段比赛中所用的方法

① 先淘汰再循环：第一阶段先将较多参赛队进行淘汰赛，决出部分实力较为平均的球队，第二阶段将前阶段产生的前几名和后几名分别进行分组循环，决出名次。

② 先循环再循环：我国全运会篮球比赛，采用先分组循环，再将各组前几名合在一起进行单循环决赛。

③ 先循环再同时循环和淘汰：先分组单循环，然后各组前几名在一起进行单循环复赛，最后决赛中，让分组循环后几名的队一起单循环决出九名以后的队，让复赛中一、二名间，三、四名间，五、六名间，七、八名间各赛一场决出前 8 名的名次。

④ 先循环再淘汰：奥运会男篮比赛采用此方法。12 支队伍分为两组，每组 6 支队伍，先单循环比赛取小组前 4 名，再进行小组间交叉淘汰赛，由 A1 vs B4；A2 vs B3；A3 vs B2；A4 vs B1，四场比赛完成后，淘汰 4 支球队，剩 4 支球队进入半决赛。半决赛，由两组前两名交叉比赛，两场比赛结束后，获胜球队进行决赛，败者争夺三、四名。

4. 赛季式常用的方法

（1）第一阶段所用的方法

① 主客场的双循环：我国 CBA 联赛、WCBA 联赛采用的就是这种方法。它的比赛场次没有专门限制，取决于参赛队的数量，最后根据积分多少来排定双循环的名次。

② 主客场的多循环：美国 NBA 联赛每个赛季的常规赛每支球队要进行 82 场比赛的较量，分别同赛区内、大区内及另一个大区的球队进行 2~4 场不等的比赛，最后各分区第一名直接晋级季后赛，剩下名额按照胜场率高低排出东西部赛区的名次，前 8 名的球队才能进入季后赛。

（2）第二阶段所用的方法

① 主客场的多场淘汰：美国 NBA 的比赛东、西两大赛区的前 8 名队以“跟种子”的原理分别排定位置。原先第一轮（8 进 4 时）以五战三胜的方法进行多场淘汰，而后以七战四胜的方法进行多场淘汰。

② 主客场的双循环：我国 CBA 和 WCBA 联赛第一阶段 8 名以后的队采用这样的方法进行比赛。

（二）国内外主要赛事及竞赛方法简介

篮球竞赛是篮球运动体系中一个重要的组成部分，篮球运动的魅力和价值往往在竞赛中得以充分地体现。国内外具有代表性的篮球赛事包括：美国职业男子篮球联赛、国际篮联篮球世界杯、奥运会、各洲际杯赛、中国男子篮球职业联赛、全国男子篮球联赛、中国大学生篮球联赛、中国小篮球联赛、全运会、省运会等。各类比赛的赛制根据不同的国家、地区、比赛类型、竞赛的时间跨度、运动员等级和年龄、承办单位及举办地等因素存在一定的差异性和特殊性。

1. 国际主要赛事及竞赛方法简介

（1）美国职业男子篮球联赛（NBA）

NBA（National Basketball Association）简称“美职篮”，NBA 是世界上水平最高的篮球联赛、美国四大职业体育联赛之一。NBA 联赛分为两个阶段，第一阶段是常规赛，第二阶段是季后赛。NBA 东部和西部各有 15 支球队；东部赛区分为：东南部赛区、中东部赛区、大西洋赛区；西部赛区包括：太平洋赛区、西北部赛区、西南部赛区。每个分赛区各 5 支球队，共 30 支球队。见表 7-8。

表 7-8　美国职业男子篮球联赛各赛区球队表

赛区	球队				
太平洋赛区	金州勇士	洛杉矶快船	洛杉矶湖人	菲尼克斯太阳	萨克拉门托国王
大西洋赛区	波士顿凯尔特人	布鲁克林篮网	纽约尼克斯	费城 76 人	多伦多猛龙
中东部赛区	芝加哥公牛	克利夫兰骑士	底特律活塞	印第安纳步行者	密尔沃基雄鹿
东南部赛区	亚特兰大老鹰	夏洛特黄蜂	迈阿密热火	奥兰多魔术	华盛顿奇才
西南部赛区	达拉斯独行侠	休斯顿火箭	孟菲斯灰熊	新奥尔良鹈鹕	圣安东尼奥马刺
西北部赛区	丹佛掘金	明尼苏达森林狼	俄克拉荷马雷霆	波特兰开拓者	犹他爵士

常规赛采用主客场多循环的赛制，每支球队与同分区其他 4 支球队各打 4 场，其中包括 2 主场、2 客场，共 16 场比赛。与本部赛区内其他 10 支球队中 6 支球队打 4 场、与另外 4 支打 3 场，共打 36 场。与另一部赛区（东部或西部）的 15 支球队各打 2 场，共打 30

场。所以，每支球队在常规赛中的比赛多达 82 场。

季后赛在东西部前 8 名间进行，采用七场四胜制淘汰的方法，分为主客场进行，战绩靠前者拥有主场优势。其中，东西部的 3 个分区第一名直接进入季后赛，其余名额由东西部最终战绩排名确定。2018—2019 赛季季后赛编排见图 7-3。

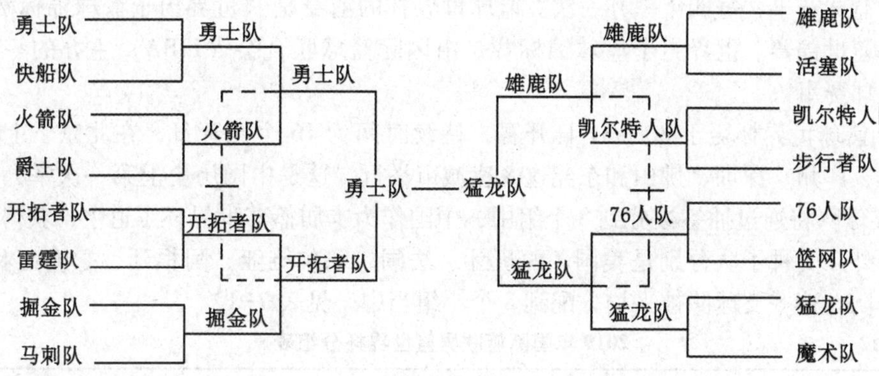

图 7-3　NBA 2018—2019 赛季季后赛对阵图

（2）夏季奥林匹克运动会——以第 29 届夏季奥林匹克运动会为例

第 29 届夏季奥林匹克运动会（Games of the XXIX Olympiad），又称 2008 年北京奥运会，2008 年 8 月 8 日晚上 8 时整在中华人民共和国首都北京举办。北京奥运会男、女篮比赛由预赛、四分之一决赛、半决赛及决赛构成。

预赛：比赛将采用分组单循环的办法进行。12 支参赛队被分为 A、B 两组，每组 6 支队。每组排名前 4 名的队伍晋级参加四分之一决赛。每组排名为第 5 位和第 6 位的队伍被淘汰，并不再进行任何比赛。

四分之一决赛：预赛中获得四分之一决赛资格的 8 支队伍进行淘汰赛，见表 7-9。

表 7-9　北京奥运会男子篮球项目四分之一淘汰赛

比赛场次	比赛队伍
第 31 场比赛	A2 vs B3
第 32 场比赛	B1 vs A4
第 33 场比赛	B2 vs A3
第 34 场比赛	A1 vs B4

半决赛：半决赛的胜队将按照以下方式进行比赛，排出 1~4 名，见表 7-10 。

表 7-10　北京奥运会男子篮球项目半决赛

比赛场次	比赛队伍
第 35 场比赛	第 31 场比赛的胜队 vs 第 32 场比赛的胜队
第 36 场比赛	第 33 场比赛的胜队 vs 第 34 场比赛的胜队

决赛：决赛按照以下方式进行，见表 7-11。

表 7-11　北京奥运会男子篮球项目决赛

比赛场次	比赛队伍	名次
第 37 场比赛	第 35 场比赛的负队 vs 第 36 场比赛的负队	争夺第 3 名和第 4 名
第 38 场比赛	第 35 场比赛的胜队 vs 第 36 场比赛的胜队	争夺第 1 名和第 2 名

男篮比赛直接参赛名额为：东道主（中国）1 名，2006 年世界男篮锦标赛金牌得主

（西班牙）1名。各洲际名额：非洲1名，美洲2名，亚洲1名，欧洲2名，大洋洲1名，剩余3个名额将根据国际篮联奥运会资格赛的比赛情况分配给有关国家（地区）。

（3）国际篮联篮球世界杯（以2019第18届国际篮联篮球世界杯为例）

篮球世界杯（FIBA Basketball World Cup）是国际篮球联合会主办的世界最高水平的国家队级篮球赛事，每四年举办一次。篮球世界杯的前身是“世界男子篮球锦标赛”，即所说的男篮世锦赛。世界男子篮球锦标赛是由国际篮球联合会（FIBA）主办的一项国际性男子篮球赛事。

2019篮球世界杯赛于8月31日开赛，持续时间为16个比赛日，在北京、上海、南京、武汉、广州、深圳、佛山和东莞这8座城市举行。这是中国历史上第一次举办此项赛事。32支球队将通过抽签被分到8个组中，中国作为本届篮球世界杯东道主，获得种子队席位。另外7支种子队分别是美国、西班牙、法国、塞尔维亚、阿根廷、立陶宛和希腊。作为种子队，这8支球队被平均分配到8个小组当中。见表7-12。

表7-12　　2019年国际篮联男篮世界杯分组表

A组（北京）	B组（武汉）	C组（广州）	D组（佛山）	E组（上海）	F组（南京）	G组（深圳）	H组（东莞）
科特迪瓦	俄罗斯	西班牙	安哥拉	土耳其	希腊	多米尼加	加拿大
波兰	阿根廷	伊朗	菲律宾	捷克	新西兰	法国	塞内加尔
委内瑞拉	韩国	波多黎各	意大利	美国	巴西	德国	立陶宛
中国	尼日利亚	突尼斯	塞尔维亚	日本	黑山	约旦	澳大利亚

小组赛第一轮（32进16）：每个小组4支球队进行比赛，每支球队和同组的3个对手分别进行一场比赛。最终根据积分排名，每个小组排名前2名的球队可以晋级到下一轮当中，而每组排名后2名的球队进入17~32名的排位赛。

小组赛第二轮（16进8）：第一轮8个小组当中晋级的前2名合并为I、J、K、L4个小组（如，A组前2名和B组前2名合并为I组，C组前2名和D组前2名合并为J组），也就是说16强在第二轮中分为4个小组、每组4支球队进行比赛，每支球队和同组在第一轮中没有碰面过的2名对手分别进行一场比赛。最终根据积分排名，每个小组前2名的球队可以晋级到最终的8强淘汰赛决胜阶段。

八强战：第二轮晋级的8支球队两两进行对决（I组第一对J组第二，K组第一对L组第二，另外两组对决同理），进行两轮单场淘汰赛之后，分别进行决出最终冠亚军以及季军的比赛。

随后进行5~8名排位赛，9~16名不设排位赛，根据小组赛第二轮战绩决定，小组第三名分列9~12名，第四名分列13~16名；17~32名排位赛，16支球队分成M、N、O、P4个组，A、B组三四名组成M组，C、D组三四名组成N组，以此类推，决出最终的17~32名。

2. 国内主要赛事及竞赛方法简介

（1）中国男子篮球职业联赛（CBA）

中国男子篮球职业联赛（China Basketball Association，CBA），简称“中职篮”，是由中国篮球协会所主办的跨年度主客场制篮球联赛，是中国最高等级的篮球联赛。CBA自每年的10月或11月开始至次年的4月左右结束。

其赛制为：2017—2018赛季采用主客场（双循环）制；2018—2020赛季根据上赛季

球队最终排名，蛇形排列分为4组，同组四循环，不同组双循环；2020—2022赛季根据上赛季球队最终排名，蛇形排列分为2组，同组四循环，不同组双循环。见表7-13。

表7-13　2017年至2022年赛季CBA联赛竞赛方案

赛季	常规赛					季后赛	
	队数	赛制	轮次	强度	赛日	队数	赛制
2017—2018	20支	主客场（双循环）	38轮	二周五赛	周二至周日	10支	第一阶段10进8（常规赛1~6名轮空，自动进入第二阶段，常规赛7vs10，8vs9对位淘汰）三战二胜（1-1-1）； 第二阶段1/4决赛（常规赛1vs8/9，4vs5，2vs7/10，3vs6）五战三胜（1-2-1-1）； 第三阶段（半决赛）和第四阶段（总决赛）均为七战四胜（半决赛2-3-2，总决赛2-2-1-1-1）
2018—2019	20支	根据上赛季球队最终排名，蛇形排列分4组，同组四循环，不同组双循环	46轮	一周三赛	周二至周日	12支	第一阶段12进8（常规赛1~4名轮空自动进入第二阶段，常规赛5vs12，6vs11，7vs10，8vs9）三战二胜（1-1-1）； 第二阶段1/4决赛（常规赛1vs8/9，4vs5/12，2vs7/10，3vs6/11）五战三胜 第三阶段（半决赛）和第四阶段（总决赛）均为七战四胜（半决赛2-3-2，总决赛2-2-1-1-1）
2019—2020			46轮	三周八赛	周二至周日	12支	
2020—2021	20支	根据上赛季球队最终排名，蛇形排列分2组，同组四循环，不同组双循环	56轮	三周八赛	周二至周日	12支	
2021—2022			56轮	三周八赛	周二至周日	12支	

① 常规赛：所有参赛球队进行双循环比赛，胜一场得2分，负一场得1分，弃权得0分。常规赛排名办法：常规赛按比赛胜场数负场数比率确定常规赛总排名，胜场率高者名次列前。如两队胜场率相同，则以两队之间胜负场次决定名次，胜场多者名次列前；如再相同，则以两队相互间得失分率排定名次，得失分率高者名次列前；若再相同，则以常规赛所有比赛总得失分率排定名次，得失分率高者名次列前。

如三队或三队以上胜场率相同，则以相互间胜负场数排定名次，胜场多者名次列前；如相互间胜负场数相同，则以相互间得失分率排定名次，得失分率高者名次列前；若再相同，则以常规赛所有比赛总得失分率排定名次，得失分率高者名次列前。

② 季后赛：2018—2019赛季，季后赛球队进一步扩充至12队。常规赛前四名球队季后赛首轮轮空，5~12名共8支球队进行三战两胜制交叉淘汰赛，排名靠前的球队拥有主场优势。1/4决赛，使用五战三胜制，半决赛与总决赛，均采用七战四胜制。

以2019—2020赛季CBA常规赛为例：20支球队，根据上赛季排名，被分成4个小组，每个小组5支球队，同组对手四循环，不同组对手则双循环，常规赛为46轮，比赛强度为三周八赛。2019—2020赛季分组情况：第一组：广东、江苏、山东、天津、四川；第二组：新疆、福建、吉林、青岛、八一；第三组：辽宁、广厦、浙江、山西、同曦；第四组：深圳、北京、上海、广州、北控。

（2）全国男子篮球联赛（NBL）

全国男子篮球联赛（the men's National Basketball League）。2004年，全国男子篮球联赛正式成立（成立之初，称为CBL，中国男子篮球联赛）。NBL是由职业篮球俱乐部组成的全国性篮球联赛，是中国篮球协会三大联赛之一。联赛于每年5月开赛，是中国男子职业篮球唯一的夏季联赛，也是中国仅有的两大男子职业篮球联赛之一。

比赛分常规赛和季后赛两个阶段，采用主客场制，一周三赛与二周五赛结合进行。

常规赛（两周五赛）：所有参赛队伍进行双循环比赛，胜一场得2分，负一场得1分，弃权得0分。常规赛按比赛积分排定名次，积分高者名次列前。如果出现积分相等的情况，则按照积分相同队间胜负关系、净胜分、得分来排序。

季后赛（一周三赛）：常规赛的前八名进入季后赛。季后赛采用交叉淘汰赛，四分之一决赛和半决赛均采用三战二胜制（1-2），常规赛名次列前的队多一个主场；总决赛采用五战三胜制（1-2-2），常规赛名次列前的队多一个主场。

由于NBL的各支球队水平参差不齐，实力差距较大。为了保证联赛的质量，NBL会在比赛正式开打前进行预选赛，最终选出实力最强的10~12支球队，成为NBL一级联赛的成员。

（3）中国大学生篮球联赛（CUBA）

中国大学生篮球联赛，简称"CUBA"，是由中国大学体育协会主办的高校间篮球联赛，其宗旨是"发展高校篮球，培养篮球人才"。比赛分为预赛、分区赛、决赛三个阶段。预赛由各省、自治区、直辖市的大体协组织、以学校为单位比赛。

共分为四个阶段：预选赛、分区赛、十六强赛和四强赛。

基层预赛为每年9—12月：各省、自治区、直辖市、特别行政区所在地各高校组队进行预赛，比赛具体时间、地点及比赛办法均由各省、自治区、直辖市、特别行政区的大体协、CUBA联赛组委会分会领导下的CUBA联赛预赛承办单位领导小组确定。基层预赛必须以学校为单位进行。有条件的地区应采用主客场制。

2018—2019赛季的CUBA赛程发生了改革，将在一百多所高校的基层赛施行主客场制，新疆、内蒙古等部分交通不便或条件不成熟省市仍采用赛会制。除了相对关注度最高的一级联赛，CUBA同时还设有二级、三级以及女子联赛，所有级别的比赛共覆盖1200所高校。

全国共分东南、西南、东北、西北四个赛区。各赛区均有20支球队参赛。各大区赛采用先循环再淘汰的赛制，将20支球队分为A、B、C、D四组，每组5支球队，每组取前2名晋级淘汰赛。

东北、西北、东南、西南四大赛区的前六名球队直接晋级全国总决赛阶段比赛。2019年第21届中国大学生篮球联赛（一级联赛）全国总决赛阶段的分组情况见表7-14。

同时，按照各大区比赛的最终成绩排名，各区第七名至第十名的4支球队将通过附加赛争夺其余8张全国赛的入场券，见表7-15。

表 7-14　　第 21 届中国大学生篮球联赛大区赛前六名（男子）

	东北区	西北区	东南区	西南区
1	北京大学	太原理工大学	厦门大学	中南大学
2	清华大学	山西大学	中国矿业大学	湖北工业大学
3	北京化工大学	西安交通大学	华东师范大学	广西师范大学
4	中国民航大学	石河子大学	浙江大学	湖南师范大学
5	北京体育大学	郑州大学	广东工业大学	华中科技大学
6	山东科技大学	山西财经大学	上海交通大学	成都体育学院

表 7-15　　第 21 届中国大学生篮球联赛附加赛各大区参赛队（男子）

	东北区	西北区	东南区	西南区
1	吉林大学	内蒙古师范大学	汕头大学	重庆文理学院
2	中国石油大学	新疆大学	华东交通大学	云南财经大学
3	山东农业大学	河南大学	宁波大学	武汉理工大学
4	河北工程大学	西北工业大学	南昌大学	重庆大学

附加赛采用小组赛单循环、第二阶段为淘汰赛的赛制进行。首先通过抽签的形式将 16 支球队分为 4 个组，组内进行单循环比赛。根据战绩，各组成绩排名第一的球队直接晋级全国赛，各组二、三名通过抽签方式决定组间的交叉对阵，淘汰赛的胜者获得另外 4 个全国赛的席位。

决赛阶段采用单淘汰的赛制。晋级的 32 支球队被分为上、下半区，各半区（见图 7-4）16 支球队进行淘汰赛，胜者晋级下一轮，直至决出分区冠军，最终两个半区的冠军争夺全国总冠军。每一轮的败者队进入附加赛决出排位。

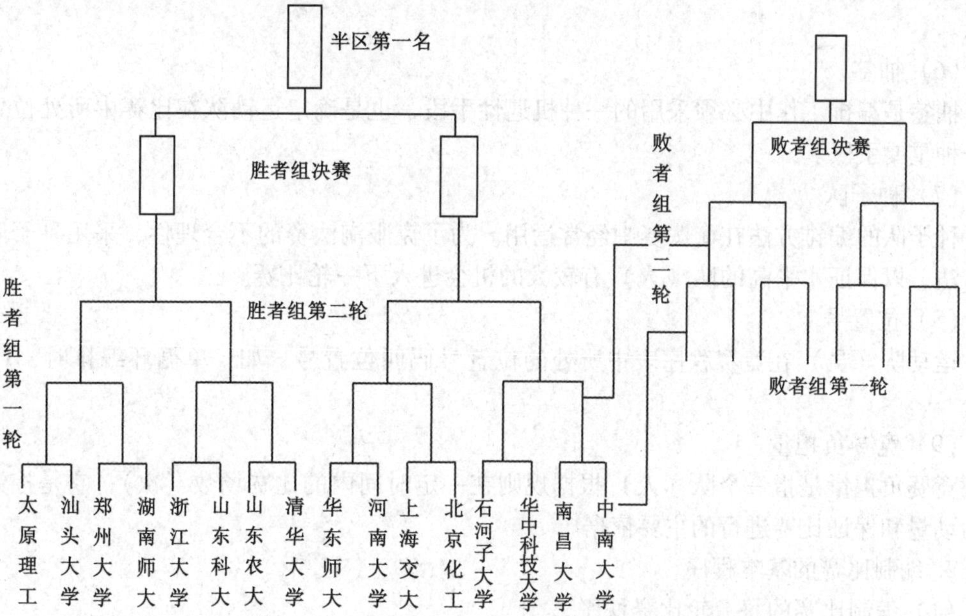

图 7-4　第 21 届中国大学生篮球联赛决赛阶段下半区对阵图

总之，采用何种赛制和方法，要根据本地区篮球运动开展的情况、篮球比赛的水平高低、比赛规模的大小来决定。

第二节　得分类项目竞赛组织方法及应用

一、排球

（一）排球竞赛的编排

1. 编排工作的基本知识

（1）竞赛编排

竞赛编排是根据参赛队和竞赛规则，按规定的方法编排各队的比赛场次及日程。

（2）轮次

轮次是控制比赛负担量和估算比赛时间的重要参数之一。一般认为，参赛队都相应地赛完一场球，即比赛进行一轮。

（3）场数

场数是估计比赛时间和比赛场地的重要参数之一。比赛场数即一次赛事总计比赛场数。

（4）节数

节数是比赛时间的计算单位，一般将一天时间分为上午、下午、晚上三节，是估计场地、时间的重要参数之一。

（5）场地容量

场地容量即一块场地在一节时间里可以安排的比赛场数，这是编排工作中的基本量度概念。

（6）抽签

抽签是编排工作中必须采用的一种机遇性手段，也是确定运动队在比赛中所处位置号的一种重要手段。

（7）种子队

种子队的编排方法在淘汰赛中经常运用。为了克服淘汰赛的不合理性，采用种子队编排方法，以保证水平高的队（人）有较大的机会进入下一轮比赛。

（8）位置号

运动队（员）在竞赛秩序表中所处的位置号码叫位置号。如：单循环编排时，1-2、3-4、…。

（9）竞赛负担量

竞赛负担量是指一个队（人）根据规则在一定时间内的比赛场数（次），它是控制比赛运动量和保证比赛进行的主要依据。

2. 编制比赛的基本程序

（1）编制比赛的每一轮比赛秩序

根据特定方法，编制出淘汰制或循环制的比赛秩序。

（2）抽签进入自己的位置号

通过抽签等方法，确定运动队所处的比赛秩序中的数字位置，从而明确自己每一轮比赛的对手。

（3）编排竞赛日程

根据公开、合理原则，在准确掌握竞赛的轮数、场数、天数和场地使用情况及运动员运动负荷量等因素后，将比赛秩序日程化，是将比赛秩序落实到具体时段的一种方法。

（4）编印秩序册

秩序册是竞赛工作的指南。秩序册一般包括比赛的竞赛规程、组织委员会名单、办事机构名单、仲裁委员会和裁判委员会名单、运动员名单、活动日程表、竞赛日程表和成绩表等。

3. 排球竞赛制度选择及成绩计算方法

排球竞赛常用的赛制有循环制、混合制。沙滩排球、气排球比赛常用淘汰制。

（1）如何选择赛制

在组织一次比赛时，要权衡利弊，选择最佳的竞赛制度。一般要考虑 5 个要素或 5 个重要的变量。

① 完成全部比赛的比赛场次。

② 完成全部比赛所需的时间。

③ 完成全部比赛所需的场地。

④ 比赛组织的公平性体现。

⑤ 比赛编排的可操作性或客观性体现。

（2）成绩计算办法

排球比赛的成绩计算一般根据排球比赛的规程规定，淘汰赛成绩按照每一轮胜负成绩计算，胜队晋级，负队降级或淘汰。循环赛成绩按照比赛的胜负取得的积分计算。

① 循环制成绩计算方法。

目前，正式举行的国际与国内排球比赛采用以每个队的比赛胜场数决定名次，胜场多者排名在前。当两队或两队以上胜场相等时，比赛积分多者排名在前，积分办法如下：3∶0或3∶1胜积3分，3∶2胜积2分，2∶3负积1分，1∶3或0∶3负积0分。当两队或两队以上比赛积分相等时，全部比赛胜局数与负局数比值（C）值大者排名在前。当两队或以上 C 值仍相等时，全部比赛得分值与失分值比值（Z 值）大者排名在前。当两队 Z 值仍相等时，两队之间最近一场比赛胜者排名在前。当三队或三队以上 Z 值相等时，则仅在该几队之间的比赛采用前述胜场和积分的标准确定排名。

② C 值=A（胜局总数）/B（负局总数）。

③ Z 值=X（总得分数）/Y（总失分数）。

（3）排球竞赛成绩计算方法的演变

排球比赛的成绩计算办法是根据竞赛规律和排球运动发展要求不断变化改进的。在2002 年世界排球锦标赛之前，排球比赛单循环的成绩计算办法是：计算比赛总积分，胜一场得 2 分，负一场得 1 分，弃权得 0 分，总积分高者名次列前；如果两队或两队以上积分相等，则比较 C 值大小，C 值高者名次列前；如果 C 值相等，则比较 Z 值大小，Z 值高者名次列前。

在 2002 年世界排球锦标赛上，有运动队为了寻求好的比赛排位，合理利用规程，在比赛中让球，造成有悖体育精神的后果，为了最大限度限制该种现象的产生，排球竞赛组织者在成绩计算办法上进行了改革：计算比赛总积分，胜一场得 2 分，负一场得 1 分，弃权得 0 分，总积分高者名次列前；如果两队或两队以上积分相等，则先比较 Z 值大小，Z

值高者名次列前，如果 Z 值相等，则计算 C 值大小，C 值高者名次列前。

2011 年在日本举行的伦敦奥运会资格赛上，为了增加比赛的观赏性和竞争程度，鼓励运动队在比赛中发挥水准，多赢比赛的局数，又制定了新的排球比赛单循环比赛成绩计算办法：先以每个队的比赛总积分高低决定各队名次，积分高者名次列前。当比分结果为 3∶0，3∶1 时，胜队积 3 分，负队积 0 分；比分结果为 3∶2 时，胜队积 2 分，负队积 1 分；积分高者名次列前；积分相等时，名次决定顺序为：① 胜场多者。② C 值。③ Z 值。④ 两队比赛结果，胜队排名靠前。

在排球比赛中的运用实践证明，该方法对排球比赛的竞争性与观赏性均有较好的促进作用。

2015 年 6 月，根据国际排联行政理事会会议关于修改单循环比赛/比赛阶段成绩排名办法的决定，经中国排球运动管理中心研究决定，在全国排球比赛中采用单循环赛制的比赛/比赛阶段，按照以下顺序的标准确定排名：在同组比赛中获胜的比赛场次数量，胜场多者排名在前；当两队或两队以上胜场相等时，比赛积分多者排名在前；当两队或两队以上比赛积分相等时，C 值大者排名在前；当两队或两队以上 C 值仍相等时，Z 值大者排名在前；当两队 Z 值仍相等时，两队之间最近一场比赛胜者排名在前；当三队或三队以上 Z 值仍相等时，则仅在该几队之间的比赛采用前述胜场和积分的标准确定排名。

（4）淘汰赛成绩计算

淘汰赛又可分为单淘汰赛、双淘汰赛等。单淘汰赛采用胜队晋级、负队淘汰的办法，直至最后决出冠亚军；单淘汰如果要决出 3、4 名以后的名次，则须进行淘汰附加赛，通过一定轮次的比赛赛出名次；双败淘汰赛则须在第一次失败的队中进行比赛，连续失败两次被淘汰，胜队进入下一轮比赛。

（二）排球循环赛、淘汰赛及混合赛的编排方法

排球竞赛制度常用的有循环制、淘汰制、混合制 3 种。

1. 循环赛的编排方法

排球比赛循环制主要采用单循环、双循环、小组循环 3 种。

（1）单循环制

参加比赛的各队之间均相互比赛一次，即为单循环赛。

① 单循环赛的比赛场数计算公式：场数=队数（队数-1）/2。

② 单循环赛的比数轮数计算方法：

参赛队为奇数时，比赛轮数等于队数；参赛队为双数时，比赛轮数等于队数减 1。

③ 单循环赛的编排方法见第六章。

④ 单循环制比赛日程的编排：依据排好的比赛秩序表再按规程所规定的方法将代号换成队名，填于秩序表中，然后编好比赛日程表。

代号换队名的方法。以上届比赛名次顺序为代号，把代号换成队名。也可以抽签的方式，确立队名与代号的互换。

编排时必须使各队在比赛场地的安排、白天晚上比赛的次数、两次比赛之间的休息时间等尽量机会均等。在世界大型比赛中，为了吸引观众和利于电视转播，组委会挑选适当的场次在所需要的场地和时间进行比赛，比赛日程表见表 7-16。

表 7-16　　比赛日程表

日期	时间	地点	组别	比赛队伍
26 日	10：30	体育馆	女	辽宁（深）—（浅）浙江
	14：30	体育馆	女	上海（深）—（浅）河北
	20：30	体育馆	男	广东（深）—（浅）北京
	16：30	体育馆	男	云南（深）—（浅）北京
	19：30	体育馆	男	八一（深）—（浅）四川
	21：30	体育馆	女	黑龙江（深）—（浅）济南

⑤ 绘制与填写比赛成绩记录（如表 7-17）所示。

表 7-17　　排球小组赛积分表

队名	A 队	B 队	C 队	D 队	E 队	积分	胜局	负局	C 值	胜分	负分	Z 值	名次
A 队		2：3 1	3：0 2	3：2 2	3：1 2	7	11	6	1.83	228	171	1.33	2
B 队	3：2 2		3：1 2	3：0 2	2：3 1	7	11	6	1.83	205	191	1.07	3
C 队	0：3 1	1：3 1		3：0 2	0：3 1	5							4
D 队	2：3 1	0：3 1	0：3 1		0：3 1	4							5
E 队	1：3 1	3：2 2	3：0 2	3：0 2		7	10	5	2				1

⑥ 单循环制成绩计算方法：

依排球规则所定，正式比赛为胜一场得 2 分，负一场得 1 分，弃权为 0 分。以每个队的比赛总积分决定各队名次，积分高者名次列前。

如遇两队或两队以上积分相等，则按下列办法决定名次：计算 C 值，C 值高者名次列前。

$$C\text{ 值}=A\text{（胜局总数）}/B\text{（负局总数）}$$

如 C 值仍相等，则计算 Z 值，Z 值高者名次列前。

$$Z\text{ 值}=X\text{（总得分数）}/Y\text{（总失分数）}$$

（2）双循环制

双循环制详见第六章。

（3）分组循环

① 分组办法见第六章。

② 决赛阶段的比赛方法：

可以将预赛的各小组同名次的队编为一组，进行决赛。预赛各小组的第 1 名决 1~4 名，各小组第 2 名决 5~8 名等。也可以采用交叉法确定决赛名次。

③ 循环赛编排注意事项：

当参赛队是奇数时，不宜采用 1 号队固定的逆时针旋转法来编排比赛顺序，改为顺时针旋转法，或是固定右上角“0”号队不转动。

循环赛必须以轮次逐轮进行编排，如需调整某个轮次比赛的次序，把这个轮次的所有场次与其他所有轮次进行调整。

编排时首先应贯彻机会均等、公平竞赛的原则，在场地（大馆或小馆）、地区（本地或外地）、时间（白天或晚上）及赛间的休息时间等方面达到相对平衡。

2. 淘汰赛的编排方法

淘汰赛的编排方法详见第六章。

（三）排球国际赛制规定

1. 世界锦标赛

世界锦标赛是三大赛（另两个是世界杯排球赛和奥运会排球赛）中赛制最为复杂的比赛，具体以日本世界锦标赛为例。决赛阶段共有 24 支球队参加，赛制大致为：

第一阶段，24 支球队被分为 4 个小组 A、B、C、D，每个小组 6 支队伍，组内单循环后确定小组排名，小组前四名晋级第二阶段，第五、六名被淘汰出局；这一阶段每支球队要进行 5 场比赛。

第二阶段，晋级的 16 支球队被分为 E、F 两个小组，E 组为 A、D 组的前四名，F 组为 B、C 组的前四名，每个小组为 8 支球队，仍然采用单循环赛，同时第一阶段的成绩要带入第二阶段，即第一阶段小组赛时交过手的队伍在第二阶段不再交手，这样在第二阶段每支球队只进行 4 场比赛；每小组前两位直接进入 4 强。

第三阶段，E、F 组前两名进行交叉半决赛，E1-F2、F1-E2，胜者进行冠亚军决赛。

2. 世界杯排球赛

世界杯排球赛赛制非常简单，就是 12 支球队大循环，每支队伍都要打 11 场比赛。

世界杯由各大洲锦标赛冠亚军球队、东道主和一个外卡名额共 12 支队伍分 A、B 两个组在不同的城市分三个阶段进行较量，也就是第一阶段为同组较量，二、三阶段为两组大较量。最后按各队胜负场次和 C 值、Z 值排出名次。

3. 奥运会排球赛

奥运会排球赛由各洲冠军队、世界杯前三、东道主、落选赛优胜者共 12 支球队分 A、B 两组。先在小组内进行单循环赛，成绩最好的前四名进入 8 强，每组后两名被淘汰；8 强赛开始为交叉淘汰赛，A1-B4；A2-B3；A3-B2；A4-B1，之后 A1-B4 组的胜出者与 A3-B2 组的胜出者争夺一个半决赛名额，A2-B3 组的胜出者与 A4-B1 组的胜出者争夺另一个半决赛名额，最后决出冠军。

4. 排球竞赛工作流程与国际排球赛前流程

（1）排球竞赛工作流程

排球竞赛工作流程如图 7-5 所示。

（2）国际排球赛赛前流程

国际排联的官方比赛，赛前至少 40 分钟运动队准备活动，国际排球比赛赛前仪式见表 7-18。

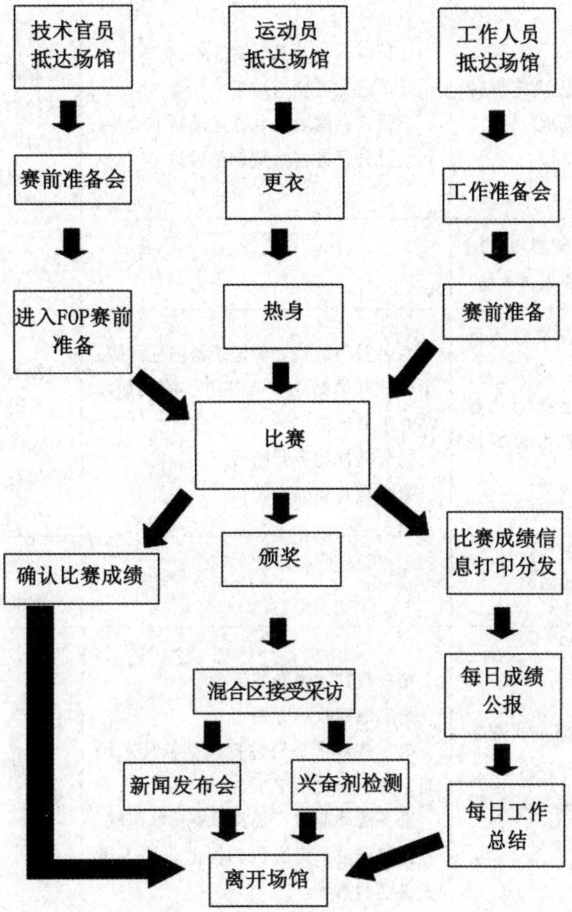

图 7–5　排球竞赛工作流程

表 7–18　国际排球比赛赛前仪式表

时间	描述	裁判员动作	球队动作
	娱乐时间	检查换人牌和比赛所有设备（记录表、蜂鸣器、自由人上衣等），包括备用器材	运动队在训练馆做热身活动 在官方的赛前仪式前运动员不得进入比赛场地
赛前 32 分钟		第一、二裁判员检查网高	两支运动队与教练一起在运动席坐好 运动队穿好正式的比赛服装

续表7-18

时间	描述	裁判员动作	球队动作
赛前31分钟	挑边决定发球方和场地	在记录台前挑边，之后一裁要确认记录员已知道挑边结果 挑边后，两名裁判在运动队前等待，司线员分开各自站裁判员后边	两支运动队与教练在记录员的记录表上签字（有电子记录表时在名单后） 如果有两个自由人，签名前教练要确认哪个自由人第一个上场
赛前30分钟	播音播报，辅助工作人员入场		
赛前29分钟	运动队进入场地 播音播报比赛运动队和比赛场次 握手	两名裁判员站立于记录台网柱两侧，第一裁判员站立于A队方、第二裁判站立于B队方 播音播报比赛开始后 第一裁判立即吹哨	各运动队站立于底线处 当第一裁判吹哨后，全体运动员成横排同时走向球网，一一对应和对方队员握手
赛前28分钟	准备活动		运动队在场地上用球但不用球网做准备活动
赛前18分钟	网前正式准备活动 收第一局位置表	第一裁判鸣哨准备活动 第二裁判收位置表 第二裁判将一份位置表交给技术代表，另一份交给记录台 准备活动期间，裁判检查比赛用球，并对记录员、司线员和辅助工作人员做必要的指导	运动队穿上正式比赛服装做准备活动
赛前8分钟	正式准备活动结束	第一裁判吹哨宣布正式热身结束 两名裁判向技术代表请示比赛开始	准备活动后运动员返回替补席
赛前7分钟	奏两队国歌	裁判员进入场地中间，面向国旗；奏完国歌，第一裁判立即吹哨	运动员走向场地中间，面向记录台 球队官员、6个始发队员和自由人坐在长凳上，其他队员在替补席附近或准备互动区域内
赛前3分钟	第一次短暂奏乐		
	介绍裁判员	奏乐同时，裁判员们进入场地，靠近球网站立，面向记录席，播音员介绍裁判 介绍完毕后，两名裁判握手，第一裁判走向裁判椅，第二裁判走向记录台	

续表7-18

时间	描述	裁判员动作	球队动作
赛前2分钟	第二短暂奏乐 介绍主力运动员、教练员	第二裁判将4个球给1234号捡球员，比对位置表，然后允许场地上自由人进入场地 询问记录员是否检查完站位和准备开始比赛 比赛用球交给发球员，举起双手，面向第一裁判，示意准备好比赛开始	宣读名字时，A队的每个主力队员和场上自由人挥手进入场地 介绍A队教练员 同样方式介绍B队 替补队员将在替换上场时介绍
赛前0分钟		比赛开始时，第一裁判吹哨允许发球	

二、乒乓球

（一）乒乓球竞赛项目和比赛方法

1. 竞赛项目

乒乓球单项比赛有：男子单打、女子单打、男子双打、女子双打、混合双打。

团体比赛有：男子团体、女子团体、混合团体（非奥运项目）。

2. 单打比赛赛制

单打比赛每场采用三局两胜、五局三胜或七局四胜制。

在一场单打比赛中，首先由一方发球（称为发球员），再由对方接发球（称为接发球员），然后双方交替进行合法还击。

在一局比赛中，每人发两个球就应交换发球权，以此类推，直到一局比赛结束。每局11分。首先到达11分的选手取得该局的胜利。但一局比赛双方比分达10平后，领先2分的一方获胜。一局比赛进行到10分钟且两位运动员比分相加小于等于18分，或在任何时间应双方运动员或配对要求，应该实行轮换发球法。在10平或实行轮换发球法后，每人只发一个球，就要交换发球权。直至本局比赛结束。当一局比赛结束后或决胜局中当一方先得5分时，应与对方交换场地。

两局之间可有不超过1分钟的间歇。每名运动员在一场比赛期间只能有一次叫暂停的机会，时间不超过1分钟。间歇和暂停期间可以接受教练指导。

3. 双打的比赛方法

（1）双打的击球次序

在双打中，首先由发球员合法发球，再由接发球员合法还击，然后由发球员的同伴合法还击，再由接发球员的同伴合法还击，此后，运动员按此次序轮流合法还击。如果出现同一队伍一名队员连续两次击球的情况，则在第二次击球时判失分。

击球次序：

① 第一发球员A1发球，第一接发球员B2回接。

② B2击球，第一发球员的同伴A2回接。

③ A2击球，第一接发球员的同伴B1回接。

④ B1击球，A1回接。见图7-6。

（2）双打的发球区域

发球一方总是在己方球台的右半区发球至对方的右半区，也就是发球时球总是落在球台的右半区位置，中线视为右半区的一部分。见图 7-7。如果发到图中浅色区域，则视为错区，直接判罚失 1 分。

（3）双打的发球、接发球次序

双打的第一局比赛，先由有发球权的一方确定第一发球员，再由接发球方确定第一接发球员；以后的每局比赛，由先发球的一方确定第一发球员，第一接发球员则是前一次（上一局）发球给他的运动员。

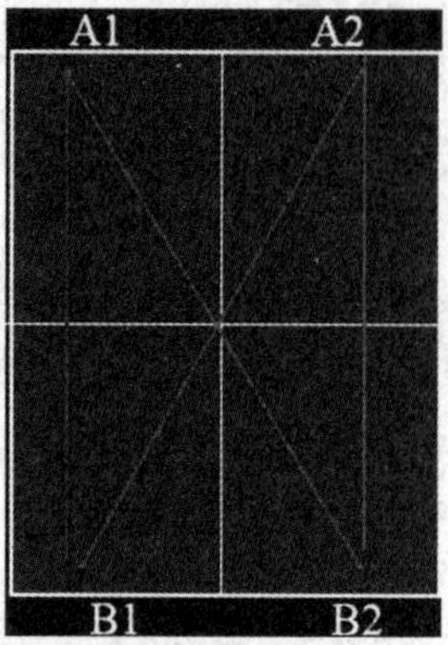

图 7-6　双打比赛击球次序

每次换发球时，前面的接发球员应为发球员，前面的发球员的同伴应成为接发球员。一局中首先发球的一方，在该场下一局应首先接发球。

图 7-7　双打的发球区域

例如：第一局，A 队确认 A1 发球，B 队确认 B1 接发球，一个发球轮后，B1 发球，A2 接发球；A2 发球，B2 接发球；B2 发球，A1 接发球，依照此顺序类推。

4. 团体比赛形式及程序

乒乓球团体赛是一种由若干场个人或双人比赛组成的集体竞赛项目，乒乓球男子团体赛和女子团体赛被人们认为是反映一支队伍、一个单位、一个地区或一个国家乒乓球运动水平的主要标志。

团体赛的形式根据不同的比赛分为很多种。

（1）比赛形式

① 新斯韦思林杯（世界乒乓球锦标赛男子团体冠军奖杯）赛制——五场三胜。

5 场单打，一个队由 3 名运动员组成。

比赛顺序为：

A—X

B—Y

C—Z

A—Y

B—X

② 考比伦杯（世界乒乓球锦标赛女子团体冠军奖杯）赛制——五场三胜。

4 场单打，一场双打。一个队由 2、3 或 4 名运动员组成。

比赛顺序为：

A—X

B—Y

A—Y

B—X

③ 奥林匹克赛制——五场三胜（新版赛制，2020 年东京奥运会为第一届使用本赛制的奥运会）。

4 场单打和 1 场双打。一个队由 3 名运动员组成，每名运动员最多参加 2 场单打比赛。

比赛顺序为：

B&C—Y&Z（双打）

A—X

C—Z

A—Y

B—X

④ 七场四胜制。

6 场单打和一场双打。一个队由 3、4 或 5 名运动员组成。

比赛顺序为：

A—Y

B—X

C—Z

A—X

C—Y

B—Z

⑤ 九场五胜制：

9 场单打。一个队由 3 名运动员组成。

比赛顺序为：

A—X

B—Y

C—Z

B—X

A—Z

C—Y

B—Z

C—X

A—Y

上述 5 种不同的团体赛方式，各有特点：

第②、③、④种方式都包括单打和双打两个项目，有利于全面锻炼队伍，检验团体实力。第①、②、③种方式只设 5 场比赛，时间短，效率高，第④、⑤种方式场次多，比赛中出现意外的可能性小，第②种方式允许 2 人参赛，人数限制少，更灵活一点。第③种为新奥林匹克赛制，它将原本的第三场双打移到第一场进行，一个队伍双打水平的高低成了比赛的主导，这对于靠个人实力为主的队伍来说影响不小。

（2）团体比赛程序

① 所有出场运动员应来自团体报名表。团体比赛前，各队填写报名表，分别填写教练、领队、工作人员以及运动员。

② 团体比赛前由抽签的中签者优先选择主队 A、B、C 或客队 X、Y、Z。选择后，本场比赛的裁判员将主客队名单交给队长或领队进行填写。填写好后，由队长或领队将该队名单提交给裁判员，裁判员将核对每一名单打运动员，确定一个字母所代表的相应位置。填写好后，两队队长或领队可交换查看对方名单。

③ 双打比赛的配对不必立即提交，直到前一场单打比赛结束前提交即可。

④ 需要连场的运动员有资格在连场的比赛之间有最多 5 分钟的休息时间。

⑤ 当一个队赢得足够多场次时，为一次团体比赛结束。

（二）乒乓球比赛常用赛制

乒乓球比赛的常用赛制主要有单循环赛和淘汰赛两种，如把这两种方法结合运用，则称为淘汰循环混合赛制。比赛方法的选用要依据比赛的目的、场地、参加队数（人数）等条件而定。

1. 循环制

（1）单循环

单循环详见第六章。

（2）双循环

双循环详见第六章。

（3）分组循环

在分组循环赛中，将所有参赛人员分为几个人数相对较少的小组，每个小组里的每一成员应与组内所有其他成员进行循环比赛；最后成绩按积分来计算，胜一场得 2 分，在完成的比赛中负一场得 1 分，因未出场或未完成比赛而负一场得 0 分；小组名次应主要根据所获得的积分决定。这种比赛方法既能较客观地排定所有参赛队的名次，又能不过多增加比赛场次和延长比赛时间，是经常被采用的比赛方法之一。

分组循环赛最常用的编排方法为蛇形排列方法，即按照各队实力强弱排列它们的顺序号（通常是按照上届比赛的名次排列）。顺序号越小，实力越强；序号越大，实力越弱。分组时要求各组实力平均。有的球类项目则在蛇形排列的基础上，将种子队与非种子队按分批抽签的方法来进行分组，即 1~4 号队（种子队）固定在 1~4 组或用抽签的方法进入 1~4 组；然后 5~8 号、9~12 号、13~16 号分别抽签进入 1~4 组。

（4）循环赛计算名次的方法

国际竞赛规程中规定：胜一场得 2 分，输一场得 1 分，未出场比赛或未完成比赛的场次为 0 分，小组名次根据所获得的场次分段决定，如果小组内有两个或更多的队得分相同，它们有关的名次应按他们相互之间比赛的成绩决定，首先计算他们之间获得的场次分数，再根据需要计算个人比赛场次（团体赛时）、局和分的胜负比率，直至算出名次为止，如果最终计算都相同，那么抽签决定胜负。见表 7-19。

表 7-19　　循环赛的成绩计算顺序

计算步骤	团体比赛	单项比赛
	胜一场得 2 分，负一场得 1 分 弃权或未完成比赛或取消成绩得 0 分	
1	按获得的场次分数决定，多者在前，少者在后	
2	计算其相互之间获得的场次分数，多者在前，少者在后	
3	计算场的胜负比率	计算局的胜负比率
4	计算局的胜负比率	计算分的胜负比率
5	计算分的胜负比率	抽签决定
6	抽签决定	
备注	在计算至某一步骤，出现两个或两个以上成员分数相同时 应进行下一 步骤计算	
	计算过程中，已决定出名次的成员的成绩应予以删除	

2. 淘汰制

淘汰制详见第六章。

3. 混合制

混合制详见第六章。

(三) 乒乓球竞赛的编排工作

编排工作的任务，是将各个项目所要进行的全部比赛在一定时间内科学合理地安排在一定数量的球台上面，按照一定的秩序进行比赛，确定全部比赛日期、时间和台号。编排的目的是为了参赛者和观众的利益，最有效地利用时间和可以使用的球台。使参赛运动员（队）保持机会均等的比赛条件，保持合理的比赛强度；适应和满足观众的观赏需求；合理使用球台。

团体赛编排，一般情况下，时间为一个半小时一场。单项比赛的一节比赛中，尽可能避免全部都是男子比赛或全部是女子比赛，交叉开来更利于比赛掌控，防止连场。由于混合双打的连场问题，可以单独安排一节，集中打完。

时间安排为：七局四胜 40 分钟一场；五局三胜 30 分钟一场；三局两胜 20 分钟一场。编排时可根据整体竞赛水平调整时间。

1. 抽签前的预备工作

抽签工作除了主抽签人和记录员等人员准备以外，还要有物品准备，主要有记录用笔、抽签结果记录表、签卡及公布抽签结果用的展板等。

签卡：如普通扑克牌大小的卡片。写有队名或队员名字的叫“名签”，如“北京队”或“A1、B2”等；写有位置号码的叫“号签”，如“A 组、B 组”或“1、2、…、16”等。名签与号签的背面颜色应明显区别。抽签时，主抽签人将洗乱的号签背面向上码放在桌面上，各队派一名代表将写有本队队名的名签放在自己选中的任意一张号签上，主抽签人翻开后向大家宣布结果，这样就完成了一个队的抽签。

例如图 7-8 所示，分组循环，共分 A~H 组，打乱顺序后，北京队代表将自己队名牌放置任意位置，主抽签人翻过卡片，即北京队进入 H 组。其他队以同样方法进入自己的组别。

图 7-8　抽签实例

2. 确定使用的裁判员数量、球台数量以及比赛时间

一场竞赛需要的裁判长数量=裁判长+一个比赛场馆（16 张球台或以下）所配的 2 名副裁判长。每增加一个比赛场馆，或一个比赛场馆的球台数量超过 16 张，增加 1 名副裁判长。特别是在资格赛阶段可使用当地的国际级裁判长或国家级裁判长。使用 4 张或更少球台的比赛，仅要求 1 名副裁判长。如果有必要，少于 16 张球台的一个比赛场馆也可以使用 4 名副裁判长，特别是比赛持续 4 天或 4 天以上时。

裁判员数量根据比赛级别、大小和规模而定。世界级比赛：裁判员的最少数量=球台数量×4+4，世界锦标赛的前二、三天使用球台很多的时候，可以用当地裁判员。

国际乒联批准的比赛：

世界巡回赛超级系列：裁判员的最少数量=球台数量×3. 5+4。

国际乒联批准的其他比赛：裁判员数量=球台数量×3. 5+4。

如果达不到规定的裁判员数量，前几轮比赛可以由 1 名裁判员执裁，但必须遵守指南中关于休息和工作时间的规定。进行球拍检测的比赛，在决定裁判员数量时，应将球拍检测中心视为额外的一张球台。

球台的数量要根据实际情况，每张球台安排的比赛不能过满，从每节比赛的第二场球开始要有意地安排“空台”用于机动。条件允许时，每个场馆都应安排“机动球台”，根据场馆条件和实际需要确定球台数量。一次比赛的球台数量不是固定不变的，它随着比赛的进程会有所变化（递减）。

3. 安排比赛场次应注意的问题

在一次比赛的编排工作中，场次安排是最后一项工作，也是最重要的一个环节。

① 避免“连场”：就是一名（对）选手或一个队在连续两个时间段（8：30 和8：50、9：30 和 10：30 等）内连续出场比赛。

② 混双单独安排：混合双打有男有女，尽量不要与其他项目衔接，不然极有可能出现“连场”。

③ 节间衔接的问题：即便是在一节比赛之内不连场，节间衔接也要注意——若是一个队（人）上午最后一场比赛出场，则下午第一场尽量不安排。

④ 在团体比赛中，每个队每节最多不能安排超过 2 场比赛。

⑤ 单项比赛中，每位选手一节时间内最多不能安排超过 4 场比赛。

⑥ 就球台而言，每节比赛每张球台最多安排 3 场团体赛。

⑦ 单项比赛最多不能超过 9 场，最好在 8 场之内。

⑧ 每场团体比赛时间不能少于 60 分钟，最好是 90 分钟。

⑨ 每场单项比赛绝对不能少于 20 分钟，最好 25~30 分钟。

⑩ 大型比赛单项最好安排40~45分钟为宜。

⑪ 考虑到观赏性和比赛的精彩激烈程度，条件允许的情况下，各项目决赛最好单独安排。尤其要考虑到同性别的单打和双打决赛不能同时进行。

4. 将具体的时间、台号编入秩序册表内

目前国际、国内比赛最通用的为坐标式秩序表，如表7-20所示。秩序表内包括队伍名称、序号、各队比赛日期、时间和台号。

表7-20　秩序表实例

3组	1	2	3	4	积分	计算	名次
鞍山体育中心							
抚顺爱心							
大连星辉							
沈阳56中							

5. 制作各项比赛记分单

（1）单打五局三胜记分单样表（见表7-21）

表7-21　单项比赛记分单

日期	场次号	阶段	轮次	组别	时间	台号

局数	运动员（单位）	运动员（单位）
第1局		
第2局		
第3局		
第4局		
第5局		

比赛结果：　　　　　　　　　　获胜者：

胜方签名：　　　　　　　　　　负方签名：

裁判员签名：　　　　　　　　　裁判长签名：

（2）五场三胜团体记分单样表（见表7-22）

表7-22　团体比赛记分单

日期	场次号	阶段	轮次	组别	时间	台号

顺序	A/B/C		X/Y/Z		每局比分					结果
					1	2	3	4	5	
1	A		X							
2	B		Y							
3	C		Z							
4	A		Y							
5	B		X							

比赛结果：　　　　　　　　　　获胜者：

胜方签名：　　　　　　　　　　负方签名：

裁判员签名：　　　　　　　　　裁判长签名：

6. 编印成绩册

最后编印成绩册，资料归档，以备后查。

三、羽毛球

（一）羽毛球竞赛的分类及项目

1. 羽毛球竞赛的分类

羽毛球竞赛依不同标准，可建立不同的分类体系。

按比赛的性质、任务可分为：综合性运动会羽毛球比赛、冠军赛、锦标赛、分龄赛、对抗赛、邀请赛、等级赛、友谊赛、表演赛、公开赛和俱乐部赛等。

按竞赛规模可分为：基层比赛、地区性比赛、全国性比赛、国际比赛、洲际比赛、世界大赛等。

2. 羽毛球竞赛项目

羽毛球运动竞赛项目可分为：单项赛和团体赛两种。

（1）单项赛

单项赛包括：男子单打、女子单打、男子双打、女子双打、男女混合双打。

（2）团体赛

团体赛包括：男子团体赛、女子团体赛、男女混合团体赛。

① 三场制：

A. 每队 2~4 人参加比赛：两名单打、一对双打。

B. 比赛场序：单、双、单，或单、单、双。

C. 采用三场两胜制。（一般在小组赛中赛满三场，淘汰赛一方胜两场比赛即可结束）

② 五场制（团体赛）：

A. 每队 4~9 人参加比赛：三名单打、两对双打。

B. 比赛场序：单、单、双、双、单，或单、单、单、双、双，或单、双、单、双、单。

C. 采用五场三胜制。

D. 混合团体：男单、女单、男双、女双、混双。（一般在小组赛中赛满五场，淘汰赛一方胜三场比赛即可结束）

（二）羽毛球竞赛方法

羽毛球竞赛方法多种多样，主要有循环制、淘汰制、混合制、佩奇制等。

1. 循环制

（1）单循环

单循环赛轮数和场数的计算及比赛顺序的确定见第六章。

单循环赛决定名次的方法：

① 按获胜场数定名次。

② 两名（对）运动员获胜场数相等，则两者间比赛的胜者名次列前。

③ 三名（对）或三名（队）以上运动员获胜场数相等，则按在该组比赛的净胜局数定名次。

④ 计算净胜局数后，如还剩两名（对）运动员净胜局数相等，则两者间比赛的胜者名次列前。

⑤ 计算净胜局数后，还剩三名（对）或三名（对）以上运动员净胜局数相等，则按在该组比赛的净胜分数定名次。

⑥ 计算净胜分数后，如还剩两名（对）运动员净胜分数相等，则两者间比赛的胜者名次列前。

⑦ 如还有三名（对）或三名（对）以上运动员净胜分数相等，则以抽签定名次。

⑧ 团体赛按以上办法，依胜次、场数、局数、分数顺序计算成绩。

（2）分组循环

分组循详见第六章。

2. 淘汰制

羽毛球的比赛一般采用单淘汰制。

（1）单淘汰轮数和场数

① 单淘汰赛的轮数等于或大于最接近的运动员人（队）数的 2 的乘方指数，是 2 的几次方即为几轮。

人数：	2	4	6	16	32	64	128
轮数：	1	2	3	4	5	6	7

例如：36 人的比赛，大于并最接近 36 的 2 次方为 64，为 2 的 6 次方，比赛的轮次即为 6 轮。

② 单淘汰赛的场数＝人（队）数−1+附加赛。

例：36 人的比赛，场数＝4+16+8+4+2+1。

轮数：	第一轮	第二轮	第三轮	第四轮	第五轮	第六轮	总场
场数：	4	16	8	4	2	1	35

（2）单淘汰轮空位置的确定

当参赛的运动员（队）等于 2 的乘方数时，没有轮空。

当参加比赛的人（队）数不是 2 的乘方指数时，第一轮应有轮空。轮空数等于下一个较大的 2 的乘方指数减去比赛的人（队）数的差数。

例：36 人的比赛，下一个较大的 2 的乘方指数是 64，64−36＝28，即 36 人单淘汰第一轮有 28 个轮空位置。

（3）单淘汰轮空数的分配

轮空数为双数时，应平均分布在比赛图的不同的 1/2 区、1/4 区、1/8 区、1/16 区。如轮空位置为单数，则上半区应比下半区多一个轮空。

轮空数要平均分配到1/4区、1/8区、1/16区、1/32或更多。当分配下半区的轮空位置时，出现轮空位置为单数时，下半区应比上半区多一个轮空。

例：9个单位参加比赛，轮空数为16-9=7；4个轮空在上半区，3个轮空在下半区，这样，第一轮只有一场比赛。如图7-9所示。

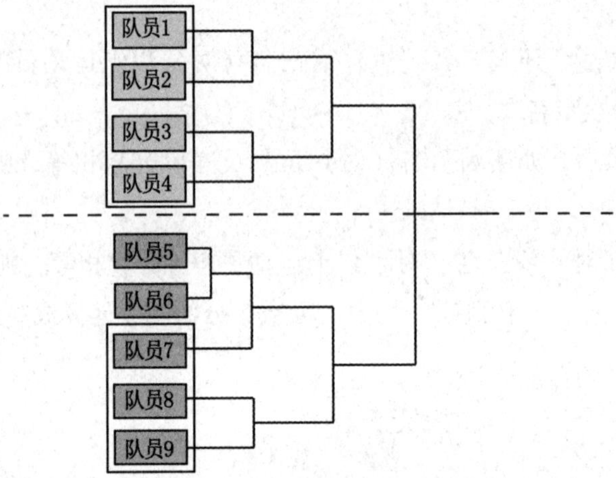

图7-9　9个单位参加比赛的轮空数

5人（队）比赛，1个轮空在下半区，2个轮空在上半区；

6人（队）比赛，1个轮空在上半区，1个轮空在下半区；

7人（队）比赛，1个轮空在上半区；

8人（队）比赛，没有轮空；

9人（队）比赛，3个轮空在下半区，4个轮空在上半区；

10人（队）比赛，3个轮空在上半区，3个轮空在下半区；

11人（队）比赛，2个轮空在下半区，3个轮空在上半区；

12人（队）比赛，2个轮空在上半区，2个轮空在下半区；

13人（队）比赛，1个轮空在下半区，2个轮空在上半区；

14人（队）比赛，1个轮空在上半区，1个轮空在下半区；

15人（队）比赛，1个轮空在上半区。

以此类推。

64人（队）以下时，应把轮空位置平均分配到8个不同的1/8区。

65人（队）以上时，应把轮空位置平均分配到16个不同的1/16区。

（4）人数的分配

当人数为双数时，应平均分布在比赛图的不同1/2区、1/4区、1/8区、1/16区。如当人数为单数，则上半区应比下半区少一个人。

人数要平均分配到1/4区、1/8区、1/16区、1/32或更多时。当分配下半区的人数时，出现人数为单数时，下半区应比上半区少一个人。

例：36人（队）单淘汰赛每区人数分配见表7-23。

表 7-23　　36 人（队）单淘汰赛每区人数分配

1	1/2	1/4	1/8
36	18	9	4
			5
		9	4
			5
	18	9	5
			4
		9	5
			4

36 人（队）单淘汰每区轮空数分配见表 7-24。

表 7-24　　36 人（队）单淘汰赛每区轮空数分配

1	1/2	1/4	1/8
36（28 个轮空）	18（14 个轮空）	9（7 个轮空）	4（4 个轮空）
			5（3 个轮空）
		9（7 个轮空）	4（4 个轮空）
			5（3 个轮空）
	18（14 个轮空）	9（7 个轮空）	5（3 个轮空）
			4（4 个轮空）
		9（7 个轮空）	5（3 个轮空）
			4（4 个轮空）

（5）单淘汰赛抽签办法

抽签有两个目的：一个是使种子运动员最后相遇；另一个是使同单位运动员最后相遇。

① 种子数量的确定：

64 个（对）或多于 64 个（对）以上运动员（队）参赛，最多设 16 个种子，分布在各个1/16区。

32 个（对）至 63 个（对）运动员（队）参赛，最多设 8 个种子，分布在各个 1/8 区。

16 个（对）至 31 个（对）运动员（队）参赛，最多设 4 个种子；分布在各个 1/4 区。

少于 16 个（对）运动员（队）参赛，设 2 个种子，分布在各个 1/2 区。

② 种子的抽签：

任何公开比赛都要执行“种子”均匀分布的原则，两个种子时，第 1 号种子进入淘汰表的顶部，第 2 号种子进入淘汰表的底部。

A. 两个种子时 1 号种子在一号位，2 号种子在最后单号位。

B. 4 个种子时，第 1 号种子和第 2 号种子按上述办法定位，第 3 号种子和第 4 号种子抽签进入第二个 1/4 区的顶部和第三个 1/4 区的底部。见图 7-10。

C. 8 个种子时，第 1、2、3、4 号种子按上述办法定位，5~8 号种子用抽签分别进入还没有抽进种子的各个 1/8 区内。

抽进上半区的，应在第二、第四个 1/8 区的顶部；抽进下半区的，应在第五、第七个 1/8 区的底部。

D. 同队运动员的抽签：

同一队的两名种子选手，应抽进不同的 1/2 区；

同一队的 3 名或 4 名种子选手，应抽进不同的 1/4 区；

同一队的 5~8 名种子选手，应抽进不同的 1/8 区。

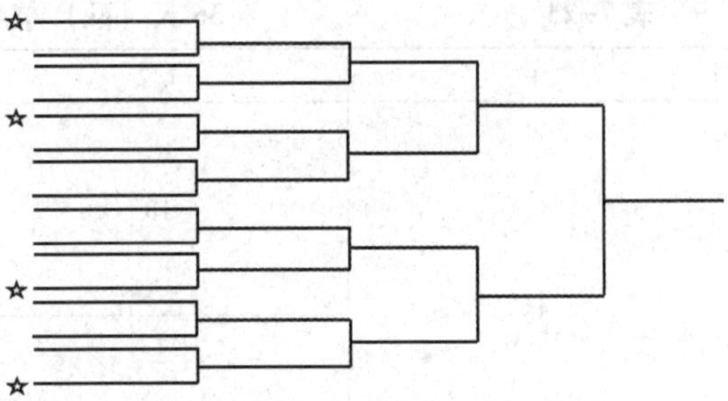

图 7-10　种子的抽签

同属一队的运动员，应依各自的技术顺序，按以下办法抽签进位：

a. 第 1、2 号选手，分别进入不同的 1/2 区；

b. 第 3、4 号选手，分别进入不同的 1/2 区中没有同队选手的 1/4 区；

c. 第 5~8 号选手，分别进入不同的 1/2 区中没有同队选手的 1/8 区。

任何级别的比赛都要遵照这些规定执行。

以 19 人（对）参加比赛为例：设 4 名种子。

a. 1 号种子分在 1 号位置，2 号种子分配到 19 号位置，遵循偏向排名较高的队员的原则，在划分上下半区时当球员不能平均分配时，采用上少下多的方法分配，故上半区 9 个，下半区 10 个。再次分配如出现不能均分时，则上半区遵循上少下多的原则；而下半区遵循上多下少的原则分配。

b. 其他种子分布的位置，遵循每个区放置在靠近自己半区排名较高队员的原则，因此 3 号种子分配到 5 号位置，4 号种子分配到 14 号位置。

c. $2^5-19=13$ 个轮空，分配时同样遵循偏向排名较高运动员的原则，采用上多下少的方法分配，上半区 7 个，下半区 6 个。再次分配如出现不能均分时，则上半区遵循上多下少，下半区遵循上少下多的原则分配。至于轮空到底给哪几个人，遵循的原则仍一样，上半区靠上的优先，下半区靠下的优先。见图 7-11、图 7-12。

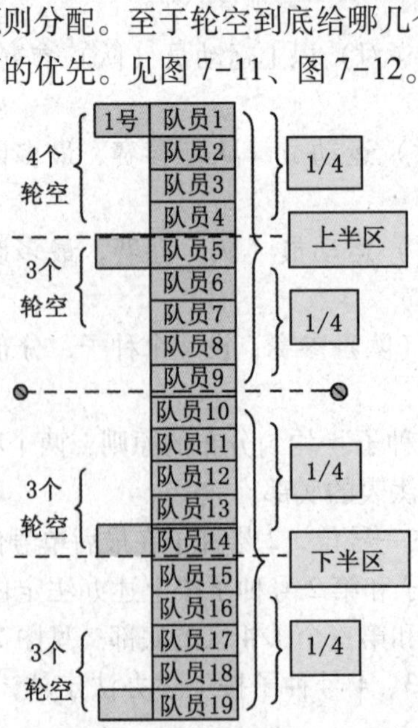

图 7-11　13 个轮空（一）

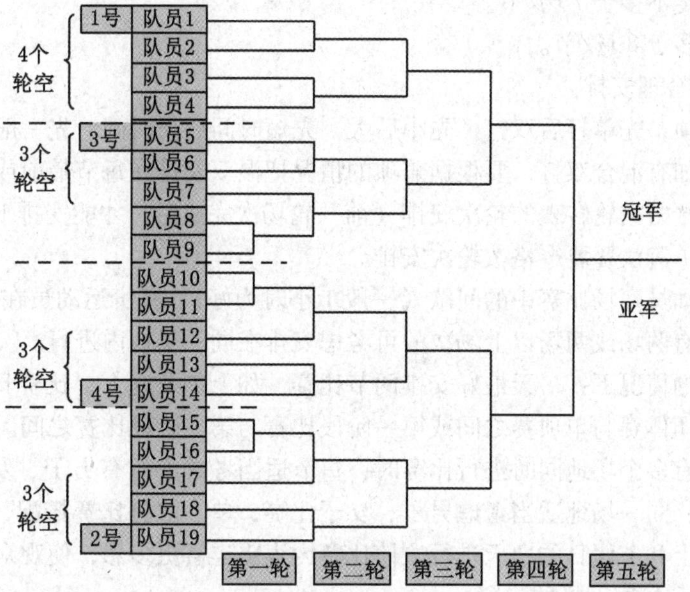

图 7-12　13 个轮空（二）

（6）附加赛

附加赛详见第六章。

3. 混合制

比赛分两个阶段：

第一阶段分若干个组进行单循环赛；

第二阶段根据小组名次进行交叉淘汰赛，见图 7-13。

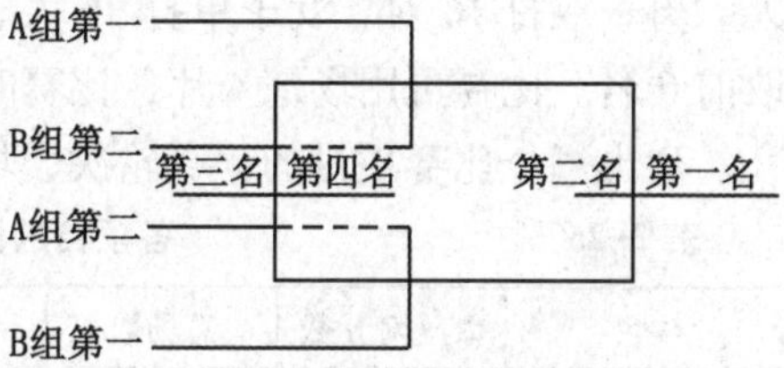

图 7-13　混合制第二阶段交叉淘汰赛示意图

4. 佩奇制

佩奇制详见第六章。

（三）羽毛球比赛编排方法

1. 竞赛日程的编排原则

根据一定的原则，按照设定的运动量限制安排一天的比赛的节数（每天 1、2、3 节）。

① 编排工作必须按照竞赛规程的要求和执行竞赛规则的有关规定，把参赛的运动员（队）合理安排在不同时间、不同场地进行比赛。

② 要充分考虑参赛运动员（队）比赛、休息、间歇时间、使用场地等，使竞赛达到公平、合理、机会均等。

③ 考虑运动员担负量：

团体赛：每队一天内不应安排超过 2 次五场制团体赛，一节不应安排超过一次五场制团体赛。

单项赛：每名运动员一天内不应安排超过 6 场比赛，而且同一个项目的比赛不应超过 3 场。在一节比赛中，不应安排超过 3 场，同一个项目的比赛不应超过 2 场。

考虑场地担负量（以三局二胜、21 分一局、每球得分制计算）。

国际赛、全国成年人赛不多于 5 场/节。

全国青少年赛不多于 7 场/节。

业余比赛不多于 8 场/节。

④ 考虑项目合理安排：

先团体后单项，先单打后双打，先小后大，先短时间后长时间，先一般后精彩。

单项赛中，如有混合双打，要根据兼项的情况把混双安排在每节最前或最后进行。

单循环赛要严格按轮转表的轮次安排（前一轮场次完成后，才能安排下一轮的场次），尽量避免破轮。单淘汰赛要严格按轮次安排。

合理安排运动员两场比赛中的间歇（一般 1 小时为好），减少运动员在场地待场时间。同一运动员一节有两场或两场以上场次的可考虑安排在同一场地内进行。

在条件许可的情况下：一天最好安排两节比赛，如上午及晚上；比赛日程中应安排一天休息，安排在团体赛与单项赛之间或第一阶段比赛与第二阶段比赛之间。

在有观众且有多个场地同时进行比赛时：每节适当考虑安排有男子、女子的比赛，有单、双打的比赛；同一场地适当考虑男子、女子比赛，单、双打比赛搭配，尽量把较精彩的比赛安排在晚上和节假日的白天进行。使比赛内容更丰富更多彩，使观众更喜欢。

2. 竞赛日程和场序编排的步骤

① 列出每个比赛项目的比赛轮次、场数表。

② 把每轮比赛按运动员的合理负担量平均分配到每天、每节。如不能做到平均分配，多余的轮次不能安排在决赛，而要安排在比赛开始的前几轮。

③ 把每轮中的比赛场次安排到各场地并排出场序。

例如，某学校举行羽毛球比赛，比赛设 5 个单项。每个项目的报名情况为男子单打 28 人、男子双打 16 对、女子单打 26 人、女子双打 14 对、男女混合双打 22 对，每个项目均取前 6 名。比赛可用场地 4 片，比赛时间 5 天，每天下午 3 点到 6 点。编排程序如下：

列出每个比赛项目的比赛轮次、场数表，见表 7-25。

表 7-25　　各项目的比赛轮次和每轮的比赛场数

项目	人（对）数	总场数	第一轮	第二轮	第三轮	第四轮	第五轮
男单	28	31	12	8	4	2（+2）	1（+2）
男双	16	19	8	4	2（+2）	1（+2）	
女单	26	29	10	8	4	2（+2）	1（+2）
女双	14	17	6	4	2（+2）	1（+2）	
混双	22	25	6	8	4	2（+2）	1（+2）
合计		121					

注：“+2”是指加附加赛的 2 场比赛。

把各项目各轮的比赛场数安排到每一天，见表 7-26。

表 7-26　　每一天安排的各项目各轮次的比赛场数

项目	第一天	第二天	第三天	第四天	第五天
男单	第一轮（12）	第二轮（8）	第三轮（4）	第四轮（4）	第五轮（3）
女单	第一轮（10）	第二轮（8）	第三轮（4）	第四轮（4）	第五轮（3）
男双	第一轮（8）	第二轮（4）	第三轮（4）	第四轮（3）	

续表7-26

项目	第一天	第二天	第三天	第四天	第五天
女双		第一轮（6）	第二轮（4）	第三轮（4）	第四轮（3）
混双	第一轮（6）	第二轮（8）	第三轮（4）	第四轮（4）	第五轮（3）
合计	36	34	20	19	12

最后再把每天要进行的比赛安排到各场地。

不分节比赛时，要设定好每天比赛的开始时间，按编排的比赛场序连续进行，直至当日比赛全部结束。

（四）羽毛球比赛常用表格

1. 羽毛球团体赛出场名单表（见表7-27）

表7-27　　团体赛出场名单表

组别_______　日期_______　时间_______　场号_______

_______队，服装颜色：（　　）　对　_______队，服装颜色：（　　）

顺序	项目	运动员姓名
1		
2		
3		
4		
5		

队名_______　　教练员签名_______

2. 羽毛球混合团体赛出场名单表（见表7-28）

表7-28　　混合团体赛出场名单表

组别_______　日期_______　时间_______　场号_______

_______队，服装颜色：（　　）　对　_______队，服装颜色：（　　）

顺序	项目	运动员姓名
1	男子单打	
2	女子单打	
3	男子双打	
4	女子双打	
5	混合双打	

队名_______　　教练员签名_______

3. 羽毛球团体赛记分表（见表 7-29）

表 7-29 **团体赛记分表**

阶段	组别（位置号）	日期	时间	场号

______队，服装颜色：（ ）对______队，服务颜色：（ ）

单位 / 姓名 / 项目		队	队	每局比分			每场比赛	裁判员签名
1								
2								
3								
4								
5								

比赛结果______ 获胜队______ 教练员签名______

4. 羽毛球比赛记分表（见表 7-10）

表 7-30 **羽毛球比赛记分表**

项 目：______
比赛号：______
日 期：______
时 间：______

场地号：______
裁判员：______
发球裁判员：______
开始时间：______ 结束时间：______
比赛用时：______
用球数：______

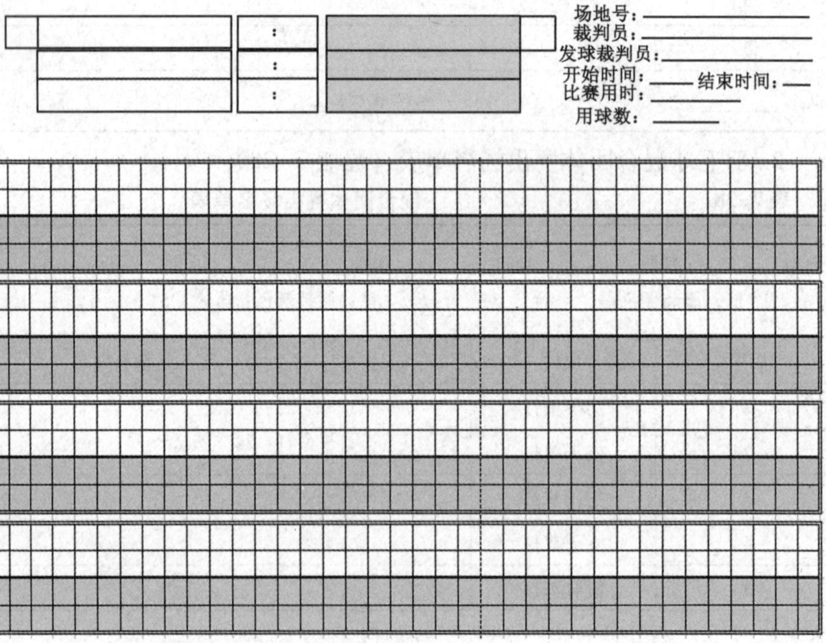

四、网球

（一）网球竞赛方法及编排方法

1. 网球比赛项目的分类

（1）网球运动团体赛

男子团体赛：戴维斯杯；

女子团体赛：联合会杯；

混合团体赛：霍普曼杯。

（2）网球运动单项赛

温布尔登网球锦标赛 Wimbledon Lawn Tennis Championships；

澳大利亚网球公开赛 Australia Open Tennis Championships；

美国网球公开赛 US Open Tennis Championships；

法国网球公开赛 French Open Tennis Championships；

大满贯杯赛 Grand Slam Cup；

世界女子网球协会巡回赛 WTA Tour Championships；

美国女子硬地网球锦标赛 US Women’s Hardcourt Championships；

世界男子职业网球巡回赛 ATP Tour；

梅赛德斯超级九大赛事 Mercedes Super 9 Tournament；

网球名人堂锦标赛 Hall of Fame Championships。

2. 网球的竞赛方法

常用的网球比赛方法有循环制、淘汰制和混合制3种。国际上的网球比赛除戴维斯杯和联合会杯赛为团体赛外，大多数的国际网球赛是单项比赛。由于参赛运动员多、场地少，但又需要在短时间内决出冠亚军，所以多采用单淘汰制。在其他水平的比赛中，可根据比赛的目的、任务、要求、竞赛时间的长短，以及比赛场地、人力、财力等因素来考虑选择何种竞赛方法。

（1）循环制

① 单循环：所有参加比赛的运动员（团体赛为“队”）相互之间都轮流比赛一次，称为单循环赛。

A. 轮数和比赛场数的计算见第六章。

B. 比赛顺序的确定见第六章。

C. 名次确定：

单循环以获胜场数多少排名，若两队（人）获胜场数相等，则按两者之间的胜负关系排定。若三者或三者以上获胜场次相等，则按下列条款依次排定：

a. 该队（人）在本次比赛中全部比赛的获胜盘的百分比；

b. 该队（人）在本次比赛中全部比赛的获胜局的百分比；

c. 该队（人）在本次比赛中全部比赛的获胜分的百分比；

d. 抽签。

② 分组循环：第一阶段分小组进行单循环赛，第二阶段再将各小组的同名次的队（人）以单循环排出全部名次。

（2）淘汰制

① 单淘汰：运动员按照编排好的比赛秩序，由相邻的两名参赛者进行比赛，胜者进入下一轮，负者被淘汰，称为单淘汰赛。一般国际比赛均采用这种竞赛方式。

编排方法：

A. 轮空位安排：

当参加比赛的运动员人数是2，4，8，16，32，64，128时，可分别按其相应的人数进行捉对比赛，若人数不是 2 的乘方时，则第一轮比赛中有选手轮空。

计算方法是：

选择最接近参赛人数且大于参赛人数的 2 的乘方数作为号码位置数，然后用号码位置数减去参加比赛的人数后，所得的数即为轮空数。

如果有 27 名运动员参赛，则选 32 个号码位置数，用 32 减 27 为 5，所以有 5 个号码位是轮空的，与这 5 个号码相遇的选手将为轮空，直接进入第二轮。

轮空的位置安放原则是优先种子选手，没有种子选手的区域通过抽签来决定，若轮空数为单数时，上半区要多放一个轮空位置。

B. 种子确定及安排：

为了确保水平较高的选手不会过早相遇，所以要根据运动员的排名把他们其中相应的人设为种子选手，合理地排入不同的区内，这样使比赛减少了随机性。

具体种子数确定如下：

8 位以下选手设 2 名种子选手；

16 位以下选手设 4 名种子选手；

32 位以下选手设 8 名种子选手；

64 位以下选手设 16 名种子选手；

128 位以下选手设 32 名种子选手；

…………

1 号种子安排在 1 号位，2 号种子安排在最后一位，或 16、32、64、128 位。其他种子两号一抽，先抽进上半区，后抽进下半区。

C. 非种子选手的安排：

将非种子选手编上号，按照除种子和轮空所占位的其他位置的顺序依次抽进。

D. 特殊规定：

在某些比赛时，根据需要，要尽量避免同一单位的选手出现在同一个 1/4 区，所以在安放种子选手和抽进非种子选手时要加以人工控制，这是合理的。

E. 轮数及场数的计算：

轮数为参赛队（人）为 2 的几次方，则为几轮。若 16 人，则为 2 的 4 次方，则有 4 轮。若有 17 人，根据网球竞赛编排不安排抢号的原则，则有 5 轮（第一轮只有一场）。场数=参赛人数-1。

② 双淘汰：是负者出局，但负一场后并未被淘汰，只是跌入负者组，在负者组再为负者时（即负两场）被淘汰。

编排方法：

与单败淘汰类似，只是第一场的负者下场要与同样为负的个人/队对抗。一个个人/队若失败两场则不能进入下一轮。一般要有 2 的几次方数（如 4、8、16）参赛者，以保证每一轮都有偶数名参赛者。最终，按胜场数由高到低排名次，全胜者为冠军，负一场为亚军。

（3）混合制

混合制把整个比赛分成不同的阶段，分别采用单淘汰制和单循环制决出名次。

一般有如下 3 种方式：

① 先循环，后淘汰：第一阶段分组单循环，第二阶段同名次单败淘汰或交叉淘汰。

② 先淘汰，后循环：第一阶段单败淘汰，第二阶段循环赛。

③ 先循环，再循环：第一阶段分组循环，第二阶段同名次循环。

混合制的优点：能够客观反映选手/队的真实实力，又能在短时间内完成比赛。

3. 网球比赛的抽签

（1）抽签人员

参加抽签的人员包括专门负责此项工作的副裁判长或裁判员、各参赛队的代表或个人。

（2）具体抽签步骤

① 确定抽签时间：

国际大型比赛抽签一般在赛前 24 小时内进行，国内小型赛事或业余赛事则在比赛开始前的半小时内进行完毕。

② 准备抽签器具：

抽签器具种类繁多，并无严格规定，但要求器具必须形色统一。

国际上采用的抽签器具是形色完全相同的不透明的塑料圆片，一面是数字，一面是统一的图案。

国内的赛事上，一般用名片卡或扑克牌代替，正面写上号码或名称。

③ 种子选手的确定与排列：

首先要确定种子人数、种子名单。按照国际网联设置，根据目前中国网球协会比赛规程的规定，确定种子应依据前一年同一比赛的名次。

在被批准的比赛中，每 4~8 人有一个种子，但种子最多不得超过 16 人。

如果种子选手不够，则有多少算多少，其他人由抽签来决定其位置，双打时如非原配对，则不得当种子，除非另有明确规定。

④ 轮空位置的设定：

单败淘汰赛中，轮空权首先要给种子选手，若轮空数大于 1，则按种子的顺序，由 1 号种子到最后一个种子依次享受轮空权。

若轮空数多于种子数，则在种子享受轮空后，多余的轮空再被平均分配到各区位上。

⑤ 非种子选手的进位：

非种子通过抽签依次由上而下，进入未被种子和轮空所占据的位置。

⑥ 抽签方法：

根据比赛要求，在抽签前确定好抽签的具体方法。

4. 网球竞赛编排与成绩记录工作

（1）竞赛日程安排

编排和制订竞赛日程时：

① 要考虑到各参赛者竞赛时间、地点的机会均等（例如：白天、晚上；室内、室外等）；

② 要考虑到比赛的密度、强度及休息时间的合理安排；

③ 要考虑到各个项目的交叉和衔接（例如：团体赛和单项赛比赛的安排，及兼项问题）；

④ 要考虑到比赛的精彩程度（各个比赛项目的预赛、决赛的安排要错开）。

（2）竞赛秩序册

竞赛秩序册是组织完成一次竞赛活动的综合性完整文件。它是竞赛的组织者组织管理比赛的依据，也是教练员、运动员、裁判员参加比赛的依据。同时，它既是比赛时间表与项目安排表，又是比赛的成绩册。竞赛秩序册需要在比赛开始前发给参赛者。

（3）成绩记录及成绩公报、公告

对比赛全过程及每个阶段的成绩做出准确的统计和记录，以此作为录取名次、决定比赛结果的依据。同时以便成绩公告和汇编成成绩册。成绩的统计和处理工作一定要快捷、准确。

在比赛结束之后，竞赛部门要将该项比赛的成绩尽快送交给大会竞赛部门，再由大会竞赛部门将成绩汇总，准确、及时地印制、发送当日的成绩公报，使参加竞赛的单位、队员和观众及时了解竞赛的进程和结果，以便进行分析研究与宣传报道。网球比赛计分表见表 7-31。

表 7-31　　网球比赛计分表

组别　　　　场地号：　　　　日期：　　　　挑边：

运动员	单位	获胜	选择
运动员	单位	获胜	选择

平局决胜	发球者	局数	赛制	双打接球方位置	开始时间	局比分
		1				
		2				
		3				
		4				
		5				
		6				
		7				
		8				
		9				
		10				
		11				
		12				

胜方：　　　　比分：　　　　结束时间：　　　　主裁签字：

（4）成绩册

竞赛组织者要对比赛的成绩进行审查核对，确认无误后装订成册，尽快发给各参赛队或者个人。

（二）国内外主要赛事及竞赛方法简介

网球（tennis）是一项优美而剧烈的运动，网球运动的由来和发展可以用四句话来概括：孕育在法国；诞生在英国；开始普及和形成高潮在美国；盛行全世界，被称为世界第二大球类运动。国内外具有代表性的网球赛事包括：网球四大满贯、中国网球公开赛、戴维斯杯赛、联合会杯赛、大师杯系列赛、年终总决赛、全国大学生网球锦标赛、青少年赛事等，各类比赛都有不同的特点和特色，以下是对国内外主要赛事和竞赛方法的介绍。

1. 国际主要赛事及竞赛方法简介

（1）网球四大满贯

网球四大满贯（Grand Slam）是每年最重要的网球赛事，由四项公开赛组成，见表 7-32。

表 7-32　　网球四大满贯赛事简介

名称	简称	举办国家	简介
澳大利亚网球公开赛	澳网	澳大利亚	每年 1 月的最后两个星期举办；在澳大利亚第二大城市墨尔本（硬地）
法国网球公开赛	法网	法国	每年 5 月至 6 月举办；在巴黎（红土）
温布尔登网球锦标赛	温网	英国	每年 6 月至 7 月举办；网球运动最古老和最具声望的赛事；在伦敦（草场）
美国网球公开赛	美网	美国	每年 8 月底至 9 月初举办；在纽约（硬地）

网球四大满贯都可以分为男子单打、男子双打、女子单打、女子双打和混双比赛。其中男子比赛为五局三胜制、女子则为三局两胜制，赛制为单淘汰制，分为第一轮、第二轮、第三轮、1/8 决赛、1/4 决赛、半决赛、决赛。大满贯的单打比赛有 128 个签位，其中 104 个是按照报名选手名单，取名单中世界排名靠前的 104 位选手直接晋级正赛第一轮；16 个是报名名单中没有进入靠前 104 位的选手通过资格赛（在正赛前一周进行），通过 3 轮比赛角逐参加正赛资格；还有 8 个名额是通过赛事组委会发放的外卡。并且大满贯均采用的是积分制，累计积分最高者获得冠军。

（2）奥林匹克运动会网球比赛

奥运会网球比赛采用淘汰制，输一场就彻底被淘汰。男子比赛除了决赛，所有比赛采用三盘两胜制；而女子的所有比赛均为三盘两胜。

网球在首届奥林匹克运动会举办时即被列为比赛项目，但 1928—1984 年一度被排除在正式项目外，直到 1988 年的韩国汉城奥运会才恢复成为奥运会正式比赛项目。运动员/各奥委会名额分配（2008 年奥运会为例）：运动员名额总计 192 名，各奥委会选手的最多人数为男子 6 名，女子 6 名，其中最多 4 名男子和 4 名女子选手参加单打项目，以及最多 2 对双打选手可以参加双打项目。单打项目由 64 名选手组成，各奥委会最多有 4 名选手。双打项目将由 32 对选手组成，每对选手中的任何一名选手必须来自同一国家（地区），并且各奥委会最多有 2 对选手。

2. 国内主要赛事及竞赛方法简介

（1）业余赛事

① 全国业余网球俱乐部联赛：

中国业余网球俱乐部联赛，是中国网球协会倾力打造的一项规模最大、级别最高、体系最为全面的全新业余网球团体赛事。联赛采用赛会制，由分站赛和总决赛构成，各组别比赛均分两个阶段，第一个阶段为分组循环赛，第二阶段为淘汰赛。

② 中国业余网球公开赛：

中国业余网球公开赛始于 2004 年“王子杯”中国业余网球公开大奖赛，是中国网球协会为推动群众性网球健身活动的普及和提高、倡导全民健身而鼎力打造的全国性业余网球赛事。2004年至2009年，先后在26个城市举办了55站赛事，以经典的赛制、严密的组织、文明健康的形象、丰富多彩的活动，受到了全国各地业余网球爱好者的欢迎，得到社会各界的赞誉，树立了良好的业余网球赛事品牌形象。

中国业余网球公开赛设男单、女单、男双、女双、混双5个项目，其中单打项目不分年龄组，双打项目分青年（17—40岁）和常青（40岁以上）两个年龄组。比赛第一阶段为公开赛，采用分组循环比赛办法；第二阶段为精英赛，采用单淘汰赛的比赛办法。

③ 中国大城市业余网球团体赛：

竞赛方法介绍：

比赛分两个阶段进行：第一阶段采用分组单循环赛制；第二阶段采用同名次单淘汰附加赛，决出全部名次。团体赛采用七场四胜制（第一阶段必须打满7场）。每场采用8局（如遇雨改为6局）决胜制和平局决胜制。

循环赛决定名次的办法：循环赛按获胜次数多少决定名次；如两队获胜次数相等，按两队相互比赛的胜负决定名次；若三队或三队以上获胜次数相等，则按在同一小组中净胜场数多少决定名次；再相等，则按净胜局数决定名次；仍相等，则按净胜分数决定名次；再相等，由组委会组织抽签决定。在同一轮次判定名次中，还剩两队，则仍按其胜负关系决定顺序。

④ 全国大学生网球锦标赛和全国大学生网球联赛：

全国大学生网球锦标赛暨全国高校“校长杯”网球赛（简称“大网赛”），是由中国体育协会举办、高校承办的一项全国性网球赛事。比赛分学生组和“校长杯”两个组别。学生组分为甲组、乙组和丙组，甲组为未享受高考体育加分的本科生，乙组是享受体育加分的本科生，而丙组是现役或退役运动员。比赛设有男子单打、女子单打、男子双打、女子双打、男子团体、女子团体比赛，参赛运动员通常是在校大学生。“校长杯”的参赛选手主要是各高校领导网球爱好者。

比赛采用循环赛和淘汰赛相结合的竞赛方法，赛事包括分区赛和总决赛两个阶段。根据赛事需要，将全国范围内的参赛高校划分为华东、华南、华西、华北、华中、西南、西北、东北共8个赛区，其中华东、华南、华西、华北四个赛区设有甲乙丙三个组别，其他四个赛区只有甲丙两个组别。其中，甲丙组团体赛第一阶段采用分组单循环比赛，必须打满三场，第二阶段则为交叉淘汰赛，采用一盘六局平局决胜制，按获胜次数多少决定比赛名次；乙组单项赛制均采用淘汰赛制。

（2）专业赛事

① 全运会和城运会等综合运动会的网球赛：

全运会网球赛是中华人民共和国运动会的比赛项目之一。城运会网球比赛是城运会比赛项目之一，两种运动会的竞赛方法大同小异，详细竞赛方法如下。

A. 团体赛：

每个团体由两个单打和一个双打组成。出场顺序为：第一单打、第二单打和双打。每个团体至少要有三人以上参加，两个单打必须由两名队员出场参赛，并只允许两名单打参赛者的其中一名兼任双打。

团体预赛分两个阶段，第一阶段：全部参赛队分4个组进行单循环赛，每个团体必须打满三场比赛；第二阶段：取得第一阶段各组前四名的队，分A、B两组进行淘汰附加赛，赢得两场单打比赛即为获胜队，不再进行双打比赛。第一阶段各组前两名参加（A

组）决定1~8名的比赛，第三、四名参加（B组）决定9~16名的比赛。团体决赛分两个阶段，第一阶段分4个组进行单循环赛；第二阶段各组前两名进行淘汰附加赛，排出全部名次。

B. 单项赛赛制：

单项赛的预、决赛采用单淘汰附加赛的办法，均采用三盘两胜和平局决胜制。预赛男、女单打取前28名，男、女双打和混合双打取前14名参加决赛，并排出单打前40名，双打、混合双打前24名全部名次。决赛男、女单打各有4张外卡，男、女双打和混合双打各有2张外卡，外卡的使用由国家体育总局指定，如果没有指定外卡人员，则按预赛名次依次递补。取得决赛资格的运动员未报名参加决赛，则按预赛名次顺序，依次替补缺额。已报名参加决赛因故退出比赛的运动员，须将单位有效证明于抽签开始前2天报国家体育总局网球运动管理中心，逾期不予以办理退出和替补事宜。单项比赛，任何人不得对比赛运动员进行指导。

② 全国网球团体锦标赛、全国网球大奖赛等专业赛事：

全国网球团体锦标赛，由中国网球协会主办，中原网球训练基地管理中心承办。本项赛事每场团体赛由两场单打和一场双打组成，整个赛事分为分组单循环和单淘汰赛两个阶段进行。

中国网球大奖赛是由中国网球协会主办的国内网坛最高级别赛事。赛事创办于2006年，是中国网坛的年度收官之战。赛事自创办之日起，一直致力于打造“中国人自己的网球赛事”，经过近年来的不断发展，赛事已经朝着打造“全球华人的网球盛会”的方向而发展。办赛之余，组委会以举办内容丰富的推广活动和公益活动的形式，普及网球知识，大力推广网球运动。组织运动员参与青少年网球培训和社会公益活动已经成为了赛事的一项传统，这一系列推广及公益活动也已经成为了中国网球大奖赛的标志。运动员通过参加这样的活动提高自身的社会责任感并树立良好的社会公益形象，球迷则通过这个平台与心目中的球星近距离接触，使得大奖赛的品牌更加深入人心。

第三节　评分类项目竞赛组织方法及应用

评分类项目包括基本体操、竞技体操、艺术体操、健美操、武术和体育舞蹈等项目。本节仅介绍健美操和武术的竞赛组织和编排方法。

一、健美操

组织健美操比赛是一项复杂而细致的工作，组织工作的好坏直接影响健美操比赛的质量。在准备进行比赛的最初阶段，主办单位应成立一个筹备小组筹备有关比赛的工作，使各项工作按预定的计划进行。健美操比赛的组织工作应按制订比赛规程、成立组织机构、编排比赛日程、组织裁判学习、准备比赛场地的程序进行。

（一）竞赛的种类

健美操竞赛可分为健身性健美操竞赛和竞技性健美操竞赛两大类。

健身性健美操比赛以“锻炼身体、推动群众性运动及提高社会参与性”为目的，因此，技术要求较低，比赛操作简单，一般省、市和基层单位均可组织比赛。

竞技性健美操比赛以“夺标和提高技术水平”为目的，因此，比赛要求参赛者必须具备一定的身体素质和专项技术水平，参赛人数和年龄受到一定限制，并严格执行竞赛规则。比赛项目有男子单人、女子单人、混合双人、三人和集体五人、有氧舞蹈、有氧踏板等项目。

（二）竞赛的内容

健美操竞赛的内容有规定动作竞赛和自编动作竞赛。

规定动作比赛是主办单位根据比赛目的、任务、参赛对象层次以及不具备创编和评审条件等因素而特意在赛前创编好的成套动作，作为参赛队共同的比赛套路。

自编动作比赛是参赛单位按照赛前下发的竞赛规程和特定的竞赛规则要求，进行不同项目的自编动作比赛，每个项目都有严格的评分规则。

（三）健美操比赛的组织编排方法

运动员报名截止后，由竞赛组负责组织进行预赛和决赛的抽签与编排工作，主办单位有关负责人应监督该项工作的执行。

1. 健美操竞赛编排原则

符合规则的有关要求，有利于运动员出成绩，如预赛和决赛之间让运动员有稍加调节和准备的时间，为方便观众观看，比赛时间最好安排在节假日举行等，是编排竞赛的原则。

根据健美操比赛的规模和参加的人数一般安排一天或两天。若安排一天，则上午安排预赛，下午安排决赛和闭幕式。如果安排两天，则第一天安排预赛，第二天安排决赛和闭幕式。

各队参加比赛的具体日期、时间、场次及出场顺序用抽签方法决定。抽签时一般有总记录长、总裁判长参加，由各单位领队或教练员或裁判委员会代行抽签。

预赛结束后，进入决赛的队在赛前再次进行抽签，决定出场顺序。

2. 健美操比赛的抽签

抽签由各参赛队领队或教练员在仲裁委员会或竞赛部门监督下进行，目前，一般大型比赛人数较多，均由电脑随机排序，即为出场顺序。

3. 健美操比赛的场次安排

健美操比赛要根据竞赛规模的大小、参赛队的多少及竞赛时间的限定，科学合理地安排比赛场次。

预赛与决赛必须分开进行，期间应考虑到有利于运动员体力的恢复，以便提高竞赛效果。比赛时间一般有上午、下午和晚上三个单元可供选择和安排。

4. 健美操竞赛项目顺序安排

健美操比赛中，项目的顺序安排没有统一的规定，竞赛部门可根据比赛的具体情况合理安排。

二、武术套路

（一）武术套路比赛的分类

武术套路比赛有：个人赛、团体赛。

按年龄可分为：成年赛、青少年赛和儿童赛；按性别可分为男子赛和女子赛；按比赛成绩可分为冠军赛、锦标赛和青少年比赛。

（二）武术套路比赛的项目

① 拳术：长拳、南拳、太极拳、其他拳术。

② 器械：剑术、刀术、棍术、枪术、其他器械。

③ 对练项目：徒手对练、器械对练、徒手和器械对练。

④ 集体项目。

（三）武术套路比赛的组织编排

1. 运动员的资格审查相关信息的统计

首先是审查各单位上交的报名信息，审查报名信息有无差错和运动员的报名资格；其次是统计各队参加比赛的人数（男、女分别统计）以及各项目参加比赛的人数（男、女分别统计）。如发现与竞赛规程不符或有不清楚的情况，应及时与有关单位的负责人联系，及时解决，参加编排的人员未经参赛单位的允许不得自行解决；最后是编排运动员的比赛号码，通常是使用各报名单位缩写字头。见表 7-33。

表 7-33　　武术比赛报名表

单位：××××　　领队：

号码	姓名	性别	组别	项目			
				拳术项目	器械项目	对练项目	集体项目

2. 计算竞赛时间和场次

（1）确定竞赛总时间

将参赛运动员所报的各类项目的总数与该项目单项竞赛所需的时间相乘即为所有比赛项目所需的竞赛时间。每名运动员的每个项目的竞赛时间，应包括运动员进场、演练、裁判评分和退场的时间。

长拳类、南拳类及器械项目约需 3 分，太极拳约需 5 分。如运动员报的拳术项目总数为 60 项，器械 80 项，对练 35 项，太极拳 30 项。那么，所有运动项目所需的竞赛时间应是项目数乘上一项时间，然后计算出整个比赛的总分钟数，也就是 60+80+35=175，175×3=525，太极拳是 30 项，30×5=150 分，用 525+150=675 分，即为总的比赛时间。

（2）确定竞赛场次

将所有项目所需的竞赛时间，平均分到规程所规定的竞赛天数中，得出每天应完成项目的竞赛时间。如规程确定 3 天比赛结束，则每天的项目竞赛时间为所用总时间 675 分除以 3 天为 225（分）。

每天的项目竞赛时间确定后，根据每场实际工作时间计算出每天的竞赛场次，并按场地设置情况安排每天的竞赛场次，把各竞赛项目合理地分布到每一个场次和场地中。武术套路比赛一般每场实际工作时间 3~3.5 小时。因此，每天比赛应安排 2 个场次。

3. 竞赛分组和制定竞赛日程表

竞赛时间和场次确定后，将各类项目进行编组，再均分到各场次中去。如拳术 60 项，共 180 分钟，可分在 2 天的 2 场次中各完成一半。再如拳术项目中自选拳术 40 项，其他拳术 20 项，那么，也可将 40 项自选拳术分为 2 个场次完成，将 20 项其他拳术安排在另一场次中完成。各大项目编排确定后，进一步进行各项目分组。如男子自选拳术有 80 人参加比赛，一般 10 人一组（太极拳类每组 5~6 人），分成 8 组（每组比赛时间约 30 分钟）。分组时写明项目、组次和人数。全部比赛项目分成多少组，就列为几项，如有的项目报名者少，可以将同类性质的比赛合并为一组。全部项目编排好以后，编排人员据此制订竞赛日程表（见表 7-34）。

表 7-34　　武术比赛日程表

8 月 10 日上午		8 月 10 日下午	
第一号场地	第二号场地	第一号场地	第二号场地
拳术	器械	拳术	对练
8 月 11 日上午		8 月 11 日下午	
第一号场地	第二号场地	第一号场地	第二号场地
器械	对练	集体项目	集体项目

4. 竞赛的编排原则

在一场比赛中，一个运动员最好只安排 1 个项目，如果在赛期短、项目多的情况下，有的运动员一场必须参加 2 个项目比赛时，应当间隔编排，以防止运动员过度疲劳。同一单位的运动员应尽量分散到各组中去。每个项目应采用抽签的办法决定各小组内运动员的比赛顺序。抽签可在技术代表或总裁判长的监督下，由编排人员进行抽签。也可以在赛前规定的时间，由各队教练、运动员临时抽签排定顺序。同一项目的比赛应尽量集中在一起比完，若参赛人数多，也应注意安排在第二天同一时间、场地进行，中间不宜间隔，力求在同等条件下进行。每一项比赛的第一出场者，力求分散到不同的队中，抽签之前应确定好第一出场，每队的最多次数力求均等，若是多次，应有相应的调整办法。竞赛中竞赛时间须大体相同，每场竞赛中所进行的 2 个场地的竞赛时间也应大体相同。男女运动员尽可能安排在固定的场地进行所有项目的比赛；也可以将不同的项目固定在不同的场地上进行。

5. 竞赛的编排记录工作

编排记录裁判员应在赛前准备好裁判员评分表和记录表并送交各裁判组。比赛中，应按时收回记录表并及时登记录取名次成绩表，予以公布。比赛结束后，应编制成绩册，公布全部比赛成绩。临场记分员应在记录表上填写各裁判员的评分与裁判长的扣分，并计算填写运动员的最后得分。见表 7-35。

表 7-35　　武术竞赛评分表

<table>
<tr><th rowspan="3">序号</th><th rowspan="3">姓名</th><th rowspan="3">单位</th><th rowspan="3">年龄组别</th><th rowspan="3">完成时间</th><th colspan="5">动作质量分</th><th colspan="5">演练水平分</th><th colspan="5">难度评分</th><th rowspan="3">裁判长评分</th><th rowspan="3">最后得分</th></tr>
<tr><th colspan="3">A 组裁判员</th><th rowspan="2">第一副裁</th><th rowspan="2">应得分</th><th colspan="3">B 组裁判员</th><th rowspan="2">裁判长</th><th rowspan="2">应得分</th><th colspan="3">C 组裁判员</th><th rowspan="2">第二副裁</th><th rowspan="2">应得分</th></tr>
<tr><th>2</th><th>5</th><th>8</th><th>1</th><th>4</th><th>7</th><th>3</th><th>6</th><th>9</th></tr>
<tr><td></td><td></td><td></td><td></td><td></td><td></td><td></td><td></td><td></td><td></td><td></td><td></td><td></td><td></td><td></td><td></td><td></td><td></td><td></td><td></td><td></td><td></td></tr>
<tr><td></td><td></td><td></td><td></td><td></td><td></td><td></td><td></td><td></td><td></td><td></td><td></td><td></td><td></td><td></td><td></td><td></td><td></td><td></td><td></td><td></td><td></td></tr>
<tr><td></td><td></td><td></td><td></td><td></td><td></td><td></td><td></td><td></td><td></td><td></td><td></td><td></td><td></td><td></td><td></td><td></td><td></td><td></td><td></td><td></td><td></td></tr>
</table>

6. 排定名次的方法

个人单项名次：得分最多者为该单项第一名，次多者为第二名，以此类推。如在一次比赛中有预、决赛，则以预、决赛得分总和最多者为该项的第一名，次优者为第二名，以此类推。

个人全能名次：按各单项得分总和的多少进行评定，得分最多者为全能第一名，次多者为第二名，以此类推。

集体项目名次：得分最多者为该项的第一名，次多者为第二名，以此类推。

团体名次：根据竞赛规程关于团体名次的确定办法进行评定。个人单项（含对练）得分相同时，按下列顺序决定名次：各套路中有创新难度动作者，名次列前；动作完成分与演练水平分的低无效分之和高者名次列前；动作完成分与演练水平分的高无效分之和低者名次列前；演练水平分中有效分的平均值高者名次列前；如仍然相同，名次并列。

比赛中如设器械小全能比赛，若刀、棍或剑、枪两项得分之和相同时，则按以下办法处理：以比赛中该两项的名次获第一名多者名次列前；如仍相同，则以获第二名多者名次列前，以此类推；如仍相同，以全能两个分数中的高分者名次列前；如还相同，将高分用单项得分相等的处理办法决定名次。如仍相同，名次并列。

个人全能得分相同时，以比赛中获单项第一名多者名次列前；如仍相同，则以获第二名多者名次列前，以此类推；如获得所有名次均相同，则名次并列。

集体项目得分相同时，名次并列。团体总分相同时，以全队获得单项第一名多者名次列前；如仍相同，则以获得第二名多者名次列前，以此类推；如获得单项名次均相同，则名次并列。

第四节　制胜类项目竞赛方法及应用

制胜类比赛项目包括跆拳道、武术散打、柔道、摔跤等运动项目。本节主要介绍跆拳道和武术散打的竞赛组织及编排方法。

一、跆拳道

跆拳道，是现代奥运会正式比赛项目之一，是一种主要使用手及脚进行格斗或对抗的运动。跆拳道起源于朝鲜半岛，早期是由朝鲜三国时代的跆跟、花郎道演化而来的，是韩国民间流行的一项技击术。“跆拳道”一词，是1955年由韩国的崔泓熙将军命名。崔泓熙将军早年在留学日本时，学习了日本松涛馆流空手道，并将其与韩国传统武技跆跟、手搏等技术相融合，形成跆拳道。

（一）跆拳道的分类

现代跆拳道主要分为品势、竞技和特技三类。

1. 品势（又称型）

品势是指练习者以技击为主要内容，通过攻守进退的动作编排，达到强身健体、培养意志的一种练习形式。它与中国武术中所说的套路相似，即将一定数量的动作编排起来，形成固定模式的套路。

2. 竞技

竞技跆拳道是指按照奥运会项目竞赛的价值观，所建立起来的竞赛理论和实践体系。

竞技是指双方练习者按照一定的规则，通过使用各种跆拳道技术以战胜对方为目的的一种竞赛活动。它要求练习者所使用的动作要实用、有效，因为只有这样，才能在激烈对抗的比赛中战胜对手。竞技跆拳道中经常能战胜对手的得点率比较高的动作大致有 8~10 种，动作虽然不多，但实用，另一方面也容易掌握。

3. 特技

特技跟实战是有所差别的，较实战比，特技更注重的是观赏和表演性。跆拳道根据级别的不同，每个阶段的特技难度也不同。跆拳道特技的精彩取决于弹跳、柔韧、动作的标准熟练程度，因为这些动作不是偶尔做出来的，也没有任何虚假成分，全部都是真功夫。

（二）跆拳道比赛的级别

1. 跆拳道比赛按体重分为男、女级别进行（见表 7-36）

表 7-36　跆拳道比赛男、女级别

级别	男子	女子
Fin（鳍量级）	54 千克及以下	47 千克及以下
Fly（蝇量级）	>54~58 千克	>47~51 千克
Bantam（雏量级）	>58~62 千克	>51~55 千克
Feather（羽量级）	>62~67 千克	>55~59 千克
Glight（轻量级）	>67~72 千克	>59~63 千克
Welter（次中量级）	>72~78 千克	>63~67 千克
Middle（中量级）	>78~84 千克	>67~72 千克
Heavy（重量级）	84 千克以上	72 千克以上

2. 奥运项目

（1）男子

- 跆拳道男子 58 千克以下级
- 跆拳道男子 68 千克级
- 跆拳道男子 80 千克级
- 跆拳道男子 80 千克以上级

（2）女子

- 跆拳道女子 49 千克以下级
- 跆拳道女子 57 千克级
- 跆拳道女子 67 千克级
- 跆拳道女子 67 千克以上级

（三）跆拳道比赛的类型

1. 比赛的类型

跆拳道比赛有个人赛和团体赛两种。

个人赛是按个人体重级别在个人之间进行比赛，必要时可把相邻两个级别合并后进行比赛。团体赛有 3 种赛制，分为 4 人制、5 人制、8 人制。

2. 跆拳道比赛项目

跆拳道比赛项目包括：特尔、对打、击破、特技。

（四）跆拳道比赛的组织编排

1. 比赛程序

（1）个人赛

比赛前双方相向站立，听到主裁判员发出“立正”和“敬礼”的口令时互相敬礼。要求自然立正，双手握拳置于身体两侧，腰部前屈不小于30°，头部前屈不少于45°；

主裁判员发出“准备”“开始”口令开始比赛，主裁判员发出“停”口令结束比赛；

最后一局结束后，运动员相向站在各自指定位置，主裁判员发出“立正”和“敬礼”的口令时互相敬礼，之后等待主裁判员宣布判定；

主裁判员举起自己的一侧手臂，宣布同侧方运动员获胜；

运动员退场。

（2）团体赛：

团体赛有3种赛制，分为4人制、5人制和8人制。按体重级别进行5人制团体赛，级别如下：男子54千克及以下（女子47千克及以下）、男子>54~63千克级（女子>47~54千克级）、男子>63~73千克级（女子>54~61千克级）、男子>73~82千克级（女子>61~68千克级）、男子80千克以上级（女子68千克以上级）；按体重级别进行8人制团体赛时，按正式的8个体重级别，每级别一人进行团体比赛；按体重级别进行4人制团体赛时，将8个正式体重级别中相邻的两个级别合并，形成4个级别，每级别一人进行比赛。

两个参赛队的所有运动员在运动员位置相向站立，按界线方向顺序排列；

首先比赛的运动员和一名教练员进入比赛场地指定位置。其他队员到比赛场地外各自指定位置等待，按顺序上场与对手对战；

比赛全部结束后，双方队员进场相向列队站立；主裁判员举起自己的一侧手臂，宣布同侧方参赛队获胜。

2. 编排方法

跆拳道比赛采用单淘汰、单败复活赛和循环赛等赛制。奥运会的跆拳道比赛只有个人赛，没有团体赛。中国跆协主办的全国性比赛至少有4个队参加，每个级别至少有4名运动员参加比赛，不足4名运动员的级别不计比赛成绩。

单败复活赛是先将所有运动员分为A、B两大区进行单淘汰赛，A、B区的第一名争夺该级别的冠军，然后先后输给A、B区第一名的运动员再进行复活赛，以确定第三名以后的名次。如：悉尼奥运会中的跆拳道比赛进行单淘汰赛直至最终的冠亚军决赛，所有负于两位决赛者的选手均有另一个机会进行次级比赛而决出铜牌。两位半决赛的负者直接进入次级比赛，所有负于两位决赛者的其他选手在其原所在组进行单淘汰赛，两位优胜者获得余下的2个半决赛席位。每一组的优胜者与另一组的半决赛的负者进行交叉半决赛，两位胜者争夺铜牌。

3. 注意事项

每场比赛为3局，每局比赛男子3分钟、女子2分钟，局间休息1分钟；青少年比赛时间可根据情况适当调整。不论参赛人数多少，同一级别的所有比赛原则上应在一天内结束。

抽签在比赛开始的前一天按体重级别由小到大的顺序进行，各参赛队可派代表参加；

未出席抽签的队由组委会指定人员代抽；通过召开参赛队联席会可变更抽签顺序。

称量体重时间由比赛组委会决定，包括比赛前 1 天全部级别一次性称重完毕和各级别在比赛当日的前一天称重两种方式。称重时，男运动员着内裤，女运动员着内裤、胸罩，如运动员要求，也允许裸称体重；称重一次完成，但第一次称重不合格时，在规定时间内可有一次补称机会。

一场比赛开始前 3 分钟点名 3 次，比赛开始后 1 分钟仍未到场者，按自动弃权论。点名后，运动员必须接受身体、服装和护具检查，不得携带任何可能给对方运动员造成伤害的物品。

检查合格后，运动员和 1 名教练员入场进入比赛场地指定位置。比赛开始和结束按规定的程序进行。

（五）跆拳道比赛排定名次的方法

① 跆拳道比赛的得分规定：凡准确有力击中有效得分部位的技术，不是犯规的动作击倒对方时，均得 1 分，得分次数累计。比赛结束，双方成绩以 3 局累计总得分多者为胜方，如果得分相同，以积极进攻者为胜方。

② 因扣分出现平分时，3 局比赛中得分者或得分多者获胜。

③ 三局比赛结束，双方出现绝对平分时，加赛一局，采取“突然死亡法”（先得分的一方获胜），如果加赛局仍然打平，则进行优势判定。

④ 优势判定时，当场比赛所有裁判员根据比赛情况判定优胜者获胜。如果 3 名边裁判员的决定是 2∶1，主裁判员将自行决定获胜方。

⑤ 优势的判定是依据比赛中表现出的主动性。

二、武术散打

武术散打比赛是运动员双方按照比赛的规则，采用踢、打、摔等方法，直接进行身体对抗、相互击打，最后依据运动员获得点数的多少确定名次的一种竞赛方法。

1. 武术散打比赛的分类与分级

（1）武术散打比赛的分类

武术散打比赛包括个人赛、团体赛。散打比赛一般采用分级循环赛制、单败淘汰赛制和双败淘汰赛制，以采用单败淘汰赛制为多。

（2）武术散打比赛的分级

① 48 千克级：≤48 千克；

② 52 千克级：>48~52 千克；

③ 56 千克级：>52~56 千克；

④ 60 千克级：>56~60 千克；

⑤ 65 千克级：>60~65 千克；

⑥ 70 千克级：>65~70 千克；

⑦ 75 千克级：>70~75 千克；

⑧ 80 千克级：>75~80 千克；

⑨ 85 千克级：>80~85 千克；

⑩ 85 千克以上级：>85 千克。

2. 武术散打比赛的组织编排

① 武术散打比赛的前期工作与武术套路比赛的前期工作相同。

② 种子选手的选定。种子的选定是将前一次全国锦标赛或冠军赛取得名次的运动员确定为种子，根据成绩排出种子顺序。变动级别的运动员不能确定为种子选手。种子选手不再抽签，编排时根据种子的顺序号在轮次表中找到相应号码的位置，即种子的位置。组织运动员抽签到位；制订比赛轮次表（单淘汰赛加附加赛秩序表）。轮次表要标明运动员序号、比赛时间、比赛场地以及轮空的序号。

③ 制订竞赛日程表。见表 7-37。日程表制订原则与武术套路相同。

表 7-37　　　　竞赛日程表

时间			级别	轮次	场数		备注
日	上午						
	晚上						
日	上午						
	晚上						

3. 武术散打比赛编排时的注意事项

以竞赛规程、报名表和大会的总时间为依据，将参赛的总队数以及各个级别较均匀地列入竞赛的总场次里。同一级别、同一轮次的比赛应在同一单元进行，条件要均等；每场比赛的对数一般安排 15 对至 20 对。每天竞赛场次一般安排 2 场，分别在上午和晚上，一名运动员一天最多安排 2 次赛。

在同一场次中应安排不同级别的“对”比赛；同一单元的比赛由体重轻的级别开始。抽签应先由体重轻的级别开始。如规程允许，同一单位、同一级别的运动员在第一轮的比赛中相遇时，可以安排该级别重新抽签。

4. 编排记录工作

编排组在比赛前将临场裁判记分表、成绩记录表及该场次各级别比赛顺序表，送交裁判组，并设立成绩公告栏。记录员依据每场比赛顺序填写临场记分表的有关栏目。比赛之时，按得分标准记录运动员得分及犯规次数。在每局比赛结束后，将裁判员所出示的胜方或平局的色别牌数，以及双方犯规的次数填入记录表。一场比赛结束后应注明获胜者的姓名，并将记录表交裁判长签字确认。

第五节　测量类项目竞赛的编排方法

一、田径竞赛的编排方法

田径运动竞赛的编排工作是田径竞赛工作的重要组成部分，其工作质量直接影响到比赛是否能有秩序地顺利进行，同时也直接影响到运动员竞技水平的发挥。

编排工作一般包括三个部分：一是赛前编排比赛日程，根据比赛的规模和性质，提前一定时间编排出比赛日程，向各参赛单位公布；二是比赛期间的临场编排记录公告工作；三是赛后的成绩统计和整理工作。

田径比赛的特点是竞赛项目多、参赛运动员人数多、比赛赛次多、信息量大。为此，在编排工作中应抓住以下重点：编排竞赛日程、竞赛分组、总秩序册，做到临场后继赛次的编排合理、准确、迅速。随着田径运动水平的不断提高、竞赛规则的变化，以及计算机在编排工作中的应用，编排工作也不断地改进和发展。

（一）编排前的准备工作

编排前的准备工作，概括起来有以下几个方面。

① 学习竞赛规程及《田径竞赛规则》，了解比赛内容、形式、参赛人数、比赛时间、比赛场地等一些具体情况；

② 准备有关用具，绘印各种比赛用表；

③ 根据竞赛规程审查报名单；

④ 编写运动员的号码、姓名对照表，审核后按报名顺序排列；

⑤ 做好统计工作，如各队参赛人数、各项目参加人数、运动员兼项情况等；

⑥ 了解场地、器材设备等情况（国际比赛至迟提前两年公布各种比赛器材的规格）、裁判员的人数及裁判水平；

⑦ 根据比赛天数、作息时间，以每半天为一个比赛单元，除去开、闭幕式所用时间，计算出有多少小时可供比赛使用；

⑧ 根据各阶段的任务，提出工作要点，制订完整的工作计划、阶段工作流程，进行具体分工。

（二）编排竞赛日程

编排竞赛日程工作，分为赛前、临赛前和赛中三个阶段。

田径运动会竞赛日程的编排和确定，受诸多因素的制约。主要包括会期天数、场地条件、参赛人数、项目设置、裁判员人数及水平等。由于各级各类田径运动会的上述制约因素不同，在确定竞赛日程时，也就不可能有一个固定的模式。因此，毫不夸张地说，编排田径运动会竞赛日程，其工作的复杂性、多变性，是所有运动项目不可与之相比的。

竞赛日程的评估标准有其合理性，它是编排原则与实际情况相结合的具体体现。一个合理的田径运动会竞赛日程，具有两个重要意义：首先，它能保证田径运动会有条不紊地进行，圆满完成竞赛任务；其次，它能提供一个最佳的比赛时空，恰如其分地安排竞赛期间同项目赛次的间隔时间和兼项关系，使运动员有劳有逸，在全部参赛项目中都能创造出最佳成绩。

在田径运动竞赛中，无论是径赛运动员，还是田赛运动员，都面临着两个矛盾：一是同一项目的不同赛次的安排问题（如 100 米跑的预、次、复赛和决赛；跳高的及格赛和决赛）；二是兼项之间的安排问题（如 800 米跑兼 1500 米跑；100 米跑兼跳远）。

1. 竞赛日程的编排原则

针对田径运动竞赛参赛者的特点，一个合理的竞赛日程应该符合以下编排原则。

① 按照田径竞赛规则的规定，编排时注意同一项目各赛次之间、全能比赛各项目之间的休息时间，应保证至少按最低标准留出休息时间。各项比赛任一赛次的最后一组和后继赛次或决赛的第一组之间，最短间隔时间为：

200 米跑及 200 米跑以下（含 100 米跑和 200 米跑、100 米栏、110 米栏、4×100 米接力跑），各项为 45 分钟。

200 米跑以上至 1000 米跑（含 400 米跑、800 米跑、400 米栏、4×400 米接力跑），各项为 90 分钟。

1000 米以上（含 1500 米跑、3000 米跑、5000 米跑、10000 米跑、3000 米障碍跑），各项不在同一天举行。马拉松跑及各项竞走，通常都是一次赛（即只有决赛），不在此限制之列。

全能比赛各单项之间为 30 分钟，如有可能，第一天的最后一项与第二天的第一项之间为 10 小时。

如有可能，举行田赛及格赛后隔一天再进行正式比赛。

② 按兼项的一般规律将相关项目分开编排，以减少兼项冲突。田径运动的兼项规律，是由各项目之间比较相似的动作结构（如跳远和三级跳远）、供能特点（如短跑属无氧代谢，长跑属有氧代谢）和身体素质（如投掷项目以速度力量为主，长跑以耐力为主）诸方面因素决定的。合理处理兼项问题，就是将同类项目中的不同单项（如短跑类中的 100 米跑和 200 米跑；400 米跑和 400 米栏；5000 米跑和 3000 米障碍跑；100 米跑和 4×100 米接力跑），分开编排，避免兼项冲突，为运动员提供一个较为合理的比赛时空。

经常出现的合理兼项有 100 米兼 200 米；100 米兼跳远；200 米兼 400 米；跳高兼三级跳远；400 米兼 800 米；800 米兼 1500 米；400 米兼 400 米栏；1500 米兼 3000 米；5000 米兼 3000 米障碍或 10000 米；100 米兼 4×100 米接力；400 米兼 4×400 米接力；推铅球兼掷铁饼等。

③ 某些性质相近的项目，编排时要注意先后顺序。如先 100 米后 200 米，先 5000 米后 10000 米，先跳远后三级跳远，先铅球后铁饼。

④ 在条件允许的情况下，尽量延长兼项之间的时间间隔。

⑤ 不同组别的同一径赛项目，例如男子组的 100 米和女子组的 100 米，最好衔接起来进行，以便于起点的裁判工作和场地器材的布置。

⑥ 如果短距离径赛项目赛次较少，最好安排在一天结束。

⑦ 不同组别的同一田赛项目，一般不安排在同一单元内进行。

⑧ 跨栏跑因在摆、撤栏架时需要较长的时间，因此它最合理的安放位置有三：第一，

中长跑或竞走项目之后（在中长跑或竞走的比赛出发后，即可安放 3~8 道的栏架，因为中长跑或竞走的比赛最多只用 1~2 条跑道）；第二，最后一项；第三，一个单元的第一项如安排 100 米栏或 110 米栏时，应考虑结合女子七项全能或男子十项全能，把全能的跨栏项目排在最前面。不同项目的跨栏比赛，不宜排列在一起进行，以免在改变栏高、栏间距离时浪费时间。

⑨ 将决赛项目分配到各比赛单元进行，并尽量安排在下午，大型赛事安排在晚上，还应留出发奖时间。

⑩ 编排田赛项目时应注意全场的布局，防止场地一端过分集中，另一端空场而冷落观众，在同一时间不宜安排两个田赛长投项目。

⑪ 在举行场地竞走和长距离跑比赛时，最好不安排与其有场地冲突的田赛项目，如跳高、掷标枪等。

⑫ 撑竿跳高比赛的时间较长，最好安排在上午开场时进行，同时注意阳光的照射方向。

⑬ 尽量将精彩的比赛项目安排在开、闭幕式或观众较多的单元里。最后一个单元比赛结束前，可安排一项长距离项目或减少比赛项目，以便进行闭幕式，宣布团体成绩。

⑭ 每一单元的比赛，尽可能使径赛和田赛同时结束。时间安排应考虑到季节特点。冬季上午在 8：30—9：00 开始，下午在 14：00 左右开始（大型赛事下午休息，晚上比赛）；夏季上午在 8：00 左右开始，下午在 15：30 左右开始。国内外的重大比赛，上午一般安排径赛的预、次赛和田赛及格赛，晚上安排径赛的复、决赛和田赛的决赛。

2. 竞赛日程的编排方法

以前人工编排竞赛日程有多种编排方法，如“填表法”“卡片法”等，随着计算机、网络系统在田径比赛中的应用，目前大中型田径比赛的编排是运用竞赛的编排系统来完成，小型田径的竞赛编排按照下列步骤进行：

① 按竞赛规程规定的比赛天数、单元、时间、组别、项目等设计竞赛日程编排表。

② 根据竞赛规程中的参赛单位、报名要求编排各项目的人数和赛次。

③ 先排全能项目后排单项，先排径赛后排田赛项目。在安排径赛项目时，应根据它们的动作结构、供能特点和身体素质要求类型，将其分为六类：短跑类（100~400 米跑）；中跑类（800~1500 米跑）；长跑类（3000~10000 米跑）；跨栏跑类（直道栏和弯道栏）；竞走类（5000 米~50 公里竞走）；接力跑类（4×100 米接力跑和 4×400 米接力跑等）。

④ 在统计栏中输入每天的决赛项数和总项数。

⑤ 根据编排原则和实际情况，核查是否有漏排项目及赛次，常规兼项的项目有无冲突。

⑥ 检查无误后编排每单元各项目的比赛顺序。

⑦ 编排单元竞赛日程时，应根据预计的比赛人数及组数，参考各项比赛估算时间表，计算出各项目所需时间。按照先排全能（注意各项之间的休息时间），再排单项（注意一项各赛次之间的休息时间）的办法，排出每单元的竞赛项目。各项目比赛估计时间见表 7-38。

表 7-38 各项目比赛估计时间表

项目		径赛每组时间/分钟 田赛全赛时间/分钟	备注 全国比赛/分钟
径赛	100 米、200 米、400 米	4~5	4~5
	800 米	6~8	6~8
	1500 米	8~10	8~10
	3000 米、3000 米障碍	15~20	12~15
	5000 米	20~25	20~25
	10000 米	40~50	40~45
	100 米栏、110 米栏 、400 米栏	5	不包括摆撤栏时间
	4×100 米接力	8~10	10
	4×400 米接力	10~15	10
	马拉松	200~210	190~200
	3000 米竞走	25~30	20~25
	5000 米竞走	40~45	30~35
	10000 米竞走	70~75	55~60
	10 公里竞走	70~75	55~60
	20 公里竞走	120~130	110~120
	50 公里竞走	310~320	300~310
田赛	跳远、三级跳远、铅球	3~4×（总人数+8）	3~4×（总人数+8）
	跳高	10~12×（总人数）	10~12×（总人数）
	撑竿跳高	13~15×（总人数）	13~15×（总人数）
	铁饼	4~5×（总人数+8）	4~5×（总人数+8）
	标枪	4~5×（总人数+8）	4~5×（总人数+8）
	链球	5~6×（总人数+8）	5~6×（总人数+8）

注：1. 不同项目换项或同项目换组时需增 5~10 分；
2. 摆栏和撤栏时间需增加 5~10 分；
3. 基层比赛时间的估算可有所增减

⑧ 有决赛项目时，应安排颁奖时间，一般来说发奖仪式应在该项决赛结束后 30 分钟内进行。

⑨ 将竞赛日程交技术代表、组委会和业务部门领导审核。

⑩ 经审核批准后，将竞赛日程印发各有关参赛单位。

大型国际田径赛按规定在赛前一年即应将《技术手册》寄发给各参赛国家。技术手册包括竞赛总日程表、大会的组织情况、竞赛规程、竞赛规程批准日期、比赛地点介绍、气象概况、地图、比赛场地图、马拉松路线图、公路竞走路线图等。

3. 临赛前竞赛日程的编排工作

核收最后报名表，统计出各单位参加人数和各项参赛人数，据此修订原竞赛日程，如有变动应尽快通知技术代表和组委会，并将修订的竞赛日程交技术代表确认。一般情况下，临赛前竞赛日程的修订，以原排定的决赛项目不变为原则。因为改变决赛项目的时间，对运动员创造优异成绩、发奖、电视转播、新闻等方面影响较大。例如，原预计有 36 人参加 100 米比赛，根据规则要进行预、次、复、决 4 个赛次。但最后报名只有 31 人参加，只能进行预、复、决 3 个赛次的比赛，就以决赛时间不变，从前 3 个赛次中减去一个赛次为宜。并对减少了一个赛次的比赛单元作时间调整，将该项后面的比赛项目的时间提前。但应注意各项目时间提前后，全能项目和后继赛次项目的休息时间应符合规则规定，有兼项的项目应无冲突。经检查确认无误后，将修订后的竞赛日程经技术代表和组委会确认后，即可编入总秩序册。

4. 比赛中竞赛日程的编排工作

举行全国性田径比赛，通常在比赛前技术会议时，要求各参赛队对参赛队员名单作最后确认。如参赛运动员较少，可减少径赛的轮次。此时仍应以决赛日期不变为原则，修订临赛前的竞赛日程，并经技术代表确认后编入每日秩序册。

（三）编排比赛秩序册

秩序册是田径运动会各项目比赛的秩序安排，是田径运动会的指令性文件，是协调各方面的纽带，是教练员、运动员、裁判员和工作人员等参加比赛和组织比赛的依据，国际和国内的重大田径运动会，都采用田径总秩序册和每日秩序册的组织措施。

1. 总秩序册内容

① 封面。秩序册封面的内容有：比赛名称、地点、日期、主办单位、承办单位、赞助单位或冠杯单位。凡有冠杯的比赛，其格式如××杯全国田径锦标赛。“秩序册”三个字要大而醒目，如运动会有会徽，还应在封面上印上会徽，封面的美术设计要精美。

② 目录。在扉页或目录之后应写明：运动会名称、主办单位、批准单位、承办单位、赞助单位或祝贺单位。

③ 贺词、照片。

④ 组织委员会及下属各委员会（处或组）人员名单。

⑤ 技术代表、技术官员、仲裁委员会、裁判员名单。

⑥ 竞赛规程、须知、补充通知。

⑦ 赛会活动日程安排。

⑧ 竞赛日程。

⑨ 代表队名单。按单位排序，内容有：队名、领队、教练、医生、运动员（号码、姓名、出生年月日、身高、体重及参赛项目）。

⑩ 各项运动员名单。按项目将参赛运动员以报名成绩优劣依次排序。排列径赛运动员顺序时，如遇某参赛运动员报名成绩不是电动计时成绩，应按照有关规定将它换算成电动计时成绩。

⑪ 各项竞赛分组（如印《每日秩序册》，该项可省略）。

⑫ 运动会各类人数统计。

⑬ 田径纪录和运动员技术等级标准。

⑭ 田径场地平面图。

⑮ 广告。秩序册上可印符合国际田联规定的广告。全国田径锦标赛、冠军赛必须提供 2 页广告，印中国田径协会有常年合同的广告。

2. 编排总秩序册方法

目前，我国省、市级田径运动会一般仍采用总秩序册的办法。其工作内容和顺序大体如下。

(1) 根据竞赛规程规定审查报名表

检查报名表的填写情况，如发现不符合规程规定之处，及时向技术代表或组委会报告，并与有关单位联系，力求尽快解决。

(2) 做好各项统计工作

为了给编排分组和其他工作提供依据，便于检查，审查报名表后，应做好各单位参加人数、各项参赛人数和兼项等统计工作。

(3) 编排单位顺序和号码

① 对各参赛单位的报名审查完毕后，应对各参赛单位的次序进行编号，可按报名先后的顺序或事先确定的原则排列顺序，国际比赛一般以英文字母的顺序排列，一般来说应将东道主放在最后。

② 编排运动员号码。编排号码要注意在各参赛单位之间、男女运动员之间留出若干空号码，以便在必要时添加运动员。编排运动员号码有下列两种方法：一是大会事先规定各单位的号码范围，由各单位自己对运动员编号，并自备号码布。二是大会统一编号，统一发放号码布。一般多采用第二种方法。单位内的编号顺序应统一，一般先男子、后女子；在男、女组别内，应先成年、后少年，依次编号。

总秩序册中的各代表队名单应按以下格式编排：

姓名与号码对照表

××代表队（号码151~190）：

领队：

教练员：

工作人员：

医生：

男运动员（号码151~170）：

号码　　姓名　　出生年月日　　身高　　体重　　项目1　　项目2

女运动员（号码171~190）：

号码　　姓名　　出生年月日　　身高　　体重　　项目1　　项目2

(4) 编排各项目参赛运动员名单

为了便于各队确认和比赛分组，应编制出各项目参赛运动员名单。此名单应以报名成绩或参考上一年比赛成绩进行排序，格式如下：

项目：

运动员号码　　姓名　　单位　　报名成绩　　备注

(5) 统计工作

统计工作是将参赛的所有人员进行统计，是大会各项工作的依据。将有关统计结果分别送往大会秘书处、竞赛处、行政处，宣传处、保安处等。

统计内容：

A. 各单位的领队、教练员、管理人员、医生、运动员人数；

B. 统计各竞赛项目的参加人数，男、女组别，以进行编排分组。

3. 编排每日秩序册

(1) 每日秩序册的内容

① 当日竞赛日程；

② 竞赛分组表；

③ 前一天的比赛成绩；

④ 获下一赛次比赛资格的运动员名单。

（2）竞赛分组的编排

① 分组步骤：

A. 根据各项目的参加人数、赛次和各赛次录取的名额、分道数（直道、弯道）及裁判员的情况，设定分组表。

B. 根据有无报名成绩决定采用何种方法对预赛进行分组，根据规则和规程的规定对后继赛次进行分组。

C. 根据规则确定运动员的分道。

② 径赛项目第一赛次分组方法：

A. 当没有报名成绩时，由竞赛编排系统操作员对第一赛次进行分组，计算机竞赛编排系统随机编排分组。

B. 当有报名成绩时，通常按报名成绩对运动员进行排序，然后采用蛇行排列的方法将运动员分到各组。例如有 32 名运动员参加 100 米预赛，根据报名成绩将其排为 1～32 号，然后按照蛇形排列的方法分为 4 组：

A	1	8	9	16	17	24	25	32
B	2	7	10	15	18	23	26	31
C	3	6	11	14	19	22	27	30
D	4	5	12	13	20	21	28	29

分组后根据编排原则进行核查，如有问题及时调整，如出现同单位运动员同组比赛，以就近调整成绩差的运动员为原则。以上述 4 个组为例：如 A 组 8 号、25 号为同一单位运动员时，可将 25 号运动员和 B 组 26 号运动员对调，如 26 号运动员调入 A 组后又和同一单位运动员在一组时，可将 25 号运动员和 C 组 27 号或 D 组 28 号运动员对调。调整组后，由技术代表先抽签决定 4 个组的组次，然后再抽签决定道次（预赛 8 条道一起抽签）。

C. 编排 1500 米和 1500 米以上的不分道项目的预赛，分组方法同上，只是抽签决定起跑位置顺序（从里道向外排列）。

D. 1500 米以上（包括 1500 米），如采用分组决赛的方法，可将成绩相近的运动员分在同一组，并将成绩好的运动员编在最后一组进行比赛。

上述分组抽签工作完成后，即可打印出径赛分组表，其格式见表 7-39。

表 7-39　　径赛分组表

项目：　　赛次：　　人数：　　组数：　　比赛时间：

第一组

道次	1	2	3	4	5	6	7	8
号码								
姓名								
单位								

亚洲纪录：

全国纪录：

③ 径赛项目后继赛次的分组。

收到第一赛次成绩后，应按规则规定的顺序，录取参加后继赛次的运动员，并按规则对运动员进行分组。

A. 100 米至 400 米跑、4×400 米及较短距离的各项接力，应根据运动员前一赛次的名次和成绩进行筛选，其录取顺序如下：

各组的第一名，按成绩排序录取：

最快的第一名

次快的第一名

第三快的第一名

各组的第二名，按成绩排序录取：

最快的第二名

次快的第二名

第三快的第二名

最后可按下列顺序录取：

按成绩录取的最快者

按成绩录取的次快者

按成绩录取的第三快者……

然后按蛇形排列的分组顺序，将按序录取的运动员编入各组。

分组后，抽签排定各组的比赛顺序，当某项某赛次中的一组或几组因计时器故障而没有电子计时成绩时，应将本赛次所有组别的手计时（1/100 秒）成绩作为录取进入后继赛次和分组的依据。

B. 其他各项目的编排应继续使用原始成绩，只有在前面赛次中将成绩提高者才可调整。安排分组比赛时，建议尽可能考虑所有运动员的成绩资料，抽签排定的分组赛，一般应使优秀运动员能进入决赛。

C. 在预、次、复赛之后，每组至少应录取第一、二名运动员参加下一赛次的比赛，如有可能，建议每组至少应录取 3 人，在为下一赛次录取运动员时，应根据运动员的比赛名次或成绩录取，按成绩录取时，只能采用一种计时方法。

④ 道次的编排。

A. 100 米至 800 米之间的各项竞赛、4×400 米及以下各项接力赛，如在一次比赛中要连续进行几个赛次时，应按下列规定抽签排定道次：第一个赛次，为每一名运动员抽签排定道次，对于后继赛次，应根据规则规定的程序，在每轮之后对运动员进行录取和分组，然后分两次抽签排定道次：

选择排列每组前四名的运动员或队，排定 3、4、5、6 道。

选择排列每组后四名的运动员或队，排定 1、2、7、8 道。

注：不足 8 条分道时，上述方法经过必要修改后，仍应遵循。

B. 800 米以上的项目和 4×400 米以上的接力项目以及只需要一个赛次的项目，应抽签决定运动员道次或起跑位置，如属长距离项目不分组而运动员的人数过多时，可采用按单位抽签的办法，将同一单位运动员编成一路纵队出发。

⑤ 田赛项目分组。

A. 分组原则：

a. 田赛项目一般不分组，运动员的比赛顺序由大会抽签决定。

b. 如果参赛人数过多，无法顺利进行决赛时，可举行一次及格赛。

c. 参加及格赛的先后顺序由大会抽签确定。

B. 关于及格赛：

a. 及格标准：制定及格标准应根据报名成绩，采用“偏高递补”法。

b. 录取人数：按规则规定至少应有 12 名运动员进入决赛。

C. 全能分组：

全能项目的分组、分道和顺序，与径赛和田赛各单项相同，径赛分道跑项目每组最好 5 人或 5 人以上，不得少于 3 人。

（四）比赛中的编排记录公告工作

比赛期间的编排记录公告工作要求做到准确、及时，因此每名工作人员的分工要明确，职责要清楚，根据编排记录公告工作的任务，可做如下分工：临场编排，竞赛成绩公告，记录、奖牌、团体总分统计，秩序册汇编，文件及资料整理等。

1. 临场编排

① 在每单元比赛前一天或前一个单元将径赛检录单和田赛记录表交给检录裁判长或检录主裁判（小型比赛田赛记录表交给田赛裁判长）。

② 每组比赛结束后，核对比赛名次、成绩。

③ 收到径赛项目的预、次、复赛成绩后，根据规则和竞赛规程规定的后继赛次录取方法，编排下一赛次的运动员的组别、道次或比赛顺序。并进行认真核对，以免出现差错。

④ 田赛及格赛后，应根据规则规定和赛会确定的及格标准，录取运动员参加决赛，此后请技术代表或计算机抽签决定比赛顺序。

2. 竞赛成绩公告

竞赛成绩公告工作，一般由人负责，可分别指定人员负责径赛、田赛和全能。负责成绩公告的裁判员，应熟悉各项比赛的纪录和成绩，了解本次比赛运动员的水平，对即将收到的成绩水平有一个估计，这样才能加快公告速度，并把好最后一关。

在比赛进程中，如使用电脑网络进行工作，只要收到成绩单就应视为经过有关裁判长签名了；如为人工工作，收到成绩表后，应立即检查有无裁判长和技术官员的签名，如签名齐全，应视此成绩表有效。

上述工作完成后，立即将成绩单复制 5 份，一份交宣告，一份交汇编秩序册，一份交服务员复印分发（数量根据赛会需要），一份张贴在成绩公告栏，一份留存，如为决赛成绩，还应交给奖品、总分、记录统计员和赛后控制中心各一份，如打破纪录，还应印发破纪录成绩公告。

3. 统计纪录、奖牌和总分

负责此项工作的裁判员，应认真学习竞赛规程，熟记本次比赛的记分办法，准备好男、女单项成绩记录表、团体总分表、奖牌统计表和破纪录统计表。

在比赛进程中，收到决赛成绩单后，应立即填写奖牌统计表、总分记录表。

（五）比赛后编排记录的工作

编排记录公告组在比赛结束后的任务仍是十分繁重和重要的，它关系着本次比赛成绩的记载与反映，并为本次比赛结果的对比、分析和评估提供重要依据，关系着教练员、科研人员进行研究所需数据的准确性等。因此，必须像重视赛前、赛中编排记录公告工作一样，重视做好赛后的各项工作。

1. 汇编总成绩册

总成绩册须按照上级下发的文件要求执行，其格式如下。

① 在扉页或首页应写明：

运动会名称；

主办单位；

承办单位；

赞助单位或祝贺单位（如有可印上）。

② 团体总分统计、创纪录运动员名单、成绩统计表、达健将人数统计。

③ 比赛成绩：

以竞赛规程上排列的项目顺序，按先男后女排列各项成绩。

按径赛的赛次（预、次、复、决赛）成绩分别排列。

④ 广告：

在成绩册上可以刊登符合国际田联规定的广告。

总成绩册汇编完成后，送交技术代表或有关负责人审核签字后印刷与分发。

2. 出具成绩证明

对破纪录和达到运动员技术等级标准的运动员，出具有裁判员、裁判长、技术官员等亲笔签名的成绩证明。

3. 文件存档

将本组的所有文件、资料，按照文书档案的要求进行分类整理，立卷编号，交主办单位存档，便于以后查阅。

4. 工作总结

写出书面总结交总裁判长。书面总结的内容一般应包括：一般情况，工作成绩与经验，存在问题，改进意见或建议。

5. 归还借用物品

做好各项结束工作，归还借用物品，清理各种手续，做到善始善终。

（六）计算机编排系统在比赛中的应用

1. 赛前

① 参赛队报名数据收集，并提交技术代表，如报名人数统计、报名情况、代表队服装图片收集等。

② 为技术代表和竞赛主任提供报名信息，如单位报名情况表、项目报名情况表。

③ 输出报名确认表。

④ 录入技术代表确认的日程到数据库。

⑤ 提供总秩序册需要的竞赛数据（单位报名情况、项目报名情况、日程、报名情况统计、代表队服装图片等）。

⑥ 为技术会议提供参赛确认表。

⑦ 按照参赛确认情况协助技术代表安排日程、赛次和分组分道抽签。

2. 赛中

① 接收计时计分的竞赛成绩。

② 协助技术代表处理后继赛次的录取等。

③ 提供现场成绩服务。

④ 提供现场竞赛数据展示和分发服务（如日程、检录单、手填表、成绩单、奖牌总分等的展示和分发）。

⑤ 为网络数据查询服务提供竞赛数据。

⑥ 为所有有需要的部门提供成绩信息分发服务。

⑦ 为转播等提供竞赛数据。

⑧ 提供每日秩序册和成绩册的所需数据。

3. 赛后

① 汇总比赛数据，汇编总成绩册（破纪录情况、奖牌情况、总分、比赛成绩等）。

② 备份并上交全部比赛数据。

二、游泳竞赛的编排方法

（一）游泳比赛赛前的编排方法

游泳比赛的编排记录工作是比赛能否顺利进行的一个重要环节，也是一场比赛能否有秩序进行的关键。编排记录工作需要赛事的组织者和领导者给予高度密切的关注，与此同时，要求担任编排工作的每一位工作人员必须由始至终地按照竞赛规程和规则的相关规定，认真负责、周密细致、准确及时地完成各项编排工作。通常编排记录组设置编排记录长 1 人，副编排记录长 1 人，编排记录员若干（通常 6~8 人，根据比赛规模而定）。

1. 认真审核报名表格，熟悉游泳竞赛规程

熟悉规程的重点要放在对参赛办法、竞赛办法以及各种有关规定的理解上。对于条款不清楚的、不理解的，要及时向有关部门询问，不得擅自作出决定，务必要做到详细记录，及时报告，以规程、规则的规定为准，不得擅自更改，更不得徇私舞弊。并在技术代表、执行总裁判、教练员技术会上及时告知并处理。

2. 编排游泳竞赛日程

（1）计算比赛所需时间

充分利用以往比赛经验计算出全部比赛所需要的总天数、总场数和各场比赛所需要的时间。各场比赛所需要的时间按下列几点来进行计算：

① 运动员的自身水平以及赛事的级别，例如世界锦标赛、世界杯系列赛、全国锦标赛、省内锦标赛、省内青少年达标赛、群众比赛等。还要考虑到不同年龄组的比赛时长有所不同。

② 场地的条件，例如，赛池的泳道数量（10 条或者 8 条泳道），泳池的规格（50 米池或者是 25 米池）。

③ 根据每项的报名人数来确定分成多少组进行比赛（包括预赛、半决赛以及决赛的组数）。

④ 每组比赛所需的时间。

每组比赛所需的时间应包括运动员游完该项距离的时间以及裁判员工作所需的时间；例如，如果比赛采用人工计时，就需要把计时员填写计时单子的时间以及发放和提交单子

的时间计算在内。

各种距离每组比赛所需的时间一般预算如下：

50 米：2 分钟左右

100 米：4 分钟

200 米：5~6 分钟

400 米：8~9 分钟

800 米：14~15 分钟

1500 米：22~25 分钟

接力比赛时，每组可延长 1~2 分钟。

⑤ 开幕式、闭幕式及颁奖所需要的时间。

开幕式及闭幕式时间由大赛组委会计算，颁奖时间根据实习场模拟颁奖所需时间而定。

（2）编排竞赛日程的注意事项

① 根据比赛的场次和每场比赛所需的时间进行编排（通常每场比赛约 2 个小时左右，长距离比赛除外）。

② 长、短距离项目编排要兼顾，每场比赛的男、女各项目和各种泳姿应该交替进行。

③ 每个项目的预赛、半决赛以及决赛尽量不要安排在同一场，要考虑到运动员的间歇。

④ 要考虑到兼项的运动员，尽量不要把所兼项目编排得太近。编排兼项项目可按照先短距离后长距离的办法或可调整组次的办法解决。

⑤ 可能出现优异成绩、创造纪录的项目和紧张激烈的比赛项目，可安排在开、闭幕式或者观众较多的场次上进行。

⑥ 亲水活动可安排在第一场比赛之前或者最后一场比赛之前进行。（亲水活动的参与者通常由裁判员、教练员、运动员、组委会成员以及赛场服务人员组成，每个队伍分别派出一组或两组人员参赛。）

（3）竞赛日程的编排方法

① 制作编排秩序卡片，卡片上编注清楚组别、性别、项目、赛别、组数、人数以及需要的时间，一共为 7 项。每个项目的预赛、半决赛和决赛都需要各写一张，以免遗漏掉项。卡片如下：

女子甲组—50 米蛙泳——预赛，5 组，37 人，11 分钟

② 打印好编排秩序卡片，根据编排原则，计算出比赛总天数、场数以及各项比赛所需要的时间进行编排。

③ 按照编好的场次、日期、时间、组别、项目、赛别、组数、每项举行的时间顺序编成竞赛日程表。

④ 竞赛主管部门最好事先根据比赛的赛事级别，编好竞赛日程表随同竞赛规程一并发出，以便各单位做好报名的周全考虑。

3. 编排游泳竞赛分组表

（1）按照报名单，仔细打印好竞赛卡片（表）

通常来讲，现在比赛报名大多采取网上报名形式，根据网报情况，要求打印清晰、内

容完整、反复核对，每个运动员参加的每个个人项目都必须为独立的一张，接力项目每队每项填写一张即可，防止遗漏卡片。之后将卡片按组别、项目分开，并且按报名成绩排序，准备编组、分道。

（2）预赛编排

泳道	1	2	3	4	5	6	7	8
第一组	7	5	3	1	2	4	6	8

① 只有 1 组时，应作为决赛编排，并只能安排在决赛时段进行比赛。

注：泳道排序按照报名成绩先后排序，成绩最好的排在第四道，次好者排在第五道，以此类推，简易计法为 4、5、3、6、2、7、1、8。

② 2 组时，报名成绩最好者应编在第二组，次好者应编在第一组，再次者应编在第二组，再后一名应编在第一组，以此类推。

泳道	1	2	3	4	5	6	7	8
第一组	14	10	6	2	4	8	12	16
第二组	13	9	5	1	3	7	11	15

③ 3 组时（400 米、800 米和 1500 米项目除外），报名成绩最好者应编在第三组，次好者应编在第二组，再次者应编在第一组，第 4 名应编在第三组，第 5 名应编在第二组，第 6 名应编在第一组，第 7 名应编在第三组，以此类推。

泳道	1	2	3	4	5	6	7	8
第一组	21	15	9	3	6	12	18	24
第二组	20	14	8	2	5	11	17	23
第三组	19	13	7	1	4	10	16	22

④ 4 组或 4 组以上时（400 米、800 米和 1500 米项目除外），最后 3 组按③的方法编排。倒数第四组应包含所剩运动员中的报名成绩最好者，倒数第五组再包含所剩运动员中的报名成绩最好者，以此类推。

泳道	1	2	3	4	5	6	7	8
第一组	39	37	35	33	34	36	38	40
第二组	31	29	27	25	26	28	30	32
第三组	21	15	9	3	6	12	18	24
第四组	20	14	8	2	5	11	17	23
第五组	19	13	7	1	4	10	16	22

⑤ 400 米、800 米和 1500 米项目，最后 2 组应按②的方法编排。倒数第三组应包含所剩运动员中的报名成绩最好者，倒数第四组再包含所剩运动员中的报名成绩最好者，以此类推。

泳道	1	2	3	4	5	6	7	8
第一组	31	29	27	25	26	28	30	32
第二组	23	21	19	17	18	20	22	24
第三组	14	10	6	2	4	8	12	16
第四组	13	9	5	1	3	7	11	15

⑥ 当一个项目有两组或更多组时，任何一个预赛组内至少应编入 3 名运动员。但若编排后有人弃权，则该预赛组内可少于 3 人。

⑦ 在可以使用 10 条泳道的泳池比赛时，如果 800 米和 1500 米自由泳预赛第 8 名有 2 人成绩相同，将使用第 9 道，并通过抽签方式安排第 8 和第 9 道的运动员；如果有 3 人成绩相同，将使用第 9 和第 0 道，并通过抽签方式安排第 8、第 9 和第 0 道的运动员。无法使用 10 条泳道时，按重赛方法处理。

⑧ 在出发端面向泳池，1 道应在泳池最右侧（10 条泳道时，0 道在最右侧）。除了在 50 米池进行 50 米项目的比赛外，如果泳道数为奇数，成绩最好的运动员应排在中间的泳道。如泳池为 6 条泳道，成绩最好的运动员应排在 3 道；泳池为 8 条泳道，成绩最好的运动员应排在 4 道。在 10 条泳道的泳池比赛时，成绩最好的运动员应排在 4 道，次好者应排在其左侧泳道，其他运动员再按其报名成绩排列的先后顺序交替排在其右侧和左侧泳道。

⑨ 在 50 米池进行 50 米项目的比赛时，组织委员会可根据所使用的自动计时装置、发令员位置等因素，决定在哪一端出发，并于赛前通知运动员。无论在哪一端出发，运动员的泳道均按在常规出发端出发的方式编排。

4. 绘制游泳竞赛中所需的表格

（1）各组裁判所需使用的表格

① 接力棒次表；

② 破纪录申请表；

③ 弃权登记表；

④ 发令正、误及运动员犯规统计表；

⑤ 计时存查表；

⑥ 游泳比赛各场计时总统计表；

⑦ 自动计时失误、失灵统计表；

⑧ 游泳犯规检查表；

⑨ 终点检查员存查表；

⑩ 终点综合名次表；

⑪ 游泳比赛名次报告表。

（2）编排记录组所需要的各种表格

① 游泳比赛成绩公布表；

② 决赛名单公布表；

③ 前六名成绩记录表；

④ 团体总分记录本；

⑤ 成绩证明表。

（二）游泳比赛赛中的编排方法

1. 半决赛、决赛编排

① 半决赛应按预赛编排②规定编组。

② 不需要预赛时，应按预赛编排中⑧的规定安排泳道。如果进行了预赛或半决赛，

则应根据预赛或半决赛的成绩，按预赛编排中⑧的规定安排泳道。

③ 比赛如采用分组决赛，应将报名成绩最好的运动员编在最后一组，再将所剩运动员中报名成绩最好的运动员编在倒数第二组，以此类推。同一组的运动员，按预赛编排中⑧的规定安排泳道。

④ 设预赛场和决赛场的比赛，如果800米和1500米自由泳项目采用分组决赛，则最快一组应安排在决赛场进行，其他各组应安排在预赛场进行。

⑤ 如果采用A、B组决赛，则应根据预赛的成绩，将前8名编在A组（第二组），将9~16名编在B组（第一组）。两组均按预赛编排中⑧项的规定安排泳道。如有弃权，A组不允许替补。

⑥ 接力队的编排方法与运动员个人相同。

⑦ 基层比赛也可以采用抽签方式安排泳道。

2. 重赛

某项预赛若使用8条（10条）泳道，在确定该项目的第8名（第10名）或第16名（第20名）时，如果有同组或不同组的运动员成绩至1/100秒都相同，则应通过重赛来确定哪位运动员进入下一赛次。如果替补运动员成绩相同，也应通过重赛来确定第1替补和第2替补。重赛应在所有有关运动员游完预赛后的时间进行，由竞赛组织方与有关单位共同商定。如果重赛成绩仍相同，则再次进行重赛。

3. 弃权

① 已获得半决赛或决赛资格的运动员（接力队），可以在该项比赛结束30分钟内提出弃权。运动员（接力队）若在技术会议后提出预赛弃权，或在获得半决赛或决赛资格的比赛结束30分钟后提出半决赛或决赛弃权，将按有关规定予以处罚。弃权时，必须提交由领队、教练员、运动员共同签名的弃权申请单。

② 当一名或更多运动员半决赛或决赛弃权时，应按运动员在预赛或半决赛中成绩排列的顺序进行替补。该项目应按预赛编排中⑧的规定重新编排，并发布详细变更或替补情况的补充通知。

（三）游泳比赛赛后的编排方法

① 汇总比赛数据，汇编总秩序册。

② 备份并上交全部比赛数据。

第六节　冬季项目竞赛组织方法

一、大众高山滑雪竞赛的组织方法

（一）竞赛项目

1. 双板

男、女大回转个人、俱乐部（团体）。

2. 单板

男、女大回转个人、俱乐部（团体）。

注：一般个人比赛和俱乐部比赛分开进行，但是俱乐部比赛可以进行个人排名。

（二）竞赛办法

① 比赛按单、双板和男、女性别进行分组。

② 男、女比赛均在同一条线路上滑行。

③ 出发顺序抽签决定，或按照报名顺序进行比赛。

④ 比赛第一轮滑行结束后，按滑行成绩排列名次，第二轮滑行从第16名选手为一发，依次出发滑行；前15名选手将按照第一次滑行成绩倒序进行第二次滑行，第15名选手先出发，第1名选手最后出发，按两次滑行总成绩排列名次。一些比赛项目只滑一次，用时短者获胜。秩序册中标明比赛为一次滑行或两次滑行。

⑤ 两次滑行旗门设计不做改变。

⑥ 在各站系列赛中，建立积分制，设个人、俱乐部年度总积分排名。

⑦ 执行中国滑雪协会最新审定的竞赛规则。

（三）积分办法

① 在系列赛各站比赛中，单站比赛的前30名选手将获得比赛积分，第1~6名的得分分别为50、46、43、40、37、34；第7~15名的得分分别为32、30、28、26、24、22、20、18、16；第16~30名的得分分别为15、14、13、12、11、10、9、8、7、6、5、4、3、2、1。

② 个人年度总积分为该选手在其各单站比赛中成绩最好的4站积分之和。

③ 俱乐部年度总积分为该俱乐部中双板项目男子取前4名、女子取前3名运动员，单板项目男子取前3名、女子取前2名运动员，该项个人年度总积分之和。

（四）裁判员设置

大众滑雪比赛需要下列裁判员：技术代表、裁判长、竞赛长、线路长、线路设计、起点裁判员、终点裁判员、旗门裁判长、旗门裁判员、计时计算长、发令员、助理发令员、计时员、计算员、宣告员。

（五）大众高山滑雪相关规则

① 即将出发的运动员身后不允许站有对他可能有所帮助的或妨碍的任何官员或陪同人员。禁止运动员受任何外界帮助。按发令员的命令，运动员要把雪杖放在起点线前或指定的位置。在出发时，发令员不能触碰运动员，运动员亦不能蹬起点杆或得到其他帮助，仅能凭借自己的雪杖出发。

② 在出发前的10秒时，发令员将对每位即将出发的运动员说："10秒"，在出发前的5秒时，他将数"5、4、3、2、1"，然后发出出发命令："出发（Go-Partez-Los）"。

③ 延迟出发：未及时做好出发准备的运动员将被取消其比赛资格。起点裁判员若认为延迟是由于"不可抗力"所致，则可以原谅这种延迟。但是，运动员的个人器材折断或轻微病症不应为"不可抗力"。如有疑问，起点裁判员可暂时允许运动员出发。

④ 有效出发和出发失败：在固定出发间隔的比赛中，运动员须按出发信号出发。正常出发间隔为60秒，大回转的出发间隔不得少于30秒。出发时间在以下限定时间内为有效出发：正式出发时间前后5秒。运动员未在此限定时间内出发将被取消资格。起点裁判

须通知裁判长出发失败的运动员或触犯出发规则的运动员的姓名和号码。

⑤ 旗门失误后禁止继续比赛：如果运动员漏过一个旗门，他就再无权通过以下的旗门。

⑥ 如果运动员或试滑员不戴头盔将不允许出发。

⑦ 终点区：

终点区须让接近终点的运动员容易辨认。终点区要宽，终点线后须有一段逆坡平缓区。

设置线路旗门时，尤其要注意引导运动员按地形的自然线路通过终点。

整个终点区须完全用栅栏围起，未经批准，任何人不准入内。

须建立或通过适当的保护措施获得终点的全部设施与终点封闭，使运动员尽可能地得到保护。

组织者须用清晰易辨的红色线标出“终点区内”，并保证运动员能容易地借助雪板达到该区。

⑧ 越过终点线和时间的记录：终点线须以下列方式通过：双板或单板或在终点线前摔倒时应双脚通过。在这种情况下，运动员身体或随身器材的任何一部分使计时系统停止工作的时间，为比赛时间。

⑨ 正确通过旗门：

运动员两雪板的前端和其双脚都通过旗门则被视为正确通过旗门。如果运动员一只雪板脱落（没有产生失误，如没骑跨回转杆），那么另一剩余雪板和双脚须通过旗门线。当运动员只得爬过旗门时，这一规则也是有效的。

每个旗门由两对上面有旗的旗门的杆组成。在雪面上一个旗门两内侧杆的最短距离为旗门线。

运动员过旗门时旗杆倒斜，雪板尖和双脚也须通过原旗门线（雪中标志）。

二、冰壶竞赛的组织方法

冰壶（Curling），又称掷冰壶、冰上溜石，是以队为单位在冰上进行的一种投掷性竞赛项目，冬奥会和世锦赛比赛项目。设男、女 2 个小项。

（一）冰壶比赛比赛场地及器材

赛道两条端线内沿之间的长度是 45.720 米（150 英尺），赛道两条边线内沿之间的最大宽度是 5 米（16 英尺 5 英寸）。整个区域被线划分开，或用分隔板隔开，从投球点起约 40 米远处画有圆形标志的地方为“大本营”（直径 3.66 米）。

冰壶重 19.1 千克、直径 30 厘米，厚度最薄为 11.5 厘米。

（二）比赛方法

比赛时，每场由两支球队对抗进行，每队由 4 名球员组成。比赛共进行 10 局。两队每名球员均有两个冰壶，即有两次掷球机会。两队按一垒、二垒、三垒及主力队员的顺序交替掷球（赛前应确定好顺序），在一名队员掷球时，由两名本方队员手持毛刷在冰壶滑行的前方快速左右擦刷冰面使冰壶能准确到达营垒的中心。同时对方的队员为使冰壶远离圆心，也可在冰壶的前面擦扫冰面。球员掷球时，身体下蹲，蹬冰脚踏在起蹬器上用力前蹬，使身体跪式向前滑行，同时手持冰壶从本垒圆心推球向前，至前卫线时，放开冰壶使其自行以直线或弧线轨道滑向营垒中心。掷球队员在力求将冰壶滑向圆心的同时，也可在主力队员的指挥下用冰壶将比赛对方的冰壶撞出营垒或将场上本方的冰壶撞向营垒圆心。最后当双方队员掷完所有冰壶后，以场地上冰壶距离营垒圆心的远近决定胜负，每石 1 分，积分多的队为胜。

比赛双方采取投硬币的方式决定第一局的先后手。保持该投壶顺序直到一支队伍得分，得分的队在下一局中是先手。

一场比赛需两组石球，每组各八颗，应上色彩以使在冰道另端仍可轻易辨识。传统上，在第一局中，不拥有最后一球掷球权的一队，可选择该队的球色。

比赛的结果由比赛每局比分累加，或某一队认输或某一队理论上不存在获胜可能时也可决定比赛结果。如果比赛结束时双方积分相等，则双方进行追加局比赛，先得分的一方获胜。

三、花样滑冰竞赛的组织方法

花样滑冰是冬季奥运会的正式比赛项目。运动员穿着脚底装有冰刀的冰鞋，靠自身力量在冰上滑行，表演预先以技术动作为基础编排的节目，由裁判组评估打分，排出名次。

（一）项目分类

花样滑冰运动按照参赛人员和技术动作的要求，可以分为众多单项。花样滑冰的奥运会正式比赛项目共有 4 个，归属三个大类：单人滑（分男子和女子 2 项）、双人滑与冰上舞蹈。此外，花样滑冰还包含同步滑冰、规定图形、冰场滑行、四人滑、冰上戏剧/冰上芭蕾、柔板双人滑、特殊图形、冰上杂技等，但它们的流行与受欢迎程度不及 4 个奥运会正式项目。

（二）竞赛方法

1. 单人滑

单人滑包括男子单人滑与女子单人滑 2 项，技术动作要素包括跳跃、旋转、接续步、燕式步等。三大类项目中，单人滑对跳跃的要求最高，因此单人滑通常代表了选手能达到的最高跳跃难度。

比赛分短节目和自由滑，在短节目中，技术动作要素必须包括跳跃、旋转、接续步。在自由滑（长节目）中，选手选择动作有更大的自由度。

时间：短节目为 2 分 40 秒±10 秒；男子自由滑为 4 分 30 秒±10 秒、女子自由滑为 4 分±10 秒。

2. 双人滑

双人滑要求一位男选手和一位女选手配合，在冰上表演同步的单人滑动作，及双人滑特有的动作：抛跳（男选手“抛掷”女选手跳跃）、托举（男选手将摆成某种造型的女选手高举过头）、双人旋转（两位选手同时绕一个共同轴心旋转）、螺旋线、捻转等。比赛分短节目和自由滑。

3. 冰上舞蹈

与双人滑相同，冰舞也要求一位男选手和一位女选手配合。冰舞与双人滑的主要区别在于：冰舞的技术动作不包括跳跃和旋转，托举亦不能过肩。两名选手在近距离保持国际标准舞造型的同时，要紧扣音乐节拍表演复杂多样的步法。冰上舞蹈分短节目和自由舞。

表演间，双方不得分开超过 5 秒；托举时，男选手不得将女选手高举过头超过 3 秒以上。

4. 团体比赛

将男女单人滑、双人滑、冰上舞蹈等 4 个小项的分数进行合计，决出排名的比赛。

（三）评分系统

评分系统中，每一项花样滑冰的技术动作要素都将分别得到分数，这些分数的总和即技术总分。每个比赛节目都被限制要包含固定数量的技术动作要素。每个技术动作首先要由一位技术专家来评判，技术专家可以使用即时录像回放来分辨不同技术动作要素，如跳跃中起跳和落冰时脚的精确位置。技术专家的决定将确定该动作的基础分。接着，裁判组的 12 名裁判各自为这个动作打出质量和执行分数，这个分数称作执行等级（GOE），是一个-3 到+3 之间的整数。GOE 分数将依照 ISU 规则 322 号中的分值表转换成另一个数值。然后，计算机将从 9 位裁判的 GOE 分数中随机抽取 7 个，再去掉最高分和最低分，最后对余下的 5 个分数计算平均值。这个平均值将和基础分相加，得到的就是这个技术动作的总分。

比赛节目得分的另一部分，也就是节目内容分（PCS），是针对技术总分（TES）中没有涵盖的细节和节目的艺术表现方面打分。它包括以下 5 个小项：滑行技术（SS），衔接（TR），表现/执行（PE），编舞（CH），诠释（IN）。

只有冰舞的规定舞是一个例外，它没有编舞和衔接分，因为舞步是预先规定好的。裁判为每个小项给出 0 到 10 之间的原始分数，单位分值为 0. 25，5 分代表“平均水平”。每个小项的分数都依照与 GOE 相同的方式来选择、删减、平均，再乘上一个由比赛项目、比赛阶段（短节目或自由滑）和水平决定的系数，然后各个小项分数相加，就是最终的 PCS 分数。

TES 和 PCS 之和称为比赛阶段总分（TSS）。选手最终排名由比赛各个阶段的总分之和决定。座次不再用来决定最终名次。

四、冰球竞赛的组织方法

冰球是冰上运动集体竞赛项目。两队运动员足蹬冰刀，手持球杆，在设有界墙的冰场上争夺一橡胶扁圆球，以击入对方球门得分。冰球是冬季奥运会的主要项目之一。

（一）冰球竞赛的分组

国际冰球联合会根据比赛成绩，将所有会员国按冰球运动水平高低划分为 A、B、C 三组，A 组 6 个队，B 组 8 个队，余为 C 组。A 组可参加奥运会冰球比赛和世界冰球锦标赛。3 个组间按每年比赛成绩实行升降级制度，即 A 组、B 组的最后两名翌年分别降入 B 组、C 组；B 组、C 组的最前两名翌年分别升入 A 组、B 组。

（二）冰球竞赛方法

冰球比赛在同一组别的两个队间进行。每队 20 人，比赛时每队上场 6 人，有守门员、左后卫、右后卫、左前锋、右前锋和中锋。运动员穿冰鞋 ，手持冰杆 ，身穿国际冰联规定的护胸、护肘、护裆、护腿、头盔等护具。在被界墙围起来的冰球场内按规则运用滑行、运球、传球、射球、身体阻截等技术，在战术配合下相互攻守，力争用冰球杆将球射入对方球门。比赛每射中 1 球得 1 分，以得分多者为胜。

每场比赛60分钟，分3局进行，每局实际比赛20分钟，每局中间休息15分钟，比赛进行中可以不通过裁判随时替换队员和守门员。运动员不许用冰球杆打人或用拍刃刺人或用杆柄杵人、钩人，不准抱人、绊人、横杆推人，不许抛扔球杆和用肘顶人、用脚踢人，不许干扰裁判员和工作人员。违者根据情节给予小罚、大罚、取消比赛资格、罚任意球等处罚。防守队员可以用肩、胸、臀部对控制球的进攻队员进行合理冲撞，也可用身体贴挤和阻挡。同队队员可在一个区域内互相传球，但不能从守区向位于前半场的同队队员传球，违者判为越区传球。攻队队员先于球进入攻区为越位。运动员犯规要受到离场2分钟、5分钟或10分钟以至更重的处罚。

（三）裁判员设置

冰球比赛的裁判人员包括两名场上裁判员、两名监门员（球门裁判员）、两名边线裁判员、一名计时员和一名记分员。（两位）场上裁判员共同控制整个比赛，各负责一个半场，边线裁判员主要负责当有人越位时打出信号。

（四）相关术语

1. 比赛的开球点

红色中线最中间有一个蓝色点，这就是开球点。每局比赛开始或者射中球门以后，双方都要在这个点上争球，以此开始下面的比赛。

2. 争球点

除开球点外，场地上还有另外8个点，称为争球点。比赛中，如果攻队队员由本队半场将球直接打过对方球门线形成“死球”，裁判员要鸣笛停止比赛，把球拿回到攻队的守区争球点，双方争球，重新开始比赛。

3. 越位

在球没有进入攻区之前，攻队队员不能先于球进入攻区，否则就是越位。此时，裁判员要鸣笛停止比赛，把球拿回到中区争球点重新争球开始比赛。

4. 合理冲撞

比赛中，运动员可以用肩、胸、臀冲撞对方控球队员，但不得滑行三步以上或跳起来进行冲撞，也不得从背后或距离界墙3米以内向界墙方向猛烈冲撞，否则就是非法冲撞。

凡是非法冲撞者，裁判员将视情节对他进行2分钟小罚或者5分钟大罚及附加10分钟违例的处罚，严重者将被判罚为严重违例或者取消比赛资格。

5. 犯规

因为冰球比赛速度极快，运动员手中又有冰球杆，场上竞争局面如果得不到适度控制，就会出现极不文明甚至危险的现象，因此，规定下列动作都不允许出现：

用手推人、抱人，用腿绊人，用肘顶人，用杆钩人、绊人，横杆推阻，将杆举过肩部以上，持坏杆参加比赛，向场外投掷球杆，用杆打人，用杆头刺人或杵人。

出现以上现象，裁判员将视情节给予小罚、大罚、违例或严重违例的处罚。

（五）场地及器材

1. 场地

标准冰球场地最大规格为长61米，宽30米；最小规格为长26米，宽15米；四角圆弧的半径为7~8.5米。国际比赛均采用长61米、宽30米、角圆弧半径为8.5米的场地。冰球场地四周围以高1.15~1.22米木质或可塑材料制成的牢固界墙。

2. 球鞋

球鞋为高腰型，鞋头、鞋帮、两踝、后跟等外层均为硬质。前面的长鞋舌加上硬实的高腰，可将腿踝箍紧，帮助运动员支持和用力。冰球鞋国际上多用尼龙纤维鞋帮、塑料底的冰球鞋，这种鞋比皮制鞋轻，坚硬、耐湿，适合室内冰场使用。

3. 球刀

冰球刀刀身高而短，弧度大，刀刃较厚。刀身高，刀身弧度大，和冰面接触面积小，守门员冰鞋在鞋的四周包有特殊加厚的硬皮革，以抗球击打，保护脚部。守门员冰刀与运动员冰刀有较大区别，它全为金属制作，刀身矮而平，刀刃与刀托有多处连接以防漏球。

4. 球

球一般用硬橡胶制成，厚 2.54 厘米，直径 7.62 厘米，球重为 156~170 克。

5. 球杆

球杆用木质材料制成，从根部至杆柄端不能长于 147 厘米，杆刃不得长于 32 厘米，宽为 5~7.5 厘米。守门员球杆杆柄的加宽部分从根部向上不得长于 71 厘米，不宽于 9 厘米，杆刃长不超过 39 厘米，宽不超过 9 厘米。为了减轻球杆重量，现已有碳素材料所制的球杆，在长宽不变的情况下重量减轻，更容易让选手发挥。

6. 护具

为防止在紧张激烈的对抗中受伤，运动员全身穿戴护具。护具包括头盔、面罩、护肩、护胸、护腰、护身、护肘、手套、护裆、护腿、护踝等。现代冰球护具一般多采用轻体硬质塑料外壳，内衬海绵或泡沫塑料软垫。守门员戴有特制的面罩、手套、加厚的护胸及加厚加宽的护腿。

复习思考题

1. 简述足球、篮球比赛常用的编排方法。
2. 简述国内外主要足球、篮球赛事的竞赛方法。
3. 简述国内外排球比赛常用竞赛方法。
4. 简述乒乓球运动的竞赛方法。
5. 举例说明羽毛球比赛中循环赛制和淘汰赛制的编排方法。
6. 简述网球比赛常用竞赛方法。
7. 如何组织一次成功的健美操比赛?
8. 简述武术套路竞赛编排工作应注意的问题。
9. 简述跆拳道比赛的编排方法。
10. 简述武术散打竞赛编排工作应注意的问题。
11. 试述田径运动竞赛的编排原则。
12. 试述计算机编排系统在田径运动会中的应用。
13. 试述如何编排游泳运动的竞赛日程?
14. 简述大众滑雪竞赛的组织方法。
15. 简述冰壶竞赛的组织方法。
16. 简述花样滑冰的比赛项目及竞赛的组织方法。
17. 简述冰球竞赛的组织方法。

第八章　体育赛事的人力资源管理

第一节　体育赛事人力资源管理的内涵及特点

一、体育赛事人力资源管理的内涵

（一）体育赛事人力资源的内涵

体育赛事的人力资源主要是指在体育赛事组织中为实现体育赛事的特定目标而执行各项任务的工作人员的总和。本书在人力资源管理理论和组织管理理论基础上，以体育赛事管理职能和所要实现的目标为视角，根据多年的实践经验和对赛事管理工作的考察，依据直接参与赛事组织工作的组织人员以及获取薪酬回报的性质，将赛事组织人员分为：有偿工作人员、无偿工作人员和商业组织人员、技术官员等。

目前，在我国体育赛事的管理体制下，各项体育赛事特别是大型体育赛事的主办单位通常是政府和体育行政部门，大型体育赛事组织的人力资源一般是从政府机构和行政事业组织中借调和选派的工作人员。工作人员一般是从赛事所在省市政府机关、事业单位在职工作人员中聘用的工作人员以及从社会上公开招聘的工作人员。借调或选派工作人员是因赛事组织规模与组织人力资源状况出现较大差异时，从所隶属的行政组织或其他组织管理人员中，根据组织任务的需要而借用的工作人员的情况。无偿工作人员（志愿者）是赛事期间，自愿为赛事提供无偿服务的组织成员，志愿者又分为通用型志愿者和专业型志愿者。商业组织工作人员主要是为赛事提供商业赞助活动的合同商。技术官员一般指仲裁委员、裁判员、辅助裁判员及相关的技术人员等。其中，带薪工作人员、非带薪工作人员是研究人力资源的主要构成部分和研究对象。这里需要说明的是，体育赛事人力资源应包括组织方面的人力资源和参与方面的人力资源，本书主要研究的是组织方面的人力资源。组织方面的人力资源是指为了赛事目标的实现，组织实施体育赛事的人力资源，主要是指体育赛事组委会人员，包括上述的工作人员和志愿者。参与方面的人力资源是指参加体育竞赛、观看体育竞赛、赞助体育竞赛等方面的相关人员，该方面的人力资源是体育赛事成功举办的重要资源，尤其是优秀的运动员是体育赛事最为珍贵的人力资源之一，但是由于研究针对性的限制，暂不作为研究对象。

（二）体育赛事人力资源管理的内涵

国内有些学者对体育赛事人力资源管理的内涵进行了界定，较有代表性是刘清早和王守恒。刘清早在《体育赛事运作管理》中认为：“体育赛事运作的人力资源管理是指体育赛事运作机构为了成功举办一项体育赛事，实现体育赛事的特定目标，在体育赛事运作管理过程中组建、培训、调配、激励和保障工作人员的管理过程，这里的工作人员主要是指借调或委派工作人员、专职工作人员、合同商工作人员和志愿者。”王守恒等在《体育赛事管理》中认为：“体育赛事的人力资源管理是对从事体育赛事及其相关服务领域的人力资源，运用现代管理科学进行计划、招聘、培训、遴选、任用、评估以及对员工福利保障的管理，以期达到最佳的资源配置，保证体育赛事按规定的目标顺利实施。”

以上文献对体育赛事人力资源管理内涵的界定提供了有益的借鉴。针对体育赛事的特殊性和人力资源管理活动的目标和职能，本书认为：大型体育赛事人力资源管理（以下简称体育赛事人力资源管理）是指为实现体育赛事的目标，通过实施规划、招录、培训、绩效管理、转移遣散等管理职能，协调体育赛事人力资源的内外关系，实现人力资源优化配置的活动过程。在以上内涵的界定中，强调了以下几个方面的问题：首先，体育赛事人力管理的目标是服务于体育赛事的成功举办，体育赛事人力资源管理要符合赛事组织、赛事产品服务和经济社会发展的要求。其次，体育赛事人力资源构成的人员数量、人员类别、专业要求等趋于多样化。赛事组织中不仅要拥有体育行政组织中的专职工作人员，而且要更多地聘用各类专业管理和技术人员。再次，体育赛事人力资源管理的职能主要是规划、招录、培训、绩效管理、转移遣散等。最后，体育赛事人力资源管理不仅要考虑人力资源内部的管理工作，还要考虑人力资源与其他资源的关系，协调人力资源与物力资源、信息资源等组织其他资源，实现系统的效益。

因此，大型体育赛事人力资源的管理，应该在人力资源管理理论的指导下，结合大型体育赛事的特征，力求把握体育赛事人力资源管理的特性与本质，注重体育赛事人力资源管理的理念、职能、方法等方面的研究。

二、体育赛事人力资源的特点

体育赛事组织中的人力资源，不同于一般的组织机构，既具有人力资源的一般特征，又兼具体育赛事的特征，与体育赛事活动本身有着密切的联系。根据实践和理论总结，本书认为体育赛事人力资源具有以下特点。

（一）体育赛事人力资源的临时性

体育赛事具有项目性特征，该特征决定了体育赛事人力资源的临时性。赛事组织是一种临时性组织，是围绕特定目标建立起来的一种组织形式，存在的时间长则 4~8 年，短则 1~2 年。在目标完成后，体育赛事组织就会随之撤销，组成成员负责的工作会随着赛事的完成而终结，众人也随着赛事的结束而转移或遣散。

（二）体育赛事人力资源的多样性

体育赛事人力资源的构成具有多样性特征。大型赛事运作系统复杂，现代科技运用广泛，因此，体育赛事专业技能要求也越来越高，这就需要人力资源由来自不同部门和专业领域的人员构成，如公安、交通、医疗卫生、电力、气象部门的工作人员等。志愿者也包括了专业型志愿者和通用型志愿者。专业背景、组织来源、参与动机的不同，使得工作人员和志愿者具有较大的差异，管理难度也随之增加。

（三）体育赛事人力资源的统一性

体育赛事的各种工作人员虽然自身目标各不相同，但是都具有一个共同的外部目标，即体育赛事的成功举办。在这个目标的引领下，体育赛事的人力资源组成了一个系统的整体，各个部门之间和所有工作人员之间相互协作，具备了体育赛事人力资源的统一性。

（四）体育赛事人力资源的适应性

大型体育赛事具有广泛的社会影响力和巨大的带动效应，这对体育赛事人力资源提出了很高的要求，要求人力资源迅速适应体育赛事的需求投入到工作中，而且体育赛事是动态化的，需要工作人员能够适应动态化的工作。在体育赛事人力资源的获取、使用和开发过程中，对工作人员和志愿者有很高的政治素质、道德素质、技能素质的要求，需要体育赛事的人力资源拥有较高的理论水平、政策水平、法律观念、政治品质、道德标准以及热情服务赛事的工作态度和作风。

三、体育赛事人力资源管理的措施

人力资源管理在体育赛事管理过程中属于核心战略性地位，是体育赛事获得成功并实现战略目标的前提，为此，体育赛事人力资源管理部门要针对体育赛事人力资源管理的特征实施有针对性的管理措施。

第一，建立和完善体育赛事人力资源管理的理念。改变传统的体育赛事人事管理理念，引进和确立先进的人力资源管理理念、思想和原则，建立和完善体育赛事人力资源管理体制。设计和改进赛事组织人力资源管理的运行机制，根据不同体育赛事的特点建设不同的赛事组织文化。

第二，广纳体育赛事所需的人力资源。体育赛事人力资源管理部门通过各种渠道，借助公共组织人力资源管理的技术和方法，为赛事组织寻求和吸收能够胜任赛事工作任务的人力资源。通过符合赛事要求的人才标准、双向选择机制、良好的赛事人力资源规划、合理的选拔和晋升体制，保证赛事组织既能从体育行政组织内部及时得到专业人才，又能从相关行政组织和社会组织中广泛地获取管理人才，培育赛事组织的良好形象。

第三，善于使用人才，做到人尽其用。对已经选聘的人才，赛事组织要树立“以人为本”的管理思想，真正关心，真正尊重，充分信任，大胆使用，尽最大可能发挥其潜能，做到人尽其用。赛事组织只有用好人，才可能求得人才、留住人才。

第四，做好人力资源的培训与开发。赛事组织在使用人力资源的同时，还要注重人力资源的培训与开发，在培训中实现教育，使其尽快适应赛事组织与部门管理工作的需要，也能够实现他们在赛事组织中的价值和荣誉感。形成“管理即教育”的管理哲学。

第五，合理激励，提高人力资源的绩效。人力资源管理的一个重要内容是激发人的主动性和创造性，因此，赛事组织可以凭借各种激励措施，如目标管理、晋升政策、奖惩机制等，形成良好的激励机制，最大限度地调动人的主动性，发挥人的创造性，发挥组织文化的凝聚力。

第六，做好志愿者管理。体育赛事组织在管理中特别是在对无偿工作人员（主要指志愿者）的管理中，要留住所需的人员队伍，就需要健全、完善赛事人力资源保障和激励机制，给他们以工作、发展的空间和动力。

第七，增加体育赛事人力资源转移遣散的职能。由于体育赛事具有项目性特征，人力资源管理具有临时性特征，因此，必须要做好赛事结束后人力资源的转移安置，这就比一般的人力资源管理增加了转移职能。转移遣散是一项系统工程，人力资源规划中就应着手准备该项工作。显然，体育赛事人力资源管理是一个完整的体系，不应把任何一项组织管理任务从管理整体中割裂开来，否则，将会影响到人力资源管理的其他环节，甚至是全局。

第二节 体育赛事人力资源规划的过程与方法

人力资源规划的主要目标是使体育人力资源的需求与供给平衡。体育赛事人力资源规划的过程始于对赛事组织规划的分析，将赛事组织的规划作为实施人力资源规划的依据和前提。根据人力资源管理的相关研究，体育赛事人力资源规划过程可分为三个基本环节：人力资源需求预测、人力资源供给分析和人力资源规划的实施与行动。

一、体育赛事人力资源需求预测的过程与方法

体育赛事人力资源的需求，指一个体育赛事根据战略规划所需要人员的数量和质量的总和。体育赛事人力资源需求预测，是指根据体育赛事的整体战略规划，结合体育赛事的目标和工作任务，对组织在未来某个阶段人力资源需求的类型、结构、数量和质量进行预测。需求预测是人力资源战略和规划的核心内容，是制订人力资源计划、实施教育培训方案的基础。影响体育赛事人力资源需求的因素较为复杂，包括体育赛事的战略、目标、运行情况、管理水平、组织结构、现有工作人员的素质和人员的流动情况等。这些因素对人力资源的数量和质量有直接的影响。如组织的决策、计划；组织各岗位对人员素质的要求；人员的稳定性；教育培训与组织对人力资源需求不断变化的相关性；工作时间的不确定性等。

人力资源的需求预测有长期、中期和短期之分，预测的跨度越大，各个环节因素的变化越大，不确定的因素也就越多。针对不同时间跨度的预测，采用和选择适当的预测方法和技术，将不确定性降至最低水平，提高预测的准确性。研究表明，人力资源需求预测的方法可分为定性预测和定量预测方法两大类。本书在众多研究中，提炼出了以下能够适应体育赛事需要、解决赛事人力资源需求预测的方法。

（一）单元需求预测法

体育赛事的单元是组织的一个部门、项目组等基层组织。首先由基层组织的管理人员根据以往的经验对本部门在未来某个时期的人力资源需求进行预测，再上报上一级主管部门，由上一级主管部门对其所属部门的人力资源需求进行汇总，经过层层估算，最后由最高层的人力资源决策者对整个组织的人力资源需求进行预测。这种预测是非正式计划，仅仅反映了对新职位、新人员的需求或者职位名称和内容的变化。单元需求预测法基于这样的假设，即每个部门的管理者最了解该部门的人员需求。

（二）专家意见法

专家意见法是邀请有关专家根据知识和经验进行判断的一种方法，是实际工作中运用最多的一种判断方法。专家意见法的形式很多，其中较为著名的是德尔菲法。这种方法的优点主要是简便易行，具有一定科学性和实用性，可以避免会议讨论时产生的害怕权威随声附和，或固执己见，或因顾虑情面不愿与他人意见冲突等弊病；同时也可使大家发表的意见较快收敛，参加者也易接受结论，具有一定程度综合意见的客观性。但缺点是由于专

家一般时间紧，回答往往比较草率，同时由于决策主要依靠专家，因此归根到底仍属专家们的集体主观判断。此外，选择合适的专家也较困难，征询意见的时间较长，难以应用于快速预测等。尽管如此，本方法因简便可靠，仍不失为体育赛事人力资源规划的有效预测方法。

（三）集体观点法

集体观点法是公共组织中运用最为广泛的预测方法。它首先从组织内部和外部的各种原始资料中搜集信息，然后将这些资料的信息达成团体共识，从而确定体育赛事人力资源需求的数量。

（四）趋势分析法

利用趋势分析法进行需求预测的基本思路是：确定组织中究竟哪一种因素与人力资源的数量和结构的关系最紧密。然后找出历史上这一因素随员工数变化而变化的趋势，由此推测出未来的趋势及对人力资源的需求量和需求结构。通常需要由知情专家根据经验和判断做出必要的修正。

二、体育赛事人力资源供给预测与方法的选择

经过上述人力资源需求分析，预测了体育赛事所需要人力资源的数量和类型，那么，如何获得所需的人力资源？通过内部招聘还是通过外部招聘，或是招募志愿者？这就需要通过人力资源的供给分析来解决。影响人力资源供给的因素很多，由于赛事组织是一个临时性组织机构，原有职能管理部门能够直接参与赛事的人员数量不足，同时还要兼顾原有工作需要，这些因素都会导致赛事组织人力资源配置不足。

对于赛事组织内部的人力资源供给分析，可采用建立体育赛事专业人才信息库的方法。信息库可以将体育赛事专业人员的基本信息如姓名、出生年月、联系方式、工作经历、赛事工作经历、教育背景（学历学位）、职业经历、特殊知识和技能、特长爱好、获奖情况等进行整理和维护，方便体育赛事人力资源管理部门随时掌握管理人员、专家、工作人员等专业人才的构成状况，必要时可为赛事组织及时提供管理人员及工作人员。一般可采用问卷或资料统计的方式获取体育赛事人才的相关资料。体育赛事人力资源的供给分析，对于招聘和录用其他工作人员是必不可少的环节，无论是赛事规模的扩大，还是工作内容的扩展，赛事组织基本上都需要从同行或其他组织那里获得需要的工作人员。

外部工作人员的供给预测，是对体育赛事人力资源的供给和需求进行平衡的一种方法，既要解决总量平衡的问题，又要解决结构性供给与需求平衡的问题。在管理学中，外部人力资源供给分析预测的方法很多，赛事组织中可采取相关因素预测的方法，通过调查分析，在与赛事组织工作相关的部门、机构、行业、系统（如省、市、地级体育部门）中，获得与赛事相关的人员数量及质量，分析各类人员情况对赛事组织工作的影响程度，预测人力资源供给的基本状况。

三、体育赛事人力资源规划的实施

通过以上分析可见，做好体育赛事人力资源规划的最后一步就是实施与行动，根据以上工作人员的供给和需求的分析和比较，制订行动决策，平衡人力资源的供给与需求。

基于以上分析，大型体育赛事对人力资源的规划需要通过以下途径实施：第一，人力

资源的招聘。根据赛事的目标和岗位的设置以及工作人员的配置要求，确定人力资源招聘计划的基本政策以及具体方案。一般情况下，包括招聘人员的数量、种类、时间、渠道、人员素质要求等方面的因素。第二，人力资源的培训。包括培训目标、培训内容、培训方式、培训对象和培训预算等。第三，内部人力资源调动。以北京奥运会组委会竞赛管理团队的人员晋升、转岗流动为例，通过大型赛事组织工作的经历与考验，赛后对团队管理人员进行了内部调动或调整，包括升迁计划、晋升政策、管理梯队接班人计划和组织结构调整等。第四，人力资源的薪酬和奖励。可包括薪酬体系的构建、薪酬的等级、奖惩设定等。同时还可以通过提升赛事的社会影响和公众形象吸引更多的参与者。

第三节　体育赛事人力资源招聘与录用

一、体育赛事人力资源招聘与招募

根据赛事人力资源的不同类型，可分为招聘和招募。招聘是体育赛事组织单位向其他社会群体招收工作人员，需要支付给被招收人员一定的薪资作为交换劳动的报酬；招募是体育赛事组织向其他群体发出加入邀请，招募者可以不支付费用或向被招募者收取一定费用，一般指志愿人员。

（一）体育赛事工作人员的招聘

工作人员的招聘程序一般包括：确定招聘规模、确定招聘岗位、选择招聘渠道、制订招聘计划、选择招聘来源与方法、整理候选人资料、招聘甄选、签署聘用合同等。见图8-1。

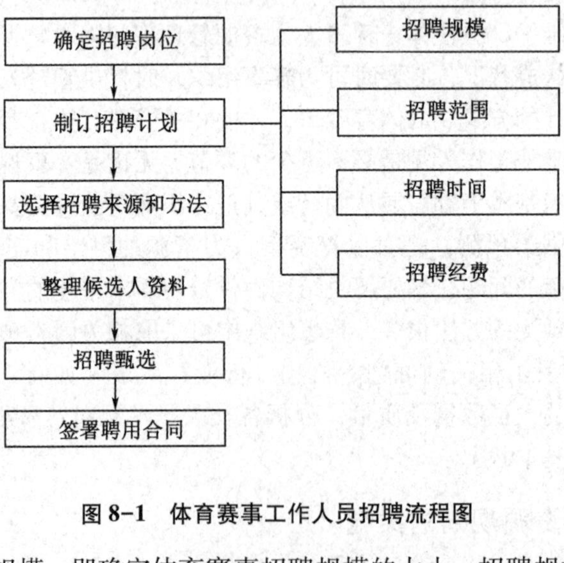

图8-1　体育赛事工作人员招聘流程图

第一，确定招聘规模，即确定体育赛事招聘规模的大小。招聘规模的大小取决于体育赛事的规模和人力资源管理的效率。体育赛事的规模决定了赛事组织部门和机构的设置以及工作人员的岗位数量，这与招聘规模密切相关。而人力资源管理效率高则可以使用较少的工作人员，但人力资源管理效率低则需要较多的工作人员。因此，体育赛事的规模和人力资源管理的效率决定了招聘规模的大小。

第二，确定招聘岗位。这是整个招聘活动的起点，包括数量和质量。只有明确获知组织的编制计划和任职条件的具体要求后，才能够开始进行招聘。确定招聘岗位要依据体育赛事工作分析的结果，用体育赛事所需的全部工作岗位减去借调工作人员和志愿者工作岗位就是招聘的工作岗位。

第三，制订招聘计划。制订招聘计划主要是针对体育赛事承办单位进行系统或行业的外部招聘，招聘计划的内容主要包括以下方面：招聘的规模、招聘的范围、招聘的时间和招聘的经费预算等，赛事组织还可以根据赛事具体情况增加其他内容。招聘规模取决于阶段的多少，阶段越少招聘的规模相应越大；每一阶段招聘的比例越高，招聘的规模就愈大。这种招聘计划也可用于赛事志愿者的招聘活动。招聘工作本身需要一个过程和时间，因此，根据不同筹备时间阶段对人员的需要，需合理地确定招聘的时间。招聘的经费预算是指赛事人力资源部门对招聘成本做出的估计，一般包括人工费用、通信费、专业咨询费、资料费、宣传费用、场地费用以及办公用品等费用。

第四，选择招聘来源，即选择潜在候选人所在的目标群体；招聘方法是让潜在的候选者获得招聘信息的方式和途径。体育赛事组织使用何种招聘方式取决于所招聘职位的特征和所能调动的招聘资源以及工作的时间限制等因素。通常对于一般人员的招聘可采用内部和外部招聘两种渠道。内部聘任的来源主要是由相关行政机构中担任相应工作职位的人员承担赛事组织机构中的相应职务。内部招聘的方法主要是通过考察人事档案或人事调配、工作公告法等方法进行。目前计算机网络技术和信息系统比较发达，可以利用计算机技术对员工的个人信息进行动态化和规范化管理，提升内部聘用的效率和效果。外部招聘的来源主要是相关系统或行业、学校、其他赛事组织的人员。体育赛事人力资源的外部招聘主要采用推荐招聘的方法，这种方法成本较低，推荐人对候选人比较了解，能够很快适应交付的工作任务。另外还可采用赛事宣传、媒体广告、报纸、网络、广播电视等方法。不管采用哪种方法，进行招聘信息的发布都是一项很重要的内容。

第五，整理候选人资料。收集所有报名的候选人资料，对候选资料进行归类整理，然后根据工作规范书进行初步的资格筛选，剔除不符合要求的人员。通过整理候选人资料，一方面为后续招聘工作打基础，另一方面也可以建立备选人员数据库，以应对人员流动和增加的变化情况。

第六，招聘甄选。该项工作一般是在体育赛事人力资源管理部门指导和监督下，由用人部门具体组织实施，必要时可成立由人力资源部门、纪检监察部门和用人部门及有关专家组成的招聘工作小组，具体承担招聘甄选的实施工作。招聘甄选要确定工作岗位的最终人选。

第七，签署聘用合同。体育赛事人力资源管理部门要代表组织或主管部门与聘任人员签署聘用合同，明确双方职责、任务、义务和权利等。聘用合同一经签订，双方应严格遵守。

（二）体育赛事志愿人员的招募

体育赛事志愿人员（以下简称志愿者）招募与体育赛事招聘不同，招募主管部门是志愿者部，招募程序也不一样。志愿者的招募流程一般包括：申请人报名、材料审核、初步选择、面试、确定岗位、发放录取通知、签订服务协议等，如图 8-2 所示。志愿者的报名工作与招募来源密切相关，报名的方式也各有不同，一般可以采用高等院校、社会团体等团体报名或个人报名的方式。不同类型的大型综合体育赛事可以依据社会背景和时代要求选择不同的招募方式，按照申请者参与途径的不同，志愿者招募可采用政府组织动员、社会招募等方式进行。

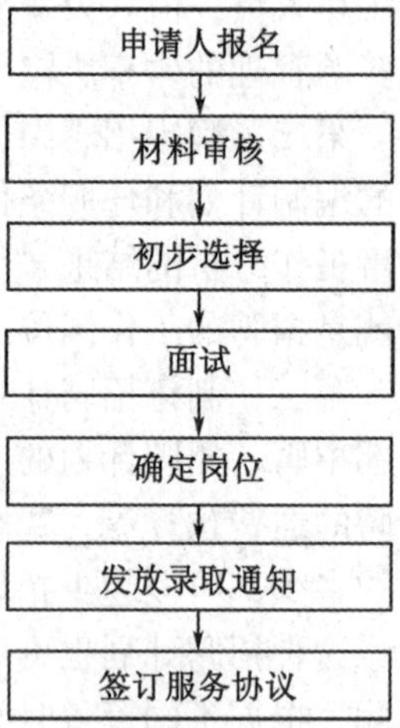

图 8-2　体育赛事志愿人员招募流程图

二、工作人员及志愿者甄选录用

（一）工作人员的甄选录用

甄选录用主要是评价应聘者的知识能力、技能经验等方面，预测应聘者是否能够承担体育赛事的相关工作，一般情况下，甄选录用工作应由人力资源部门和相应的工作部门共同完成，录用的决策也是由相应工作部门做出。录用工作可采用以下程序进行：评价应聘者的工作简历及申请表、进行选拔和面试、审核材料的真实性、试用及录用等。在整个过程的每一步骤中，都要有相应的关键决策点，达不到关键决策点的要求就可淘汰，只有通过决策点的才可按程序继续选拔，如图 8-3 所示。

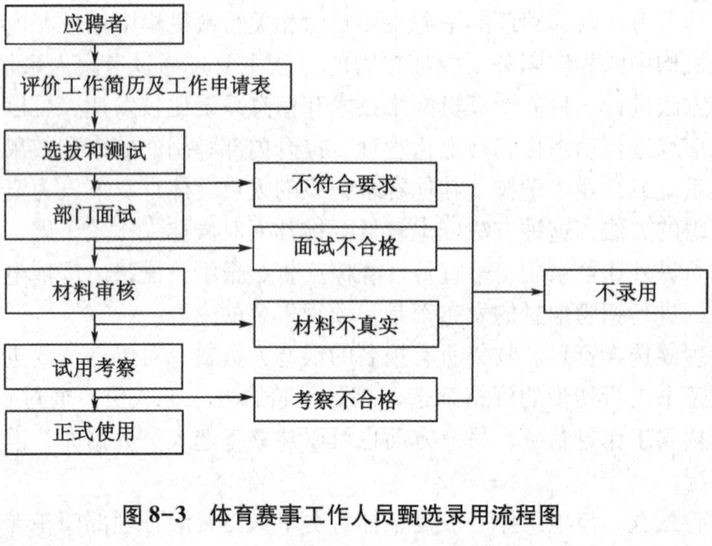

图 8-3　体育赛事工作人员甄选录用流程图

（二）志愿人员的甄选录用

在志愿者的甄选录用中一般可采用申请表筛选、知识考试、面试、情景模拟和心理测试等方法。申请表筛选是指志愿者管理部门或相关机构对志愿者提供的申请表进行审核、分类、评价、挑选的过程。首先，审核志愿者提交的申请表是否完整和符合要求；其次是按照志愿者职位对志愿者申请表进行分类，尤其是区分出哪些是通过申请表筛选即可的职位，哪些职位还需要运用其他方法进行测试；再次是按照志愿者职位的要求，结合个人相关证明材料或其他方式对志愿者资格进行审查和评价：最后是将符合条件的志愿者挑选出来，需要进一步测评的，进入下一个环节。申请表筛选的方法是志愿者甄选的主要方法，其优点在于简单易行，成本较低，效率较高。这种方法的不足是衡量的标准不够客观，且对志愿者的考察不够直观，不容易了解申请者的实际能力。根据需要，对于一些专业性较强的志愿者职位可以采取知识考试的方法对志愿者的知识深度、广度和结构进行测评和了解。根据运动会志愿者的特点，一般知识考试对知识广度要求并不高，主要测试的是有关志愿者服务领域专业知识和特殊技能。

面试是一种经过设计，在特定场景下，以交谈与观察为主要手段，了解被试者综合素质和潜在能力的测评方法。在志愿者招募过程中运用面试的方法可以使主试者有机会面对面观察、了解志愿者，进一步考察其相关能力和特点。对于大型综合性运动会志愿者招募来说一般采取结构化面试和随机问答的方法。面试的内容可以包括仪表仪态、志愿动机、工作经验、语言表达能力、综合分析能力、理智与耐心、人际关系、精力与活力、兴趣爱好等。

面试的优点在于：比较直观，面对面了解申请者的信息；可进行双向沟通；信息相对全面。面试的不足在于：费用相对较高，时间较长，可能存在各种偏见，受主试者经验影响大。情景模拟测试，就是指根据志愿者申请者可能担任的岗位，编制一套与其工作实际情况相似的测试项目，将被试者安排在模拟的、逼真的工作环境中，要求志愿者申请者处理可能出现的问题，用多种方法来测评其心理素质和潜在能力的一系列方法。情景模拟是一项科学的测评方法，但需要在调查研究的基础上精心设计、细致准备、科学操作。心理测试是指通过一系列的心理学方法来测量被试者的智力水平和个性差异的一种科学方法。在志愿者招募的过程中，这是一种有效的方法。通过心理测试，了解志愿者申请者的潜力和心理活动规律，了解其性格特点和心理健康状态。心理测试从内容上分智力测验、个性测验和特殊能力测验等三种。心理测试的优点在于：迅速快捷，相对科学，比较公平，可以比较。心理测试的缺点是测试结果可能被曲解、测试方法可能被滥用。

第四节　体育赛事人力资源培训

培训是体育赛事人力资源管理系统中的一个重要环节，通过培训使工作人员在现在或未来的工作岗位上达到工作要求，其最终目的是提高组委会运行的效率。

一、体育赛事人力资源培训的目标与原则

（一）体育赛事人力资源培训的目标

体育赛事人力资源培训的目标是：培养掌握赛事筹办规律、具备精良的综合素质、具有一定组织管理能力和较高专业技术水平的选调工作人员队伍；培养具有熟悉岗位细则、热情服务、乐于奉献的志愿者队伍；培养符合赛事要求、规范、专业的其他赛事服务人员队伍，使工作人员具备完成工作任务必备的知识和技能，建设高水平的体育赛事工作团队。

（二）体育赛事人力资源培训的原则

根据体育赛事的规模和性质不同，培训的制度各有不同，但体育赛事具有一些共同的规律，体育赛事人力资源培训中需要遵循以下原则。

① 全面培训与重点培训相结合原则。体育赛事组织一般应围绕筹办工作的具体需要，以选聘工作人员和志愿者为重点，着重对骨干队伍进行培养，同时兼顾其他工作人员的培

训。

② 集中培训与自主学习相结合原则。以赛时运行工作为核心，采取讲座、研讨、座谈、考察等多种集中培训的方式，同时鼓励工作人员坚持自学为主。

③ 综合知识培训与专业能力培训相结合原则。围绕赛事工作的目标和任务，注重服务第一，能力为本，既要加强综合知识和能力的培训，又要注重专业技能的提高。

④ 培训内容与实际操作相结合的原则。培训内容、方式和时间的安排，必须根据受训人员的岗位要求来确定，使培训与使用一致。在体育赛事人力资源培训工作中，一是需对培训做出整体规划，根据不同人员的工作需要，有针对性地选择培训内容；二是要根据受训人员的工作性质和素质情况，有针对性地决定培训内容。

⑤ 理论教学与实践演练相结合原则。体育赛事具有很强的实践性，而且具有项目的一次性特征，因此，培训工作要注重实际能力的培养。培训工作中单纯的理论教学并不能有效地提高工作能力，特别是对突发事件的有效应对。专业性事务的处理（如新闻翻译、急救、收发传真等）工作，并非理论教学所能解决的，必须结合现实的场景和操作才能够完成。为此，在具体的操作中，可以通过课堂讲解、情景模拟、实践操作等多种途径完成培训过程，提高培训的效果。

⑥ 按需施教与因材施教相结合原则。按需施教是指根据赛事筹备各个阶段的不同需要，以及工作岗位的不同要求确定培训内容，进行切合实际的培训。这种需求主要包括：一是职能需求，不同部门和不同性质的岗位具有不同的职能，要按各职能所需进行不同的培训；二是职位需求，不同层次和类型的职位在培训内容和培训目标上是不同的，按不同的职位层次与类型进行定向培训；三是发展需求，随着赛事各阶段出现的新情况，以及不同赛区的具体情况，及时发现问题，统一标准和尺度实施应急培训工作。

二、体育赛事人力资源培训的类型与内容

（一）工作人员培训的类型、内容及方法

工作人员培训主要是针对赛事组织组建后对新进人员或新调入的工作人员在履行工作职责过程中进行的岗位培训。根据对工作人员岗位的不同的要求，培训的类型分为综合培训、专业技能培训等。综合培训主要指上岗培训，包括赛事的通用知识、竞赛项目知识、赛事组织与运行、危机管理以及筹备、组织、服务赛事的其他基本知识和规范要求。专业技能培训是为满足不同岗位工作需要进行的专业知识和技能方面的培训。培训的方法包括课堂演讲法、操作示范法、主题式培训法、多媒体视听法、阅读书籍法、案例培训法，培训过程中可以灵活选用以上方法。

（二）志愿者的培训类型及内容

以奥运会志愿者的培训为例，奥运会志愿者的培训分为通用培训、专业培训、场馆培训和岗位培训四个不同类型。其中通用培训是所有志愿者参加的第一个也是最基本的培训项目。这一培训主要给志愿者们介绍体育赛事基本知识、国家和城市基本状况、传统文化和礼仪规范以及作为志愿者的权利义务、应急和安全知识等。北京奥组委为这类培训特别制作了《北京奥运会志愿者培训教材》和一些多媒体课件，利用讲座和互联网远程教学的方式给志愿者授课。

专业培训、场馆培训和岗位培训主要由各个不同的场馆团队负责，这些培训也更有针

对性地为志愿者提供专业技能和知识培训，满足专业服务的要求。专业培训根据特定的竞赛项目有所不同，按不同志愿服务岗位的专业要求，奥组委组织专业人员向志愿者教授所应掌握的相关专业知识和技能。场馆培训则是随着场馆的完工以及场馆团队的形成逐渐开展，内容主要包括场馆的功能、内部设施、结构特点以及该场馆内比赛项目的相关知识和规章制度等。

在奥运会开赛前一个月，志愿者进入“临战状态”，开始到工作岗位上进行实战训练，也就是岗位培训，在实践中熟悉工作流程和任务，积累工作经验，明确自己的职责，找出问题并及时解决，并对一些可能发生的紧急情况设想处理措施。如在奥运会开赛前的一系列“好运北京”赛事中，一大批备选的奥运志愿者参与到了赛事中进行了实战演练，而这些测试赛同时也是对这些备选志愿者的选拔，优秀的测试赛志愿者将继续承担北京奥运会正式比赛的志愿者服务工作。另一方面，前期志愿者、赛会志愿者和城市志愿者这三大志愿者团体根据自身特点的不同，培训内容也有差异。前期志愿者在参与通用培训和专业培训的同时，还要熟悉北京奥运会组织工作情况，理解奥组委的工作流程，以融入北京奥运会管理核心之中。残奥会赛会志愿者的培训计划除了参照奥运会赛会志愿者的培训内容之外，还会侧重培训残奥会和残疾人的相关知识，增强对残疾人的关心和理解，提高志愿者服务残疾人的技能。

复习思考题

1. 简述如何选择和录用志愿者。
2. 简述体育赛事人力资源培训的原则。

第九章 体育赛事的市场营销与市场开发

第一节 体育赛事市场营销

一、体育赛事市场营销的含义

著名营销学家菲利普·科特勒认为，市场营销是指个人和群体通过创造并同他人交换产品和价值，以满足需求和欲望的一种社会和管理过程。在此定义的基础上，本书将体育赛事市场营销定义为，以体育赛事及其相关产品和服务为载体，以满足体育赛事相关利益个人或群体需求为目标的一种运作管理过程。体育赛事市场营销根据营销主体的不同而具有不同内涵。

从广义上而言，任何与体育赛事有利益关系的个人或群体都可以成为营销主体，主动地运用营销手段，使体育赛事为满足其需求而服务。申办赛事是为了对城市和政府进行营销，使赛事成为“城市名片”，提高城市的知名度和美誉度等。参与体育赛事的运动员也能成为赛事营销主体，尤其是在完全市场化运作的西方发达国家体育赛事市场中，运动员及其经纪公司会对运动员参与的赛事进行仔细选择，以有利于运动员竞技水准及个人知名度的提高。向体育赛事提供赞助和支持的企业也是赛事营销主体，通过赛事平台建立与消费者的沟通渠道，传递企业信息，增加产品销量，提升企业品牌等。

从狭义上而言，体育赛事市场营销主体只能是对体育赛事有经营决策权的个人或群体。此种意义上的体育赛事市场营销主体即体育赛事的运作管理机构。

本书所论述的体育赛事市场营销，正是从狭义的范围出发，即站在体育赛事运作管理机构的角度，探讨在不断变化的体育赛事运作内外环境中，如何以体育赛事为载体，通过满足赛事相关利益个人与群体的需求，从而实现体育赛事的经济及社会效益。此种意义上的体育赛事市场营销主要包括如下内容：向运动员介绍赛事，吸引运动员参与；吸引媒体报道赛事；吸引公众前来观看比赛或者关注媒体对赛事的报道；与政府部门进行沟通，以获得政府对赛事强有力的支持及参与；寻求企业及其他团体、个人对赛事的赞助、捐赠与支持；寻找能为赛事提供各种高效、专业化产品与服务的供应商等。

二、体育赛事市场营销的对象

根据体育赛事营销的主要内容，体育赛事的营销对象主要包括六类，即运动员、观众、媒体、政府、赞助商以及能为赛事提供产品或服务的供应商。

（一）运动员

运动员是体育赛事的主要参与者，他们的表现带来了视觉刺激和精神的娱乐，他们是体育赛事的重要主体之一。因此，运动员是体育赛事营销的主要对象，尤其是吸引高水平运动员的参与能够提升赛事的档次和水平，从而引起全世界的瞩目。比如现在每年举行的网球四大满贯赛事，集中了全世界网球界最为顶尖水平的运动员参赛，其效果和影响力巨大，短短十几天的赛事成为人们的盛大节日。赛事运作管理机构可以与运动员所在的俱乐部、运动队或者教练、经纪人联系，吸引大量的高手参赛。

（二）观众

观众既包括赛事的现场观众又包括通过电视等媒体观看直播的观众。体育赛事运作管理机构可以通过邮寄宣传品、媒体、互联网等进行宣传，扩大赛事的受众群体，需要制订不同层次的门票，满足不同的消费群体。比如，媒体公司 Initiative Media 针对 2015 赛季 F1 大奖赛的观众情况进行了调查，剖析了 F1 比赛观众群体的构成情况。结果表明：与其他体育赛事相比，收看 F1 比赛的观众中高收入者所占比例非常高，而高收入群体恰恰是 F1 进行赛事营销的主要目标。

（三）媒体

媒体是体育赛事组织者做好宣传工作需要借助的强有力的手段。因此，要正确认识到赛事的运作管理机构与媒体是合作发展的关系，进而处理好与媒体的关系。通常大型体育赛事在组委会成立时，赛事倒计时一周年时都会召开新闻发布会，这时需要向重要的媒体发出邀请函，向媒体介绍赛事的特点与“亮点”。赛事的组织者也可以视赛事的情况选择特定的媒体作为合作者。

（四）政府

在我国现行的体制下，政府的权力是一种非常重要的资源，需要进行详细的策划，主动地利用这一资源。要向政府宣传通过举办赛事能够为举办地带来的利益，比如知名度的扩大、美誉度的提升、综合性的社会效益等。最终要达到的目的是引起政府的关注，并让其提供政策支持，得到政府各部门的协助，并通过政府号召来扩大民众对赛事的关注与支持，进而提升体育赛事的价值。

（五）赞助商

赞助商的选择和谈判是体育赛事营销中最为重要的一个环节。吸引不同赞助层次的企业是体育赛事营销最为重要的目标，也是赛事运作管理机构能否为赛事筹集足够的资金、创造赛事经济效益的关键。要进行详细的赛事整体策划，寻找到企业与赛事的契合点，实现赛事运作管理机构与企业的双赢。

（六）供应商

体育赛事，尤其是大型体育赛事的运作管理是个非常浩大的系统工程，工作量大，涉及面广，专业性强，时限要求高，单凭体育赛事运作管理机构一己之力很难保证赛事的成功举办，也不利于运作成本的控制和效率的提高。因此往往需要一些专业化的服务公司进行支持，比如说开幕式的设计、市场推广、旅游、餐饮、食宿的安排等，需要由专门的公司来进行协助。通过与专业的公司合作，不仅分担了赛事运作管理机构的巨大压力，而且也整合了当地的资源，提高了赛事的质量。因此，这些专业化的公司也是赛事营销的重要对象。

尽管将体育赛事的市场营销对象划分为以上具有某些共同特点的群体，但同一群体中的不同个体对赛事仍然会有不同的需求。比如，对于尚未进入本地市场的企业而言，赞助赛事的最大动机可能是寻求突破口，打响品牌；但对于一个在本地已拥较大市场份额的企业而言，它的需求是赛事如何帮助它维护已有的知名度和美誉度，或者进行产品促销，或防止新的竞争对手进入本地。因此，在制订具体的赛事营销计划和方案时，有必要针对不同的营销对象进行更为细致的市场调研、构思和策划，这是任何赛事营销成功不可或缺的重要部分。

三、体育赛事市场营销代理

在前面已将本书所阐述的体育赛事市场营销主体界定为体育赛事运作管理机构，但在市场经济社会中，从事体育赛事市场营销的却远远不止体育赛事运作管理机构，各种专业的广告公司、公关公司、体育赛事推广机构、体育经纪人已日益成为体育赛事市场营销中的重要力量，将其统称为体育赛事市场营销的代理机构。

曾经就任国际奥委会市场开发总裁、现任欧洲最大体育媒体 Sport5 的全球执行副总裁 Laurent Scharapan 认为，中国的体育营销要取得突破和成功，首先应重视体育代理机构的作用。他指出，代理机构的推销能力很强，具有专业的营销水准，充分发挥代理商的作用可以更好地推动体育营销业的发展。Laurent Scharapan 的评论是对西方成熟体育赛事市场的经验总结，值得我们借鉴。但是，目前中国职业化、规范化运作的代理机构数量少、规模小，其发展壮大必然有一个长期的过程。此外，由于中国竞技体育特有的举国体制，体育赛事运作管理机构自身身份难以长期保持，使得它们与代理机构的关系经常是短期的，甚至是断裂的，彼此之间缺乏信任，难以建立融洽的合作伙伴关系，这也阻碍了代理机构营销优势的发挥。而这些问题一方面有待于国家宏观政策及体育市场体制机制的转变，另一方面体育赛事运作管理机构也应提高自身意识，加强与代理机构的沟通与合作，以双赢为目标，同时也要通过法律、经济的手段去防范合作中的风险。

四、体育赛事市场营销方式

现代市场经济的发展，商业竞争的加剧，信息科学技术的发达，使体育赛事营销方式越来越丰富、新奇，赛事比赛现场可用的广告营销方式就至少包括现场广播广告、电子显示屏广告、场馆座椅广告、秩序册广告、门票广告、海报广告、空飘气球广告、充气模型广告、产品实物广告等。根据不同标准，可以将体育赛事营销方式划分为不同类别：以付费方式为标准，可以划分为公开付费的广告形式和非付费的广告关系形式；以营销载体为标准，可以划分为线上营销（电视营销、互联网营销、纸质媒体营销等）和线下营销（活动营销）；以营销对象是否参与为标准，可以划分为单方向营销和互动式营销；以营销是否直接面对终端消费者而言，可以划分为间接营销与直接营销。

不同的体育赛事营销方式有各自的长处与不足，适用于不同的赛事营销对象和情况。常见的体育赛事营销方式如下。

（一）媒体广告

媒体广告营销，指的是由赛事运作管理机构向媒体经营单位直接支付费用或者以赛事资源进行有偿交换的营销形式，主要包括电视、报纸、杂志、互联网、户外广告。付费广告的共同特点是费用高，尤其是电视广告，不仅播出的价格昂贵，还需要昂贵的制作费用。付费广告使用媒体不同，传播效果也不同。电视的传播覆盖范围最广，视听合一，直观性最强，冲击力、感染力强，但转瞬即逝，不便记忆。报纸是平面广告中出稿量最大、传播范围最广的媒体，便于保存，承载的信息量大，但分布太广的报纸可能难以抓到目标市场。杂志的读者群体比较固定，利于针对特定的目标进行市场营销，在广告创作的自由度上也更大，印刷精良的杂志也有利于长期保留。互联网广告是新兴的广告形式，近年来发展迅速，它具有制作成本低，广告内容容易改变的优点，但互联网广告的传播受到互联网普及率的限制，更适宜于对年轻时尚群体或者高科技使用人群的营销。户外广告种类繁多，包括各种建筑体广告、霓虹灯广告、灯箱广告、车身广告等，相对其他付费广告而言，户外广告的费用较低，可以在营销目标人群聚集的地方展示，但容易受到户外复杂环境因素的干扰和影响。

（二）媒体宣传

媒体宣传是相对于媒体广告的概念，它通过媒体传播赛事信息，但无须向媒体经营单位直接支付费用。体育赛事采用媒体宣传进行营销有着天然的优势，因为现代体育赛事大都具有休闲娱乐性，更容易吸引媒体的关注与报道。媒体宣传方式与广告方式相比，通常被认为更客观、公正、真实，因此其传播的信息比起广告信息更容易为营销目标对象接受。但赛事运作管理机构对媒体宣传的可控性低，宣传的内容和形式的最终决策权在媒体机构而非赛事运作管理机构。因此，对于赛事运作管理者的营销策划能力要求更高。

（三）赛事自有广告

现代体育赛事本身就是一种强有力的传播载体，比如，热门赛事的场地中的广告牌不仅使现场观众接受广告信息，还将随着电视转播的实现，向全国乃至世界各地的人群传播广告信息。所谓体育赛事的自有广告，即是指通过体育赛事自身所拥有的各种广告发布载体。赛事的自有广告主要包括赛事场地广告、印刷品广告、服装广告、官方网站广告等。常见的赛事场地广告有比赛场内广告牌、电子显示屏广告、座椅广告，场外的空飘气球广告、充气模制广告、拱门广告等。赛事印刷品广告包括赛中门票广告、秩序册广告、成绩册广告等。服装广告包括赛事工作人员服装广告、运动员服装广告、裁判员服装广告、志愿者服装广告等。这些广告资源既是体育赛事运作管理机构进行市场开发、寻求企业赞助、取得经济效益的主要资源，也能作为赛事自身营销的有力工具和手段进行运用。赛事自有广告的共同特点是为赛事运作管理机构所有，无须向其他单位付费，但也会有一定设计、制作、发布和维护的费用。在使用赛事自有广告进行赛事营销的过程中，需要注意的是赛事的广告资源是有限的，占用部分赛事广告资源进行营销，实际上就是减少了可用于获取赛事经济效益的广告资源。另外，赛事自有广告资源的发布时间大都是在赛事举行期间，并且覆盖的范围及所能达到的目标群体比较局限，这是运用赛事自有广告进行赛事营销时需要考虑的问题。

（四）赛事相关活动

现代体育赛事的休闲娱乐功能越来越突出，体育赛事不再是单纯的体育比赛，在比赛前后及比赛期间都常常会举行各种相关活动，吸引更多的群体关注及参与到赛事中来。这些赛事活动从实质上来说，是面向不同目标群体，满足其特定需求的赛事营销方式之一。我国大型综合性运动会多有举行火炬传递、开幕式大型文艺汇演、群众体育先进代表表彰等各种传统活动的惯例，只是这些活动通常带有鲜明的政治性，营销的概念则很薄弱。但随着我国体育赛事的市场化、社会化进程，体育赛事运作者逐渐具备了更为全面和深入的营销观念，通过赛事相关活动来进行赛事营销正成为越来越普遍的方式。

在体育赛事营销方式多样化的今天，体育赛事运作管理机构通常会选择并综合运用多种营销方式。比如，当体育赛事运作管理机构举行路演活动来促进门票销售时，可能会综合运用多种营销方式：活动举行前在报纸上刊登广告或进行宣传，在赛事官方网站上进行活动公告，向潜在购买者直接邮寄传单，通过互联网发送宣传活动电子邮件；活动现场设置户外广告，采取现场抽奖促销方式，邀请新闻媒体现场采访；活动后进行电话回访、邮寄致谢函等。

此外，随着科学技术的进步，不同行业间的渗透、融合、整合产生了手机电视、移动电视、网络电视（IPTV）等新媒体，使得体育赛事的营销方式呈现更为复杂多变的态势。正如新传集团 CEO 张莅政所言："新媒体呈现世界杯的独特之处在于能够利用网络视频互动的特点，以及全面丰富的图文携带内容，伴随主持人在演播室点评，实现全球网友球迷的互动。"

综上所述，对体育赛事市场营销方式的掌握并不在于如何明确划分其类别，而在于如何选择适宜的营销方式，并加以灵活组合运用。而影响营销方式取舍的主要因素包括：赛事营销的预算、赛事营销对象的特征、赛事营销时间的跨度、赛事营销范围的广度等。没有任何两项赛事的实际情况是相同的，这意味着在选择营销方式和制定营销方案时，体育赛事运作管理机构虽然应该积极吸取与借鉴其他赛事的经验，但更为重要的是从赛事自身实际情况出发，充分调查研究，勇于创新与尝试，能够及时修正错误，这些都是使赛事最终营销成功不可缺少的组成部分。

第二节　体育赛事市场开发

一、体育赛事市场开发的概念

（一）体育赛事市场开发的含义

体育赛事市场开发的主要内容的是：体育赛事的组织者主动使用体育赛事所拥有的各种资源，通过与企业之间的市场交换行为，尽可能地增加赛事收入的过程。体育赛事市场开发的直接目的是为举办赛事过程中提供办赛经费、设备等产品或是服务。总体目标是更好地树立、发展、维护体育赛事整体品牌形象，同时也是为赞助商提供营销与推广平台，以期实现双方共赢的局面。

随着国际体育产业的快速发展，市场化体制运行的日趋完善，对体育赛事市场开发的研究和讨论已成为体育界和商界的热门话题，并在学术界已经取得了阶段性的重要研究成果。

关于市场开发的界定：学者孙琦认为，市场是在商品使用价值让渡和价值实现的二重化过程中，在当事人之间形成的物质利益交换关系的总和。体育赛事市场是以体育服务为宗旨、体育经营为手段、体育活动为主要内容的专业化市场。体育赛事市场是以体育竞赛、体育表演为核心，以体育经营为手段，以体育竞赛、表演活动为主要内容的专业市场，是各类体育市场中最为活跃、体育特征最为鲜明的部分。体育赛事市场主要内容是体育赛事资源的市场开发。体育赛事市场是体育产业市场的核心和主体构成，良好的体育赛事市场的开发，有利于整个体育市场的繁荣与发展。学者刘清早（2006）认为，体育赛事市场开发就是体育赛事运作管理机构立足于赛事所拥有的各种赛事资源，通过市场之间的交换行为，尽一切可能增加赛事收入的整个过程。学者丁青（2012）认为，体育赛事市场开发是指在特定的场所，以体育竞技比赛为核心，以市场营销为主要手段，以满足买卖双方供给和需求及整个社会生产与需求的平衡为目的，以追求经济效益最大化为主要目标，通过一定专业化的生产和交换，买卖双方围绕相关资源、服务、产品等进行的经济活动的进程。

（二）体育赛事市场资源的类别

目前我国的赛事种类繁多，当前这些赛事大多由政府出面协调和主办，政府出资占相当大的比重。随着我国体育赛事市场化的进一步发展和诸多商业性赛事的创办和举行，我国的体育赛事市场化程度不断提高，市场开发的比重不断增加，并呈逐年增加的势头。但总体而言市场化的程度仍然不高，主要原因在于对于一些赛事的产权界定仍然存在一定的困难：一方面政府出资开发市场不符合市场发展的规律和要求；另一方面对于大型赛事的市场开发而言，我国缺乏统一的市场运作的环境。同时，由于赛事市场开发的各项运营成本很高，我国缺乏这样的能够独当一面的企业群体，企业文化与赛事市场开发缺乏长期有效的合作机制，加之市场本身的调节机制的落后，导致赛事市场开发的社会化、市场化程度低下，产权混乱。在这样的情况下，赛事市场化仍然在有限的范围内运转，难以实现赛事市场自身的调节。根据政府在市场开发中作用地位的不同，将我国目前的赛事按照市场化的程度进行如下划分：

一是政府主导型的市场开发。这是目前我国大型赛事主要的运作方式，包括全运会在内的我国大型赛事的市场开发都属于这种类型。这种开发方式是在政府或其指定机构的推动下，自上而下地展开，设立相应的市场开发机构，就赛事基本运作所需资金缺口进行有针对性的市场开发，其主要目的是解决赛事运作所需资金，仍然谈不上持续性和深层次发掘其文化内涵或市场。

二是“政府搭台，企业唱戏”的市场开发。这是很多进行市场化开发试验的赛事所选择的一种开发方式，这类赛事的规模一般较之前者小，但其市场开发的灵活度更高。政府或其相应管理机构，在赛事举办周期内利用赛事进行产品设计，并以政府名义举办各类招商活动，鼓励企业参与其中，为企业参与赛事提供包括地方性政策倾斜在内的种种便利，鼓励更多企业参与。此方式在目前的产权制度体系之下运作更为灵活，更有成效。一般多为省级政府使用此方式鼓励赛事经济发展，如上海市创立的多项体育赛事，而环青海湖自行车赛也在这样的模式下，在政府保驾护航与有限范围市场开发的轨道中逐步发展壮大。

三是国际合作经营赛事市场开发。随着 2008 年北京奥运会的成功举办，2022 冬奥会的临近，我国每年参加或在我国举办的国际大赛场次逐渐增多，一些国际大赛开始在中国巡回或者是在中国设置分赛场，中国举办的赛事成为国际大赛的重要组成部分。如奥运会、NBA 季前赛、F1 中国站的比赛等，这些重大赛事在中国的举办，特别是国际通用的、赛事市场开发规则的引用，丰富了中国赛事组织者的经验，迅速实现了市场开发方式上的国际接轨。这些赛事有较为成功的市场开发规则和运作方式可供借鉴，是复制成功经验的良好试验体，这和开发方式不提出品牌创建与维护的长期规划，相对于自创赛事品牌而言，成功系数更高，风险更小，操作更为简便，且获利稳定快捷，成为各城市竞相争取主办权的一大动因。通过这种短效接轨的方式，一方面中国赛区的举办者体会到了国际化运作的方式方法，另一方面又使得中国区的市场开发照搬成功范式，忽视自创品牌，赛事市场开发难免缺乏新意。

四是自主开发的商业性赛事。此类赛事市场开发一般借助于良好的地缘或相关产品优势，配合以强大的新闻宣传，短期内获得充分眼球关注、高新闻曝点，带来巨大广告收益和经济收入，受到诸多广告商的青睐和推崇。例如“皇马中国行”，将赛事和商业走秀结合，突破了赛事本身的限制，完全以商业盈利为目的。这类赛事举办的时间、地点、规模、参赛主体有很大的随机性和不确定性，但是因为其有很强的市场针对性，市场开发的手段十分新颖，配合以强大的媒体推动，市场开发效果显著。但是由于缺乏长期一贯的品牌经营，其收益大多符合一次性项目开发的特点，难以形成长效品牌优势，价值延伸更无从谈起。

总体而言，我国仍然缺乏具有一定市场品牌号召力的体育赛事品牌，特别是体育商业赛事品牌：一方面是由我国的体育赛事产权制度所决定；另一方面由于我国实现体育赛事商业运作的历史较短，体育赛事品牌缺乏长期规划和市场实践。

二、体育赛事商业赞助

（一）体育赛事商业赞助概念

有关体育赞助的概念界定较多，鲍明晓（2000）认为，体育赞助是指以体育为题材、以支持和回报为内容、以利益交换为形式、以达成各自组织目标为目的的一种特殊的商业行为。

现代真正意义上的体育赞助产生于20世纪60年代。在此基础上，张颖慧、姚芹和李南筑（2010）提出体育赞助是指企业通过实物、资金等手段，同体育组织、项目、活动等建立某种联系，从而获得相应名义、权利的行为过程；霍炎（2005）认为体育赞助是指企业和赛事之间以支持和回报交换为中心、平等合作、共同得益的商业行为，其中的“支持”和“回报”的交换是中心。由于人们闲暇时间的增多和通信技术的日益发达，上述“赞助活动”已经成为许多国家经济活动的重要内容，其资金注入量非常可观。

各位学者由于所处年代不同，审视角度各异，对赞助的理解也不尽一致。得到大部分学者认同的是，赞助方与被赞助方的各自利益都是通过“支持”和“回报”之间的等价交换而获得的一种商业交易行为。以支持换回报，以回报换支持，赞助方与被赞助方平等合作、共同获益。

（二）体育赛事赞助实施的策略

体育赛事赞助实施策略主要包括5个重要方面：确立目标、建立合作关系、赛事审查、权益开发和赞助评估。

1. 确立目标

成功举办赛事活动需要对其目标市场进行深入研究和确定。这种研究有助于实施正确的营销决策，因此这是开发赞助项目的第一个关键步骤。同时，一些潜在赞助商也在寻找各种有效方法来接触其目标市场。而一项拥有大量观众的赛事活动能够帮助赞助商实现这样的目标，因为体育赛事已成为一种有效的传播交流手段。

(1) 分析市场数据

对赛事目标市场的确认是通过市场细分来实现的。通过设立新的分类标准来确立细分市场，从而进一步发现创新性的方法，提高观众对赞助商的使用价值，从而增加获得更多赞助收入的可能性。

为了确立赛事的目标市场，需要研究各方面数据，即需要弄清楚赛事活动中各种参加者的特性，这应该包括人口统计方面的、社会经济和地理方面的信息。更深层次的信息应该有行为特征和心理学方面的信息，甚至应该了解这些参加者的生活方式信息。信息来源越全面，对目标市场的确定越明确。这些数据信息应该分类保存，以用于发现目标市场。另外，拉赞助的过程也需要同样的数据，因为这些对潜在赞助商也非常重要。

(2) 确定赞助商

在分析市场数据的基础上，研究哪些潜在组织机构对这些目标市场感兴趣，以确定拟合作的赞助商，可以委托赞助活动代理机构和顾问公司来完成此项工作。为了达到对市场深刻认识的目标，此项工作需要花费较多的时间精力。在一些公开信息领域中，有许多有用信息能帮助申办方准确找到潜在赞助商，这包括公司会计报表、销售数据、市场预测和走向、政府预算、商业报刊、营销传媒以及其他赛事活动和当前赞助活动等。

在当今经济发展的舞台，体育赛事是企业获得大力宣传的有效媒介，因此，几乎所有的大公司、企业都会青睐拥有最大规模的、大众目标市场的体育赛事，并将赞助活动当作品牌、企业最重要的宣传沟通途径。在体育赛事赞助的过程中，应充分考虑其所获得产品或服务与潜在市场的完全匹配，并在设计赞助投资、营销分享计划时，分析并明确赞助商的行为动机。通常情况下，赞助商的动机主要包括品牌认知提升，其目的为使品牌曝光最大化，增强消费者观念与认知；增加销售，主要目的为增加和提高销售量；获得参加体育赛事的机会，其目的为鼓励并回报销售人员与消费者；掌握消费者情况，其目的为了解并把握特定或新的消费者。

2. 建立合作关系

在完成确定有共同目标市场的合适组织机构之后，接下来的工作就是建立合作关系。由于一项预先设计好的、确定下来的赞助方案不大可能满足某些赞助商的特殊需求，所以，建立成功赞助关系的关键是提供定制式的赞助协议框架，来实现单一目标，并满足潜在赞助商的需求。

通过赞助活动，赞助商要达到扩大市场销售份额，提升顾客忠诚度，加强和塑造品牌形象等方面目标。建立关系分4个阶段：第一个阶段是确立双方赞助活动关系的需求；第二个阶段，设计开发各种措施方法来对这些需求进行评估；第三个阶段是给赞助商设计一系列的属于赛事活动的权利和受益方案，并满足赛事组织和赞助商双方的要求；第四个阶段是说明赞助商支付的金额和提供的服务以及作为回报得到的权益，双方对此达成一致意见。这4个阶段过程要求有持续性。对双方来说，即使已经成功建立的赞助关系也能进一步发展深化，赛事经理需要知道采取什么措施来赋予双方协作关系新的内容和活力。考虑到目前越来越少出现新的赞助交易和赞助商具有越来越多的选择权，加强和原有赞助商的关系变得十分重要。建立良好的赞助关系，双方不断变化的要求才能得到较好的满足，双方的利益才可以达到最大化。

3. 赛事审查

赛事审查包括对赛事的评估，目标就是了解清楚赛事活动的各方面。赛事审查主要内容包括对赛事的有形资产、地域、时间、项目节目、供应、地位、交流沟通以及创造工作等方面的评估。

赛事审查结果将揭示赛事活动普遍提供的受益条款和赞助地位状况，还包括对赛事标志和图案的使用权情况，媒体和报业的报道情况，以及门票销售和招待情况等方面。

4. 权益开发

只依靠从赛事组织获得的权益，赞助商不可能完全实现其目标。要接触到目标市场，需要对权益进行开发和拓展。这包括赞助商为购买赛事权益而进行的各种交流活动以及每一项权益能起什么作用，这需要许多时间和资源来完成使赞助活动融入赞助商的整体方案中。

开发方案是一项战略性规划，它是一个组织整体传播战略的核心部分。在整个宣传活动中，体育赞助活动起一定作用，同时，为了充分运用其权益并成为运动队的主要赞助商，还应进行周密的沟通交流活动。

5. 赞助评估

为了使赞助关系得到发展，需要持续性地评估双方关系，不断地进行反馈。正如和其他评估方法一样，需要和目标进行对照，应评估清晰的赞助关系架构、赞助的注意和关注对象、赞助活动是否完成预定目标等问题。

通常情况下，对体育赛事赞助进行评估主要关注下述 3 个方面。

(1) 品牌

赞助一项体育赛事，能够更好地了解消费者的观念，并可对品牌的喜爱度、忠诚度、亲密度、拥护度以及关联度进行实测。最终，通过体育赛事赞助可实现目标群体品牌认知度的提升。因此，品牌提升应成为体育赛事赞助评估的重要方面。

(2) 关系

一个企业参与一项赛事的赞助后，对于企业在行业及社会中会产生很大的影响。例如在英利赞助世界杯之前，知道这个品牌的人少之又少，当英利登上万众瞩目的世界杯赛场后，在互联网上搜索“英利”的数量翻倍地增长，虽然这家高科技企业对于普通民众来说与日常生活几乎没什么关系，但一个企业在庞大的世界足球迷群体中打开知名度后，相关政府对于其关注度也会提升，同时也会吸引到投资市场关注的目光，而且对于内部员工管理以及未来人才的吸引也会大有裨益。

(3) 商业

对于赞助体育赛事的企业来说，商业效益是最为看重的一个层面。通过一个品牌赛事作为宣传平台，除了展示自身实力，提升品牌形象，更重要的是能通过软性植入的方式使现场观众以及电视（网络）观众更容易接受一个品牌，产生深入了解的冲动，从而达到增加销售额和市场份额的目的。同时，对于供应链的激励、数据库的建立、新市场的开发、员工技能拓展等也能达到更好的效益。

三、体育赛事门票销售

（一）体育赛事门票概述

“票，券”是证明持有者已支付或有权获得某种特定的服务、权利或报酬的纸条或卡片，俗称门票。英文单词为“ticket”，法文单词“etiquette”，ticket 与 etiquette 源于古法语中的 estiquet 这个词。这个词在早期英语中的意思是“写得很短的通知”、“贴在公共场所的通告”和“文字证明”。这个词最早的文字记载是在1673年时使用的一种类似入场券的东西。19世纪初叶运动俱乐部在美国发展，1828年美国纽约一赛马俱乐部的会员考德沃德·科尔顿（Caldwalder Colden）向俱乐部提出两条经营建议：其一是在俱乐部内部出售1万美元的股份；其二是向观众出售门票。于是俱乐部改革了经营方式，翌年以商业方式运营俱乐部的赛事，并开始出售比赛门票，这或许是体育赛事门票市场化运作的开端，对竞赛表演业的经营具有示范意义。

（二）体育赛事门票定价的主要因素

体育比赛想吸引消费者的关注，制订合理的门票价格，提高赛事的上座率，就必须对影响消费者购买体育赛事门票的行为的主要因素进行分析。

根据马斯洛的动机理论，一个人在满足了比较基本的需求之后，从个人到家庭再到社会，人与人交流，都会转向寻求较高层次的需求，对于一个人任何层次需求的满足，都有助于促成其走向成熟。从体育健身、观赏、娱乐、情感归属、教育功能角度来看，可以把消费者购买体育赛事门票的行为的主要因素归纳为以下几个方面。

1. 赛事本身综合的吸引力因素

结合体育本身价值，越有吸引力的比赛，出席率就越有可能增加。体育赛事对社会的价值越大，观众越更愿意出席观看体育比赛。赛事本身就是综合一体的，如赛事的竞技水平，比赛水平接近，结果难以预测；赛事品牌的美誉度；观众与比赛的互动情况，赛场的气氛，赛场秩序的良好程度，赛场场地、器材等的质量，参赛选手对比赛的投入程度，裁判的执裁水平，比赛的社会价值，赛场的消费环境等这本身就是综合一体的，它以体育赛事为平台，满足了人们对社会生活多元的需求。

2. 直接外在参与因素

从观众买票到观看体育比赛这一过程中，他们的参与而产生的热烈气氛和感染力以一种最基本的、同时也是最直接的方式提高了比赛的质量。同时，千姿百态、热情洋溢的观众群体本身就是体育场上美丽的风景。观众做出到现场的决策的动机更可能是因为项目的娱乐价值、现场的比赛气氛、与球员和其他观众的交互作用，那些现场观看比赛的观众不仅仅是被动的消费者，大多数观众希望通过对球员、教练和比赛官员的鼓励或者批评来影响比赛结果，以及体验组织者提供的服务。观看赛事的目的简单归纳为：消遣娱乐，观看赛场娱乐表演，情感宣泄，舒缓压力。体育比赛现场，男性消费者明显多于女性消费者，不同职业群体对体育比赛项目有着不同的偏好。

3. 内在心理因素

影响消费者购买决策的消费心理因素中，考虑的主要变量是消费者消费的动机、期望，以及消费者个体卷入程度等。如明星队员的号召力，对参赛队伍（选手）的支持度，支持队伍取得好成绩的可能性，消费者在任意给定的时间内会有多种不同的需求，它受个人性格、信念和态度的影响。体育比赛的观赏性需求是在满足了基本生活需要之后产生的，满足的是消费者的一种心理需要。

4. 文化与情感归属因素

社会阶层是社会中具有相同或类似社会地位的社会成员的群体。上等阶层的消费者更有可能观看那些具有广泛社会影响力的体育比赛，在满足休闲娱乐的基础上，更加侧重于社会交往方面。而下等阶层的消费者会更倾向于出席那些国内举办的一般体育比赛，他们主要是为了满足休闲娱乐的观赏性需要。在影响消费者行为的诸多因素中，文化因素发挥了最广泛、最深入的影响。大到整个民族的文化，小到某个小型社会团体的文化，都对人的价值观、感觉、偏好和行为产生影响。对于在不同国家、地区举办的不同项目的体育比赛，消费者都会有不同程度的青睐。因而，在制订体育赛事的门票价格时，需要考虑到不同文化差异对消费者购买行为的影响。如为支持的队伍助威、欣赏运动员高超的运动技巧、明星崇拜等。

5. 环境和教育因素

消费者的生活环境可以分为小环境和大环境。小环境是指家庭或朋友间的生活环境。小环境对一个人行为的影响是巨大的，如果家人或朋友喜欢体育运动，并且乐于到现场观看体育比赛，常常讨论这些话题，就会影响消费者到现场观看体育比赛的积极性，促使消费者购买门票到现场亲自感受体育比赛的氛围。大环境包括社会环境、政治环境、经济环境和科技力量，这些都会影响消费者的态度、价值观、重要决策和日常的决策，如购买体育比赛的门票。观看比赛，尤其是精彩的体育赛事，会给人奋发向上、美的感受，其教育意义也不可小视。

（三）体育赛事门票市场营销策略

1. 扩大赛事宣传，因地制宜，丰富赛事内容

培育体育赛事市场，重点是想尽办法让观众主动进入赛场，让观众的潜在需求转化为有效需求，提高上座率。从长远来看，吸引观众重新关注比赛是促进我国体育赛事市场持续发展的重要环节。同时我们也应该坚信，只要观众能主动进入赛场，经济效益肯定也会接踵而来。当然为了保证送票与上座率成正比，必须做好前期工作：要进一步扩大赛事规模，形成完整的赛事群，引入市场竞争机制，提高赛事质量，扩大赛事宣传，打造本土化的赛事品牌。举办比赛一定要选择适宜的季节、有利的地点和恰当的时间。为了激发人们的好奇和娱乐心理，可以在比赛的暂停时间里穿插一些文艺表演，从而稳定人群，连续观赛，丰富比赛内容。

2. 扩大门票销售渠道，多地分销，方便购买

门票分销是指增设门票的销售网点，开辟更多的门票销售渠道。门票分销不只包含售票亭处理事务，其他功能诸如营销比赛、公告、销售力管理和运作、技术支持和消费者服务也是门票分销的职责，门票代理机构所完成的任务的属性影响球迷对体育体验的全面满意程度。如果能有效地、高效率地实现这些功能，球迷也可以从中获得好处。从国际国内重大赛事来看，零售商的开发一直占有重要的比重，就是通过不同的途径进行如现场购买、门票分销点，以及邮购、网络订购等。从国内实际来看，挖掘零售商的潜力是促进赛事开发和弥补免费门票带来的损失的有效途径。

3. 发展多样化服务，提高服务质量

随着体育消费者的需求不断升级，体育门票销售服务也需要开发多样化产品。体育门票销售服务可以在原有的服务产品上加以改进后推出新的服务产品，以满足不断变化的服务消费的需要，从产品差异化的角度可以积极地开拓每一个潜在的市场，迅速占据整个体育门票销售服务市场的领先位置。如网上的视频点播业务，可以使消费者更快捷地欣赏到所钟爱的体育明星的风采和个人信息，同时还可在网络信息平台上获得广告收益。另外，可以借鉴现代网络技术中大型门户网站上的个性化服务方式，采用最新的技术设备，最大限度地为消费者提供高质量的服务，从不同的角度满足消费者的各种不同方面、不同层次的体育信息需求。

4. 门票经营应实行动态弹性管理

体育赛事门票市场受到很多因素的影响，这些影响因素很大程度上是不确定的，处于动态变化中。赛程、比赛结果、天气、安全、交通等都是属于不可控制、可变的因素，这些因素的变化都会对门票市场产生影响，因而门票市场也始终处于动态变化中。要应对门票市场的动态变化性，赛事门票经营管理必须是一个动态的过程，必须对影响门票市场的种种因素加以监控，根据各方面的反馈及时调整开发策略。当门票销售情况良好，供不应求，就执行较高的折扣率；而当门票销售不理想，就执行较低的折扣率，并相应采取促销措施，以促进门票的销售。

四、体育赛事电视转播权开发

（一）体育赛事电视商业转播权的含义

体育赛事电视商业转播权是指体育组织或赛会主办单位举办体育比赛和体育表演时，许可他人进行电视现场直播、转播、录像并从中获取报酬的权利。职业或专业运动员所从事的体育比赛和体育表演属于体育劳务范畴。当体育组织将比赛转播权有偿转让给电视台时，由于是以价值实现和盈利为目的，转播权就变成了体育非物质商品。转让转播权的主要权益方是与赛会相关的体育组织和主办单位（组委会）。有些项目的俱乐部、运动队、运动员和经纪人也分享部分转播权收入的权益。从资产特性看，电视转播权是属于他们的体育无形资产。适合实行电视转播权有偿转让的赛会有大规模综合性运动会、热门项目的职业化或半职业化联赛、各项目的商业性比赛以及各种以获取经济收益为目的的体育比赛和体育表演。

体育与电视的关系日益密切，并能共同创造出商业价值的原因在于：体育赛事自身所具有的激烈、对抗、精彩、悬念、新颖程度的特点和明星的影响因素，同电视所直观反映体育赛事的绝对真实，而且向观众传递的视听觉信息尽可能地全面和艺术地完美结合。只有制作出观赏性较强的体育赛事电视节目，才能吸引广大观众观看，提高电视台的收视率；观众收视率的提高，会引来大量的广告客户和赞助商；而广告、赞助的收益，又会使电视台、体育机构都能获得较大的发展后劲。有较大商业价值的体育赛事电视节目，常常是体育赛事管理、举办部门和电视台密切配合、共同努力的结果。体育竞赛所具备的吸引力加上电视传播对大众的辐射力，使利用转播体育竞赛插播广告成为各大厂商竞相争夺的广告媒体。体育运动尤其是竞技体育运动已成为当今社会走俏的商品，体育赛事电视商业转播权的销售使体育部门可以依靠电视获得财政支持，电视台可利用转播体育比赛插播广告获取巨额收入，厂商则可通过它提高产品知名度，扩大销售而追求更大利润。由于其商业价值的提高，体育赛事电视商业转播权的销售价格不断膨胀。

（二）体育赛事电视转播权开发的基本策略

体育赛事电视转播已经成为国际及各国体育组织的重要收入来源，这反映在一些市场经济比较成熟的国家已经建立了相对完善的市场化机制。在这种市场经济机制下，各体育组织与媒体之间依据市场的规律达成利益上的平衡。我国的体育赛事电视转播起步较晚，一是因为我国市场经济发展条件的限制，二是由于电视普及水平的制约，三是受到体育运动发展水平的影响。但随着体育职业化水平的不断提升，特别是我国在国际大赛上取得优异成绩，进一步激发了人们对电视转播的关注，极大地带动了体育电视转播的发展。在市场化机制并未健全的前提下，协调各行政部门之间的关系、理顺不同利益集团之间的利益分配关系、加大市场化力度，是使我国的体育赛事电视转播产业真正走向市场化的必由之路。

1. 明确大型体育赛事电视商业转播市场中双方的直接权益

媒介机构和体育部门应遵循国际惯例，并且结合我国的实际国情，有步骤地进行相互之间的协商与配合，共同积极地进行体育传播市场的综合开发；充分发挥中国体育传播市场潜力，形成一个稳定、规范的游戏规则。从长远来看，这既利于媒介机构的发展，也有利于我国体育产业的发展，进而促进中国体育事业的腾飞，是一种双赢的发展之策。

（1）明确体育赛事举办者对电视转播资源的拥有权

《奥林匹克宪章》中规定："奥林匹克运动会完全属于国际奥委会，国际奥委会拥有其中有关的全部权利，特别是（而且没有限制地）涉及该运动会的组织、开发、广播电视和复制的权利"，"有关奥林匹克运动会大众传播媒体的一切问题，包括发给和回收奥林匹克身份卡和注册证，属于国际奥委会执行委员会的权限"，明确规定谁主办比赛谁就拥有电视报道权。近年来，我国体育赛事电视商业转播权的付费问题已经引起了有关部门的高度重视。2000 年 1 月 24 日，国家广播电视总局下发的《关于加强体育比赛电视报道和转播管理工作的通知》中规定："奥运会、亚运会、世界杯足球赛、全运会、省运会和少数民族运动会在我国境内的电视转播权统一由中央电视台负责谈判和购买"，"其他体育比赛的电视转播权，各电视台应本着公平、合理的原则购买或转让"。在体育赛事，特别是像国内联赛中，各体育机构（俱乐部）才更有资格分享更大的电视转播收益。根据国际惯例，赛事电视转播的交易额一般为整个俱乐部收益的 30%以上，而中国足球各俱乐部从电视转播中获取的收益则非常少，对于一个每年投入近千万元的俱乐部来说，每年几十万元的电视转播费几乎可以忽略不计。

（2）给电视媒体机构以利益保障

国家体育总局应加快对有关体育传播产业等一系列立法。一方面，在以后《体育法》的修改中，可以对体育传播的有关内容做出相应规定，而不是等到事情出现以后出具一个临时性文件、发一个通知。如 2003 年甲 A 足球联赛的转播，电视转播权原定由各俱乐部自行开发，后来由于种种原因由足协负责统一开发，反映了体育管理部门在体育传播市场管理方面的随意性。另一方面，谁来保障媒体机构的利益？购买了电视转播的单位其权益受到侵害时（如没有购买电视转播权的机构也进行电视转播），谁来及时维护这些"受害者"的权益？诸如此类的一些问题都应当通过相应的立法措施予以明确的规定。

2. 构建合理的大型体育赛事电视商业转播市场的竞争机制

倡导电视媒体之间的竞争，以刺激体育传播产业的发展是开发大型体育赛事电视商业转播市场的必然。但是，只考虑自身的利益而急于求成，让各媒体来个"鱼死网破"，是无序竞争的表现。考虑各地方电视台的承受能力，按照市场规律确定市场价格，以形成良好的竞争环境，是合理开发体育赛事经济资源的趋势。

（1）吸引媒体机构直接介入赛事转播，以形成竞争机制

1999 年，中国足协与中国中央电视台等多家电视台谈判，同时各俱乐部也与当地的电视台就主场比赛的转播事项进行谈判。这样，对具有相对垄断地位的中央电视台带来了一定的竞争压力，不过，这样就给了其他媒体机构同样的机会，是符合市场运作规律的。1999 年 10 月，在广东中山举行的世界杯乒乓球赛的赛事推广权及电视转播权，在赛前以

不低于30万美元的价格一并被早已进军中国体育竞赛市场的国际管理集团公司（IMG）购买。因此，中央电视台如果想转播这场世界杯赛只能与IMG展开商业谈判，而广东电视台与其他一些地方台也从IMG手中购得了本次赛事的转播权，从而形成了各级媒体机构公平竞争收视率的局面。在引入不同媒体机构对赛事进行转播的过程中，还可以对不同时段、不同地区的比赛，分不同的转播区域，确定不同的转播收费。1997年，国际奥委会就签下三份重要协议：美国NBC，23亿美元；欧广联，3.5亿美元；阿拉伯国家广播联盟，1850万美元。另外，对"不同的转播内容"或根据"转播内容的不同"也可以确定不同的价格，对国内的众多大型赛事也可同样操作来转让电视转播权。吸引媒体机构直接介入赛事转播，需要体育媒体与体育中介公司、体育机构联手，主要包括几个方面的互相协调：体育项目的代理商，代理商业比赛的广告招商业务，通过体育频道的直播、录播、专辑等超越时空界限，传达到千千万万体育迷的家中，与客户签约后，获取一定比例的代理费用；体育项目的推广商，需要一定的资金实力，或是全面买断某项商业赛事的所有商务经营权，或是策划某项赛事，通过商业包装后投放市场；体育项目发展商，除进行商业比赛的推广外还进行其他体育项目的经营活动，如参加与某体育俱乐部的商务活动，斥资培育某一有发展潜力的体育项目，以获得长期效益。

（2）在媒体机构之间建立均衡的利益平台

在出售赛事电视转播权时，通常可以根据传媒的性质将电视转播权分为有线版、无线版和卫视版，根据买方的需要，将比赛的报道权分别售与不同媒体机构。即同一场比赛无线台可以购买报道权，有线台可以购买报道权，卫视也可以购买报道权。我国电影界已经完成了这种板块分割，购买到一部电影的播映权之后，如果是有线台购买就只能在有线台播出，无线台如果也想播出只能单独购买播映版权。有线台和无线台在购买和播映的过程中，对于卖方来说并不矛盾，最大的区别只是价格上的差异。在国外，体育赛事的节目播出多控制在有线电视收费频道上，这使得拥有收视费和广告费这两项稳定收入的有线电视台可以应付日益升高的转播费用。而在国内，对于严重依赖广告的无线电视台来说，无疑对赛事转播市场的成熟心怀恐惧，一般情况下它们将会力阻转播权交易价格体系的形成。我国面对的是电视和体育界都未完全市场化，电视台尚为垄断行业，体育项目绝大部分还是国家行政经费支持的现状，因此，电视台和体育组织之间就转播权"谁付谁钱"的问题必然出现认识上的分歧。历年中超联赛的转播权之争早已印证了这一点。特别是对于中央电视台来说，它在全国范围电视媒体的行政垄断地位不会因为开放市场而发生改变。相对而言，市场行为的转播权交易却是建立在竞争购买的市场之上的。

3. 增加大型体育赛事电视商业转播的含金量

在市场经济条件下，价格是价值最为直接的反映。体育赛事电视转播的价格同样是体育比赛水平或影响力等直接影响观众收视率的直接反映。因此，在制定转播价格时，必须考虑多方面因素。

（1）分区域销售体育电视转播权

我国是一个大国，无论是从文化差异还是从经济水平来看，不同地区都有不同特点。因此，在出售转播权的过程中必须严格划分转播权的区域性。具有全国覆盖能力的电视台，可以根据需要购买全国性无线转播权和全国性有线转播权；地方电视台按台的性质，可分别购买地方无线转播权和地方有线转播权。一般来说，覆盖面广的全国性电视台，购买全国性转播权的价格相对比较高，而区域性转播权的价格则相对低一些。当然，还要根据不同地区的经济水平决定转播权的价格。另外，要保证媒体转播的利益，如英超只把国内转播权卖给一家电视台，其他电视台只能购买比赛集锦的播放权，这也是从保证合作媒体的利益出发来考虑的。

（2）提高体育赛事节目的整体水平

在我国，诸多体育赛事已经形成规模，并且在广大电视观众中有了一定的影响力。如四年一届的全运会已经有了稳定的观众群体，各种联赛也曾经形成了观众收视的高峰。电视转播权是体育赛事价值的延伸，赛事的价值越高，赛事转播的价值也越高。

复习思考题

1. 简述体育赛事市场营销的方式。
2. 简述体育赛事赞助、门票经营开发、体育赛事电视转播权开发的基本策略。

第十章　体育赛事的风险管理与赛事的收尾工作

第一节　体育赛事的风险管理

一、体育赛事风险的界定与分类

（一）体育赛事风险定义

关于风险的含义，理论界尚无定论。不同领域的风险研究者，从自身的研究目的出发，对风险概念进行了不同的界定。其中比较有代表性的观点包括：危机论和不确定性论。所谓危机论是将风险等同于危机，专指那些由于量变的积累，导致事物内在矛盾的激化，而即将或已经发生质变但状态未稳定的现象，这种质变只能给组织或个人带来严重损失。简而言之，危机论中的风险专指“不利”事件发生的可能性或概率。不确定性论则是对风险和不确定性这两个概念不加区别，将风险定义为事前可以通过统计方法或过去的经验知道所有可能的结果，以及每一种结果出现的可能性。这种可能性既包括未来一定时期、一定条件下发生损失的可能性，也包括未来收益的不确定性。体育赛事的举办，其目的不仅包括避免各种灾难性后果的发生，也应当包括对各种效益（包括经济效益和社会效益）的积极追求，因此笔者认为，从赛事管理的角度讲，取不确定性论，将风险定义为不确定性，可以缩小风险的内涵，而扩大其外延，使风险所包含的具体内容更为广泛，更有利于以风险管理为基础的全面管理思想的形成和管理绩效的提高。

基于以上分析，笔者认为：体育赛事风险是指在举办体育赛事的过程中所出现的特定危害性事件发生的可能性与后果的综合。

（二）体育赛事风险的分类

1. 人员风险

人是任何组织中最积极、最活跃的因素，因此对人的控制是组织管理过程中一项比较复杂和困难的任务。一般而言，一项体育赛事的参与人员包括：运动员、教练员、裁判员、官员、观众、志愿者、赛事管理人员和中介人员等。一项大型的国际性综合运动会，上述人员可达万人甚至数十万人。因而在大型体育赛事中涉及的人员之多、身份之复杂，远非一般社会活动所能比拟的，如何组织好这些身份各异又人数众多的参与者，避免风险的发生，是赛事承办者必须面临的一个巨大考验。按照上述人员在赛事中的身份和所从事的活动内容的不同，赛事参与者大致可分为四类：第一，赛事内部管理者，包括赛事常职人员和志愿者，这类人员负责赛事的各项组织和管理工作，确保赛事的正常进行；第二，赛事外部合作者，包括外包商、经纪人，这类人员协助赛事承办者，促进赛事的圆满完成；第三，赛事产品实现者，包括运动员、教练员、裁判员，这类人员是现场赛事产品的一线生产者；第四，赛事产品消费者，主要指现场观众，这类人员参加或者观看赛事的各种活动，接受赛事提供的各种服务。大型体育赛事所面临的人员风险基本是围绕上述四类人员而发生。

2. 财务风险

财务风险是指赛会所从事的与货币有关的或者能以货币计量的各种活动中存在的风险。总括地说，赛事财务活动包括筹（融）资活动和资金回收活动。由此，赛事财务风险相应地表现为筹资、资金回收等财务活动的未来实际结果偏离预期结果的可能性，而产生筹资风险、资金回收风险。在进行外汇资金结算中，受汇率变动的影响，赛会还有可能面临外汇风险。

3. 场地器材风险

场地器材是进行体育赛事不可或缺的硬件条件。通常场地器材风险结果主要表现为以下两个方面：一是场地器材自身安全风险。场地器材自身处于危险之中，即一切与体育赛事有关的建筑物、仪器设备、体育器械等各种财产在建筑、安装、维修和使用期间由于意外事故、自然灾害或人为损坏，发生损毁、灭失等；二是场地器材导致他人危险的风险。场地器材导致他人危险的风险，即场地器材由于设计、使用等的不合理而给他人造成危险。例如体育场通道设计过于狭窄，致使观众在人、出场时因拥挤而发生伤亡；场地内未配备足量的安全保障设施如灭火器、安全通道提示灯等，从而在危险发生时，观众缺乏足够的救援设施，而导致伤亡进一步扩大；由于体育场馆质量问题，看台发生坍塌，导致观众伤亡；看台座席设计不合理，提供过多站席，而为球迷骚乱提供可能；场地设计不符合技术要求，防护网过低，而导致飞球伤人；赛事器材由于质量低下或设计不合理而导致运动员受伤等。

4. 时间风险

通常赛事的时间管理包括两个方面的内容。

一是时机选择风险。时机选择，即确定举办比赛的适当时间。赛事时机选择不当，有可能导致以下风险：第一，赛事时机选择不当，忽视天气等自然因素对比赛的影响，则可能影响比赛按时正常举行；第二，举办时间选择不当，在赛事频繁时段举办比赛，或者同其他赛事同时举办，则可能面临赛事场馆、器材、参赛运动员、裁判员等生产资源和观众、赞助商、媒体等消费资源的激烈竞争，从而可能导致资源获得难度增大、资源成本提高的风险；第三，时机选择不当，在没有进行必要的宣传，赛事的市场接受度，包括观众、媒体、广告商、赞助商对赛事的认可和接受程度不高的情况下，仓促上马，则有可能使赛事承办者面临较大的市场风险；第四，时机选择不当，同其他重大活动发生冲突，则有可能面临被取缔的风险。

二是时间安排风险。时间安排，是指对赛事中的各项具体工作任务的时间编排。时间安排如果不精确，没有规定赛事中各项任务或活动的明确起、止时间，则无法统一各关系方的行为时间，导致整个赛事活动的混乱。而时间安排如果过于紧凑、精确，缺乏弹性，则一旦发生意外事故，不但发生意外的工作无法按时完成，与之相联系的一系列工作也可能受到影响，产生恶性循环。而且时间安排如果过于紧张，缺乏弹性，还可能会对工作人员造成极大的心理压力，影响正常工作水平的发挥。因此合理的时间安排对赛事中各项工作任务的顺利完成有着极其重要的作用。

5. 信息风险

信息风险实质上是指信息在传递或交换过程中，由于信息失真、受阻、丢失而可能导致相关人员的决策错误、决策失误。在一个完整的信息传递和交换过程中，在以下几个方面发生问题，就可能导致信息风险的产生：第一，信息传递缺乏准确性。不准确的信息传输与接受，可能导致错误的决策。信息传递的准确性不仅包括发送者发送的信息是正确的，而且包括接受者最终接受进而理解的信息是准确的。信息传递失真，可能发生在信息传输与交换的任何环节。正确的信息编码和信息解码是信息传递正确性的前提，噪声则是干扰信息准确传递的外部因素，噪声可能在信息传递的任何环节造成信息的失真。第二，信息传递缺乏通畅性。信息传递不通畅，可能导致信息无法及时到达信息接受者，进而延误接受者依据信息做出决策的时机。信息传递的不通畅，一方面可能因为信息传递者和信息接受者在进行信息传递时不到位，另一方面可能因为信息传递通道不通畅。例如在一次利用电话进行信息传递的过程中，信息传递的通畅性可能因为下列因素而受到干扰：电话系统出现故障、别人在使用该线路、风险管理者被告知他希望与之通话的那个人正好不在。第三，信息传递缺乏安全性。信息传递和交换缺乏安全性可能导致信息本身的完整性或正确性被破坏，甚至信息丢失和被窃用，从而给赛会带来不可预知的经济损失。

6. 市场营销风险

体育赛事的市场营销是指通过产品策略、价格策略、分销策略和促销策略的营销组合的制订和实施及其他营销方式的运用，实现体育赛事及其衍生产品的交易，从而满足体育赛事价值补偿以及盈利的需要。体育赛事市场营销风险则是指由于各种营销策略的实施，以及赛事组织内外部因素的影响，使得体育赛事及其衍生产品的销售结果产生不确定性。

二、体育赛事风险因素识别

由于风险是客观存在的，因此体育赛事运营过程中的风险也是客观存在的。由体育赛事概念可知，体育赛事一般指国际、国内大型的比赛项目，特别是重大体育赛事，其特点是参与和出席的人数众多，公共资源参与度高、媒体覆盖面广、影响因素多、组织管理过程复杂。因此，赛事组织过程中风险发生的概率要远远大于一般体育活动，风险危害的等级也远远高于一般体育活动。同时，重大体育赛事的组织管理就是一个十分复杂而庞大的系统工程，任何一个环节哪怕出现很细微的问题，都有可能酿成重大灾祸，给赛事组织者造成难以挽回的损失，这些都将严重影响体育赛事的顺利运行。大型体育赛事在组织和筹办过程中将面临许多的不确定性因素或事件，其风险危害性也更为严重。所以对大型体育赛事进行风险识别显得尤为迫切和重要。

通过对风险概念及其特征的探讨可知，风险具有一定的潜在性和隐蔽性，因此给风险管理带来一定的难度，这就需要对大型体育赛事进行风险分类，做到有的放矢，并全面观察赛事运作的整个过程，采用一定的风险识别方法，系统地对整个赛事过程进行风险识别。大型体育赛事的风险识别是指赛事组织者就赛事运作过程中可能发生的风险进行感知、预测的过程。通过风险识别不仅要发现赛事面临的风险，而且要对致险因素进行分析，为以后有针对性地选取风险管理措施提供有价值的参考。

（一）大型体育赛事风险识别过程

大型体育赛事风险识别过程如图 10-1 所示。

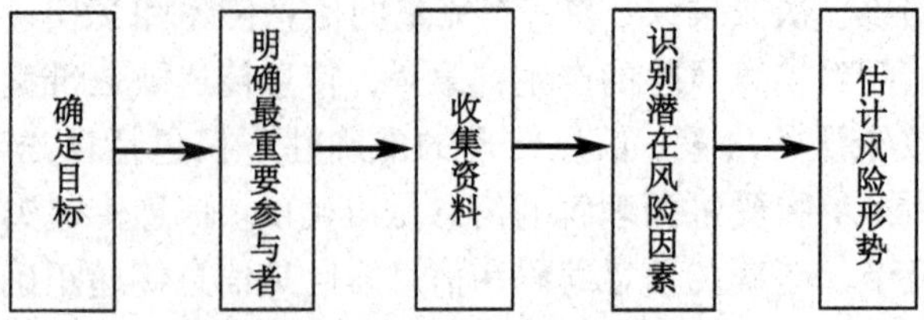

图 10-1　大型体育赛事风险识别过程图

（二）大型体育赛事风险识别方法

风险识别不是一次性的活动，而是一项复杂的工作，因为组织者需要为此做很多细致的工作，要对各种可能的致险因素仔细分析，反复比较。几乎所有关于赛事运营中的计划、信息都可能作为风险识别的依据，要对大量的信息进行筛选，去伪存真；要对赛事运营中的各种趋势进行预测，这就需要对赛事中的各种内外因素及其变量进行分析、评估，为决策者做出准确判断提供依据。可见，要识别出赛事运营中的风险因素是一项十分艰巨的任务，在实际操作中，一般需要一定的技术和方法。通过查阅相关文献发现，目前在体育赛事中运用的风险识别方法主要有：德尔菲法、头脑风暴法、风险清单法、分解结构法等。有时采用唯一的识别方法是不可取的，必须把几种方法结合起来，相互补充。下面就大型体育赛事风险识别的方法进行探讨。

1. 德尔菲法

德尔菲法，又称专家咨询法，它是一种反馈匿名函询法，在对所预测的问题征得专家意见后，进行整理、归纳、统计，再匿名反馈，再集中，如此反复，直到意见趋于稳定为止。其运用流程如图 10-2 所示。

2. 头脑风暴法

头脑风暴法，是将赛事的各个项目部门负责人、外聘风险管理专家、赛事活动的干系人（赞助商、媒体等）、部分员工等组成小组，根据经验列出赛事所有可能出现的风险。这种方法在使用过程中，为了使大家都能充分发表意见，一般专家小组只有五六人，针对赛事运营中可能出现的风险展开思考并提出各自的看法。采用头脑风暴法时，最重要的法则是不要在会议上对参与者提出的风险相关问题进行评价、评论或评估，要鼓励所有参会者提出尽可能多的潜在风险。采用头脑风暴法应遵循如下原则：认真对待和研究专家组提出的任何设想，而不管这种设想是否适当和可行，不能对别人的意见提出怀疑，更不能指责或阻止别人的设想，以免阻挠创造性设想的产生；鼓励参与者对自己提出的设想进行补充、改进和综合，使参与者解除思想顾虑，创造一种自由发表见解的气氛，以利于激发参与者的积极性；重视那些不寻常、看得远、貌似不太切合实际的思想；不允许参与者宣读事先准备好的书面设想、不私下交谈，每个人的设想必须让全体与会者都知道，以便激发与会者新的设想。

3. 风险清单法

风险清单法是指一些由专业人员设计好的标准的表格或问卷，清单上面比较全面地列

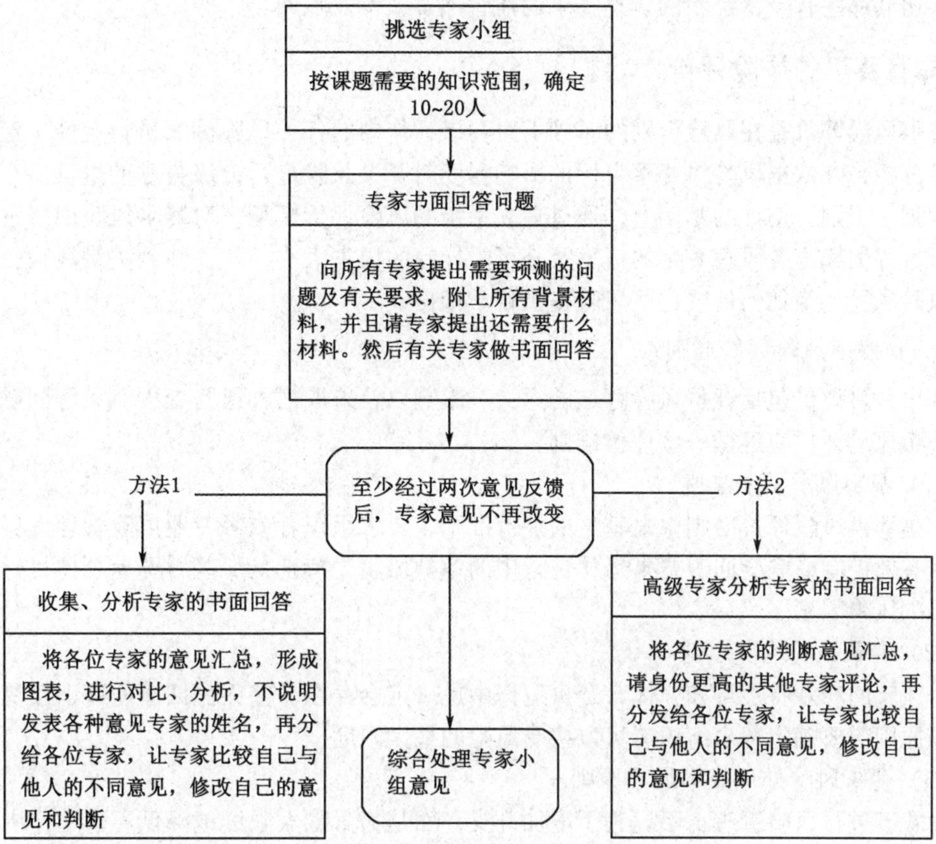

图 10-2　德尔菲法流程图

出了一个体育赛事可能面临的风险。这些清单一般篇幅比较长，因为设计者试图将所有可能面临的风险全部包括在内，清单中的项目包括可能出现的风险及相应要采取的措施、负责人等。

4. 工作分解结构法

根据整个赛事运作的目标，确定赛事大致的工作范围，利用分解的原则，将复杂的事物分解成较简单的易于被认识和理解的事物，从而明确赛事从筹办到结束这一全过程中需要落实哪些相对具体的工作，将这些需要完成的工作按照其内容和功能分解为若干相对独立的小单元，以便工作人员管理和操作各个单元，并在此基础上分析各个工作单元可能存在的风险。因此，将庞大而复杂的体育赛事分解为一个比较清晰的结构十分关键。通过分解，提供了一种可视化且相对较小的计划结构，使工作人员各司其职，避免管理混乱，一旦出现管理问题便于落实到人，避免了责任不清。同时，由于每个单元相对较小，功能和资源较为简单明了，这样有利于挖掘出其中潜在的风险和问题。

5. 常识、经验和判断

以前举办过的赛事所积累的资料、数据、经验、教训以及工作团队成员的个人常识、经验和判断在风险识别时是非常有用的。借助于历史记录来识别赛事风险是一种常用风险识别方法。通过对以往赛事，尤其是类似赛事历史档案资料的查询和了解，来识别赛事运作管理中可能存在的风险。对历史资料的借助并不局限于有文字及影像记录的资料数据，也包括访问那些有丰富经验的体育赛事运作管理者及专业顾问。

三、体育赛事的风险评价

赛事风险评价是在风险识别的基础上对赛事运作中的各种风险因素进行定性、定量或综合性分析，并依据风险对赛事目标的影响程度对赛事风险进行分级排序的过程。它是在风险规划、识别、估计的基础上，通过建立系统的风险评价模型，对赛事风险因素进行综合分析，并估算出各风险发生的概率及其可能导致的损失大小，从而找到关键风险，确定整体风险水平，为如何处置这些风险提供科学依据。

（一）赛事风险评价准则

赛事风险评价包括评价风险存在的意义、影响以及采取何种风险处理对策等问题，因此，赛事风险评估应遵循一些评价准则。

（1）赛事风险回避准则

它是赛事风险评价准则中最基本的评价准则，要求组织者或者专业风险管理人员应采取措施有效控制或完全回避赛事运作进行中的各类风险，特别是那些对赛事总体目标有重大影响的风险因素。

（2）赛事风险均衡准则

由风险的客观特性可知，体育赛事运作中也一定会存在一些无法回避但可以接受的风险，该原则需要确定赛事组织者可以接受风险的最大限度。

（3）赛事风险处理成本最小原则

对赛事进行风险管理，不是为了增加开支，而是为了最大限度地降低赛事运作中的不确定性因素可能带来的损失，所以进行风险管理有经济性的要求。赛事组织者或者专业风险管理人员都在尽力寻找处理风险的最佳临界点，即以足够小的风险处理成本消除不利因素，则可以接受该风险。

（4）赛事风险成本/效益比原则

我国学者对大型体育赛事效益方面的研究较多，大型体育赛事不仅具有经济效益，而且具有良好的社会效益。因此进行体育赛事风险管理的基本出发点就是以最节省的经济、社会资源消耗来高效地保障赛事预定目标的实现。在赛事运作中，风险水平通常与风险收益成正比，因此，处理成本与风险收益如果相匹配，或者风险处理成本很小而收益很大，则说明风险管理活动是有积极意义和有效的。

（二）赛事风险评价方法

风险评价方法一般分为定性、定量以及定性与定量相结合三类。有效的体育赛事风险评价方法一般采用定性与定量相结合的系统方法，因为虽然量化的风险评价方法得出的评价结果更客观、更可靠，但若只采用量化的风险评价方法，首先需要大量的客观准确的数据的支持，而这些数据的获得、统计和分析所耗费的金钱和时间成本都是高昂的；此外，每一场体育赛事对于其他体育赛事而言都可以说是独立无二的，这也使得以往数据的精确性和参考价值大打折扣。因此，在实践中，完全采用量化方式对体育赛事进行风险评价是极少见的。而完全主观的“专家意见”或者“直觉的、拍脑袋式的”预测完全依赖于个人的能力、经验，虽然有成本低、简洁明了的优点，但也可能出现严重的疏忽或者错误。

风险评价的工具和技术有：风险分析表法、矩阵分析法、故障树分析法、层次分析法、蒙托卡罗模拟法、外推法、计划评审技术、概率分析法等。下面主要介绍风险分析表法、矩阵分析法、故障树分析法、层次分析法。赛事风险评价是在风险识别的基础上对赛事可能遇到的各种风险因素进行定性和定量的分析，并根据风险对赛事目标的影响程度对赛事风险由大到小分级排序的过程。一般认为，体育赛事的风险大小取决于两个因素：一是风险事件发生的可能性大小，即为风险发生概率；二是风险事件一旦发生，将造成的损失程度，称为风险损失程度。

1. 风险分析表法

通用的风险分析表包括以下几项内容：

① 风险标识（ID）——表示风险事件的唯一标识。

② 风险问题——问题发生现象的简要描述。

③ 发生的可能性——可能性值从 1（低）~10（高）。

④ 影响的严重性——严重性值从 1（低）~10（高）。

⑤ 风险预测值——发生可能性与影响严重性的乘积。

⑥ 风险优先级——风险预测值从高到低的排序。

可能性与严重性的乘积产生的风险预测值，决定了风险优先级别的排序。预测值越高，优先级别越高，针对该问题测试就越重要。根据计算结果风险问题的排列为 A、B、C、D、E。因此在对赛事进行风险管理时，针对某一风险的资源投入将更加合理，而非同等对待、一视同仁。风险计算过程中，可能出现具有相同的预测值的情况，有的可以通过将可能性和严重性分别加权计算来进行进一步的分析。

风险的可能性值和严重性值的范围推荐使用 1~10，有的研究者可能使用的范围为 1~100 或 0~1 之间的小数，也有的使用高、中、低三个等级来表示。至于使用哪种等级表示并不是很重要，只要这些值在分析过程中的使用是一致的，分析的效果都是一样的。

2. 矩阵分析法

矩阵分析法是风险分析中另一种有效的方法，风险管理人员可根据需要对风险潜在问题的可能性和严重性采用高（3）、中（2）、低（1）三个等级来表示，形成一个二维风险评价矩阵，而风险优先级可用二者之和表示。这样，可能存在五个风险等级（即 6、5、4、3、2），如图 10-3 所示。

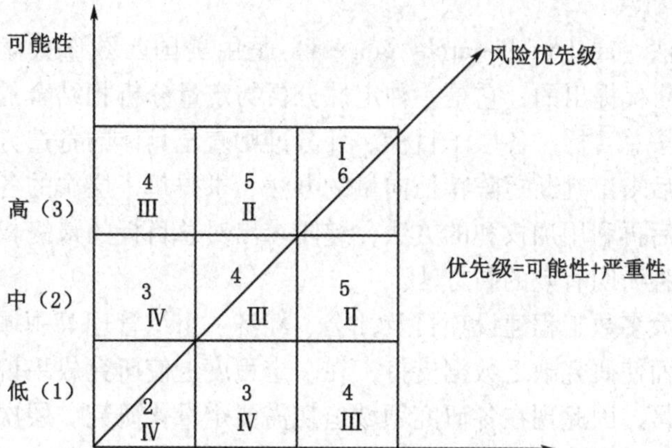

图 10-3　体育赛事风险分析矩阵图

风险分析矩阵图给出以下四种分类：

第一，如潜在问题在Ⅰ区域（风险优先级为6），则应该不惜成本阻止其发生（如果成本大于可接受范围，则放弃该项目）。

第二，如潜在问题在Ⅱ区域（风险优先级为5），应安排合理的费用来阻止其发生。

第三，如潜在问题在Ⅲ区域（风险优先级为4），应采取一些合理的步骤来阻止其发生或尽可能降低其发生后造成的影响。

第四，如潜在问题在Ⅳ区域（风险优先级为2，3），应准备应急计划，该部分的问题是反应型，即发生后再采取措施，而前三类则是预防型。

风险优先级是由体育赛事潜在问题影响的严重性确定的，因为风险损失一般而言要比风险可能性更为重要。图10-3中的风险优先级的确定是由可能性和严重性等级值相加得到的，但是如果使用两者相乘，将会扩大有风险的区域。

综上所述，体育赛事风险评估的目的是：在赛事运作中的众多风险中，按照风险的等级对其排序，依据风险排序找出赛事运作中最重要的风险因素，以便在管理风险时资源投入更合理、高效。因为对整个赛事来说，可用于减轻风险的资源总是有限的，因此分清风险的轻重缓急，把资源用于最急需解决的风险十分重要。

3. 故障树分析法

故障树分析法（FTA）是美国贝尔电话实验室的维森于1962年首先提出的，我国于1976年开始介绍和研究这种方法，并应用于许多项目中，取得了不少成果。FTA是一种图表，本质上是定量分析方法，也可作为定性分析的工具，是一种具有广阔应用范围和发展前途的分析方法，在可靠性工程中常常利用故障树进行系统的风险分析，它一般用于较为复杂的项目。故障树是由一些节点及它们间的连线所组成的，每个节点表示某一具体事件，而连线则表示事件之间的关系。FTA是一种演绎的逻辑分析方法，遵循从结果找原因的原则，分析风险及其产生原因之间的因果关系，即在前期预测和识别各种潜在风险因素的基础上，运用逻辑推理的方法，沿着风险产生的路径，求出风险发生的概率，并且得出导致主事件发生的各子事件的最小组合数。得到最小组合数后，就可以找到哪些事件最有可能发生、对主事件的影响最大，并提供出各种控制风险因素的方案。FTA具有应用广泛、逻辑性强、形象化等特点，其分析结果具有系统性、准确性和预测性特点。

4. 层次分析法

层次分析法（analytic hierarchy process）是由美国匹兹堡大学教授萨蒂（T. L. Saaty）于20世纪70年代提出的，它是一种定性分析与定量分析相结合的多目标决策方法。此方法把决策问题按总目标、各层子目标、评分准则直至具体的备选方案的顺序分解为不同的层次结构，然后求出判断矩阵特征向量的办法，求得每一层次的各元素对上一层某元素的优先权重，最后再利用加权和的方法，递阶求出对总目标的最终权重来。它是对复杂问题做出决策的一种简明有效的新方法。

由于目前大多数工程建设项目及社会、经济、组织管理等领域只做些定性的描述，少定量研究，因而使研究缺乏数据支持，在一定程度上使研究成果说服力不够，从而影响了研究成果的质量，因此现在各研究领域迫切需要定量化研究。层次分析法在一定程度上满足了这种需要。它是一种在经济学、管理学中广泛应用的定性与定量相结合的研究方法，它应用专家的经验知识设置指标体系，能够对难以定量的总目标进行分解，利用可精确化、定量化的子目标系统解决问题，并可以用一致性检验，从而判断专家意见的一致性和合理性。用数学方法使复杂的多因素比较过渡到两两因素之间的比较，并最后得出各个因素对总目标的影响程度大小。它将繁芜复杂的、不易量化的风险因素按大小排列顺序，从而使风险管理人员有的放矢，以便从容应对，从而获得满意的决策。

层次分析法特别适合具有分层交错的目标系统，而且目标值又难以定量描述的决策问题。大型赛事具有多种不同的风险，来源复杂，单个子目标系统可以方便准确地加以确定，而总体赛事风险又难以准确定量，但赛事的总体风险有可以分解的特点，所以应用层次分析法对赛事进行风险评价，可以方便地建立数学模型，符合层次分析法的应用特点，同时也符合大型赛事风险自身的特点。

四、体育赛事的风险处理

在风险识别、风险衡量之后，赛事组织者或者风险管理专业人员需要研究的问题是：如何有效地控制这些风险，以达到降低风险发生概率和损失程度的目的，从而降低赛事运作中的风险，这是赛事组织者最关心的问题，也是体育赛事风险研究的根本所在。风险的防范手段有多种，但归纳起来一般包括以下两种最基本的手段：风险控制型处理方法和风险融资型处理方法。风险控制型处理方法一般包括风险回避、损失控制、风险隔离等；风险融资型处理方法一般包括风险自留、风险转移等。

（一）体育赛事风险控制技术

体育赛事风险控制技术，是指在风险识别和风险评估的基础上，针对经济单位所存在的风险因素，积极采取控制措施，以消除、减少风险因素或减少风险因素的危险性的风险处理方法。它主要侧重于在风险事件发生之前和发生中使用，目的在于改变引起意外事故和扩大风险损失的各种条件。风险控制型处理方法不能消除风险，其着眼点主要在于减少损失概率或降低损失程度。

1. 风险回避

风险回避，是指体育赛事运作过程中放弃某项具有风险的活动或拒绝承担某种风险以避免风险损失的一种风险处理方法。赛事运作管理者在组织任何体育活动前，会分析该活动是否存在重大事故的隐患和发生的可能性，如果有重大事故隐患并且该风险事件发生的后果已经超出了组织者的承受范围，一般会采用风险回避措施。这种方法适合于易产生严重后果并且发生频率较高的风险类型中。

风险回避主要有两种途径：一是了解到举办某项赛事承担的风险较大，而拒绝承办此项赛事；二是由于新的赛事的举办会遇到许多以前未发现的风险，而停止举办以回避风险。回避风险是一种消极的手段，在现代体育赛事运作过程中广泛存在着各种风险，要完全回避是不可能的。赛事组织者在回避一种风险的同时，可能会产生另一种新的风险，而且风险往往伴随着收益的可能，回避风险就意味着放弃收益。例如，企业可通过不从事任何营业行为而回避全部财务风险，但在正常情况下，企业不经营也就不可能有收入，这样的因噎废食是不可取的。因此，采取风险回避措施之前必须对风险有充分的认识，对威胁出现的可能性和后果的严重性要有足够的把握。

由此可见，最适合采用风险回避的情形包括：损失频率和损失幅度都较大的特定风险；损失频率不高，但损失后果极为严重且无法得到补偿的风险；采用其他风险管理措施的经济、社会成本超过进行该项活动的预期收益的风险；等等。

2. 损失控制

损失控制，是指通过降低风险事件发生的损失频率或者减少损失程度来控制风险的处理方法。损失控制包括损失预防和损失减少。一般地，在损失发生前尽量降低损失频率的行为称为损失预防；当损失不可避免，即在损失发生之后，努力减轻损失程度称为损失减少。损失预防是风险发生之前应用的技术，目的在于减少损失发生的频率或消除损失发生的可能性。损失减少是在风险发生时和损失发生后的控制技术，目的在于减少风险发生后不利后果的损失程度。

在体育赛事运作实务中，有两种损失控制的常用方式：其一是降低风险事件发生的频率，例如，大型体育赛事开幕式都会举行彩排和预演，就是试图通过测试，发现开幕式中存在的系列问题，并找到解决办法，那么即使在正式举行时仍存在风险事件，数量和程度都会大大减少；为赛事运作而新建的体育场馆在投入使用前通常通过举行小型比赛或者文艺表演以检测场馆功能，发现各种潜在的问题，以便及时消除。其二是减少事件发生后对赛事运作的负面影响，例如，为了降低开幕式点燃火炬不成功的负面影响，通常会准备 1 ~2 个备用方案；广播电视中心、新闻中心的通讯、供电也会提供后备系统，以减少通讯、供电故障所带来的负面影响。

3. 分离、复制和分散

分离是一种将某些资产和活动分散在几个地点，使体育组织能够依赖那些资产或活动从事正常经营的体育风险控制技术。这样，万一有一处发生损失，不至于影响其他。比较通俗的例子就是“不要把所有的鸡蛋都放在一个篮子里”。这种分割客观上减少了一次事故的最大预期损失，因为它确实增加了独立的风险单位的数量。复制是一种对关键财产、信息或设施使用其备份、备件或副本，并进行储备的体育风险控制技术。分散与分离类似，但指通过增加承受风险的单位以减轻总体风险的压力，使多个单位共同承受风险，从而使赛事组织者减少风险损失。

（二）体育赛事风险融资技术

体育赛事风险融资技术，是指赛事组织者通过事先的财务计划或合同安排来筹措资金，以便对风险事故造成的经济损失进行补偿的风险处理方法。它侧重于在风险事件发生之后使用，目的在于将消除和减少风险的成本均匀地分布在一定时期内，以便减少因巨大风险损失的发生而引起的财务波动性。通过财务处理，使受损的经济单位能迅速地获取所需的资金，为其恢复正常经济活动提供财务基础。风险融资型处理方法的着眼点是在事前安排好事后的资金融通，从而使组织正常运转，在一定限度上可以把风险成本降低到最低程度。

1. 风险转移

风险转移，是指赛事组织者为了避免承担风险损失，有意识地通过购买保险、签署合同等方式，将体育风险尽可能转移给其他组织与个人的方法。风险转移并没有降低风险发生的概率和损失程度，而是借助合同或协议，在风险事故发生后，将损失的一部分转嫁于第三方。这类风险控制型措施主要应用于那些风险事件的发生概率比较小，但是损失幅度很大，或者是组织者很难控制的风险情况。从某种意义上来说，风险转移只是间接地达到了降低损失频率和减小损失幅度的目的。

风险转移主要有两种方式：保险风险转移和非保险风险转移。保险风险转移是指通过购买保险的办法将风险转移给保险公司或保险机构。例如，体育赛事运作管理机构为所有参赛人员或者观看赛事的现场观众购买人身意外险，是通过支付一定费用，将风险转移给保险公司。非保险风险转移是指通过保险以外的其他手段将风险转移出去。非保险风险转移通常采用免责协议和套期保值来转移体育风险。例如，向赛事提供交通服务的汽车公司，与体育赛事运作管理机构就赛事用车服务签订了固定价格合同，那么汽车公司将承担燃油价格上涨引起成本上升的风险。再如，赛事组织者同有关责任人员，如教练员、医护人员等签署合同，由他们对自己的过失行为所造成的损失负责。同时，有的赛事组织者采用让参与某项赛事的人员签署免责协议，使伤害事故的可能受害者放弃追究赛事组织者法律责任的办法。但在签署合同或者协议时，必须遵循法律法规。

2. 风险自留

风险自留，是指通过在体育组织内筹集资金偿付损失而将风险保留在体育组织内部的风险融资技术。风险自留是处理风险的最方便的风险规避方法。一般存在以下两种情况：其一是风险损失程度较小、发生概率较高，尚未达到运用其他风险控制方法的条件，不值得专门花费成本去应对；其二是风险损失程度很大，但风险发生概率相对很小，以至于不可能通过降低、转移或者分担风险来应对，这就是我们常说的不可抗力事件，比如洪灾、地震等，这样的风险事件概率极小，因此体育赛事运作管理机构通常选择保留这种风险。风险自留可以是主动的，也可以是被动的。风险自留方法通常在下列情况下采用：① 赛事组织者通过识别和评估风险，当处理风险的成本大于承担风险所付出的代价时；② 预计某一风险发生可能造成的最大损失在赛事组织者的承担范围之内；③ 当采用其他风险控制方法的费用超过风险本身造成的损失，或者其他风险控制方法不可行时；④ 组织者由于缺乏必要的风险管理技术知识，对风险的存在性和严重性认识不足，以至于自身被动承担风险损失。

由此可见，这一方法主要运用于控制那些风险损失较小或者是损失较大但发生频率极低的一些不可抗力的风险。

第二节　体育赛事收尾与评价

一、体育赛事的收尾

（一）体育赛事相关文档的整理

在整个体育赛事工作过程中，每个阶段都会产生应作为文书档案保存的各种纸质文件材料。随着科技的发展，形成了一些依托电子设备的文书档案。在体育赛事文档整理的过程中，应该遵循文档的形成规律，保持文书档案之间的联系性，以便区分不同性质的文书档案，便于保管和利用。

各类体育赛事都应有相应的文书档案管理规定，为查找、交接、整理文书档案等工作提供便利。在制定文书档案管理规定时，应依据我国《体育档案工作管理试行办法》、《中华人民共和国归档文件整理规则》以及我国《电子文件归档与管理规范》，根据自身实际进行文书档案的整理。

（二）体育赛事物资的统计

体育赛事结束后，对于物资的统计是收尾工作中最重要的一个环节，从比赛开始到结束，其中对于物资的需求是必不可少的，因此在比赛中发出的物资，以及在比赛后回收的物资，都要进行统计，而且物资统计人员也必须坚持实事求是的态度，全面、准确、及时地汇报物资统计结果。物资统计表如表 10-1 所示。

表 10-1　物资统计表

序号	物品名称	规格	数量	经办人	领取人	领取日期	收回日期	备注

（三）体育赛事人员的表彰与安排

每项体育赛事的成功举办，都离不开各方的努力，除了赛事组织方、志愿者外，来自各个行业的赞助商、供应商、公安消防交通人员都提供了力所能及的帮助。因此，表彰与奖励不仅能对工作人员的努力做出极大肯定，起到鼓励作用，也能够使赛事组织方与利益相关者保持良好的关系。

表彰与答谢的方式有很多种，工作人员与志愿者在赛事的整个过程中都在认真工作，遵守工作制度，在比赛结束后可以对他们奖予一些特殊的权利，如进入赛场拍照、与参赛队员合影，以及发放特殊纪念章，在赛事闭幕式的致辞中予以致谢等方式。对于赛事的赞助商、供应商、公安消防交通等支持方，可以组织答谢晚宴，邀请赛事中的明星运动员一同参加，一方面体现答谢的正式性，另一方面答谢晚宴也提供了一个轻松愉快的氛围，提供多方交流的机会。

（四）体育赛事的财务报告

财务报告是反映企业财务状况和经营成果的书面文件，包括资产负债表、利润表、现金流量表、所有者权益变动表、附表及会计报表附注和财务情况说明书。

体育赛事的财务报告能够全面系统地揭示体育赛事期间的财务状况、经营成果和现金流量，有利于赛事组织方了解赛事各项工作的财务状况，能够及时发现问题、调整工作内容、提高经济效益，同时也能够为之后赛事的经济预测和重要决策提供依据。同时，财务报告有利于改善体育赛事经营管理，虽然财务报告不能够完全体现出一项赛事的成败，但能够反映赛事组织方经营管理的欠缺之处。

一份全面的赛事财务报告能为赞助商提供参考，有利于赞助商、投资者和其他有关各方掌握赛事的财务状况、经营成果，进而分析赛事的等级高低、发展前景、影响程度，为投资、贷款等提供相应的决策依据。

二、体育赛事的评价

（一）体育赛事评价概念

评价是人类社会的普遍现象，指的是由于客体的存在和发展对于主体的意义或价值。简单地讲，评价或者评估就是评定或判断价值。

项目评价可分为狭义和广义。狭义上的项目评价是静态的评价，在管理水平不变的前提下，对赛事结果（经济效益与社会效益）的优劣情况进行衡量、判断、评估、建议；而广义上的项目评价是动态的评价，是对赛事管理的计划、决策、实施等各环节展开一系列分析、评估与反馈。

体育赛事评价就是对体育赛事运作管理全过程进行总结与评定的过程。体育赛事评价是体育赛事管理中重要的组成部分，是保证体育赛事可持续发展和衡量体育赛事运作管理运作工作效益与效果的工具。

（二）体育赛事评价的组织过程

体育赛事评价是衡量体育赛事目标是否达成的重要环节。因此体育赛事评价工作受到广泛重视，在组织体育赛事评价时应确定其评价的整个流程，主要包括以下几个步骤。

1. 评价团队的组建和评价活动启动

体育赛事评价团队的组建需要多方的合作，同时评价团队的组成也与体育赛事的规模、评价目标、评价对象相关。一般评价团队是由体育赛事主办方、赞助商、政府部门、第三方评价机构等单位的评价人员组成。为保证评价的客观性与真实性，体育赛事评价团队至少由以上两个单位组成，同时根据评价对象的特点，对评价团队进行调整。

2. 确定评价对象

体育赛事的影响面是非常广泛的，涉及的领域较多，因此在确定评价对象时，将评价对象分为“事”和“人”两个大的方面。所谓对事的评价，主要是对体育赛事中具体工作情况的评价；对人的评价，主要是对赛事中工作人员和工作团队的绩效评价。在确定具体评价对象后，才能够以评价对象为指导，进行接下来的评价工作。

3. 收集整理资料

体育赛事评价需要收集多方资料，评价的结果建立在内容真实、数据可靠的资料基础之上，因此，收集整理资料是体育赛事评价中的重要环节。在这个环节中，首先，根据评价对象，确定收集资料的范围和类型；其次，确定在何时、采取何种方法对资料进行收集；再次，从收集到的众多资料中，整理出与评价活动相关的内容，进行分类汇总，供接下来的评价工作使用。

4. 确定评价内容

对体育赛事的评价主要有赛前评价、赛中评价以及赛后评价三个部分组成，每一部分由不同的内容构成。

（1）赛前评价

赛前评价的侧重点主要是对于两方面的考察：一是对赛事主办方的考察，二是对赛事本身的考察。

对于赛事主办方的评价，评价内容主要是体育赛事组织方的组织管理水平、筹资方案的合理性、赛事的物资条件、赛事的开发与营销能力。

对于赛事本身的评价，评价内容主要是赛事的选择、赛事将会对社会产生的影响以及赛事的可持续等方面。

赛前评价是赛事规划的必要前提，这也决定了在何时何地举行何种比赛，因此赛前评价对整个赛事的顺利举办具有决定性作用。

赛前评价主要内容如图 10-4 所示。

（2）赛中评价

赛中评价的目的是考察赛事筹备阶段、营销阶段以及赛事举办阶段的管理和决策行为是否与既定目标保持一致，及时发现问题。赛中评价的考察内容，一方面是对该阶段的“事”的评价，即各项工作中的管理和决策情况；另一方面是对该阶段的“人”的评价，即组织团队和个人在上述工作中的绩效状况。

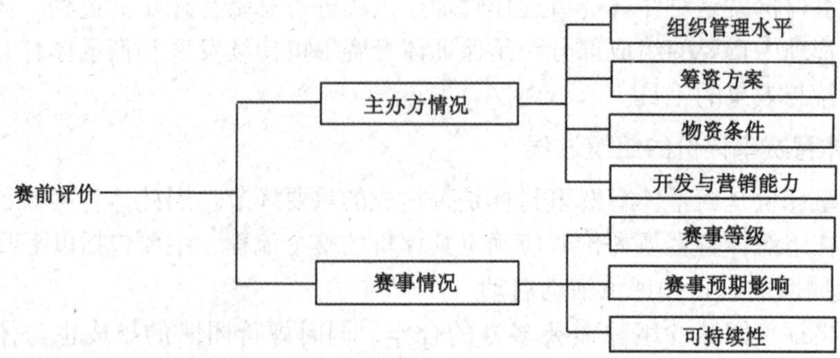

图 10-4 赛前评价主要内容

在赛中评价阶段，对“事”的评价内容如下：对赛事筹备阶段的评价，主要评价内容是主办方筹备工作情况，如比赛设施的建设和准备，相关环境和基础设施的改进，比赛志愿者的招募与培训，以及赛事主办方其他部门的工作安排：营销阶段的评价，主要是考察赛事组织者在营销活动方面的工作，是否组织了较为有效的营销活动、媒体报道和宣传、广告投放以及与赛事相关的文化活动。赛事的举办阶段是整个赛事内容的体现，也是各方面工作最集中的阶段。在一切工作都进入正轨之时，对赛事举办阶段的评价内容主要集中在组织方对整个赛事的把控、对突发事件的应对方面等。

在赛中评价阶段对组织团队和个人的绩效评价，主要包括人员在以上工作中体现出的素质、工作行为、表现及其工作任务完成情况，以及人员之间的沟通状况等。

赛中评价主要内容如图 10-5 所示。

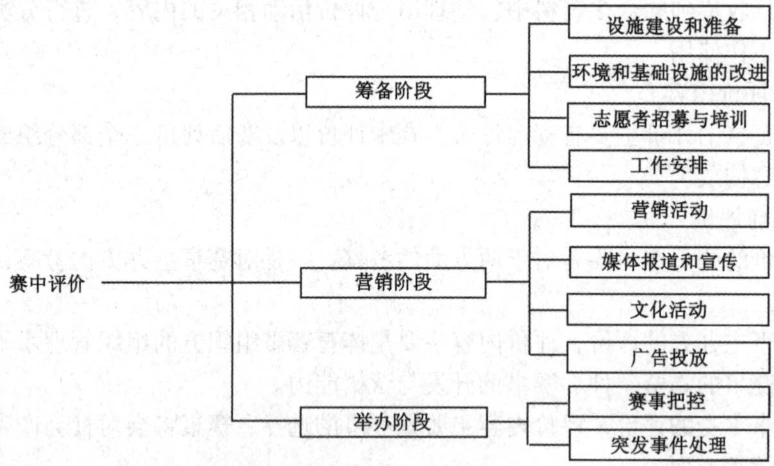

图 10-5 赛中评价主要内容

（3）赛后评价

赛后评价是在比赛结束后对赛事产生的一系列结果进行评价，主要包括赛事本身结果、赛事对社会产生的影响、对经济产生的影响以及对环境产生的影响。

对赛事本身的评价，主要内容包括参加赛事的国家（地区）数、参赛队水平、赛事等级、赞助商品质、电视（网络）播放场次、赛事网站运营情况、赛事的结果是否与既定目标一致以及对财务状况进行分析，还有观众满意度。

体育赛事社会影响评价，是指赛事对整个社会的宏观影响，如赛事对体育事业的发展、市民素质的提高、体育人才的培养以及整个城市凝聚力的提高发挥的作用等。

此外，体育赛事也能对经济产生直接和间接的影响，也要对这些影响进行评价。其中直接的经济影响有政府的税收收入、赛事的运营收入等；间接的经济影响有赛事对观众消费水平的提高，以及对周边服务业收入增长的推动等。

体育赛事环境影响评价，按照事物的两面性，应分为正面的影响与负面的影响。正面影响包括促进城市交流、提高城市形象、活跃体育气氛等；负面影响包括交通拥堵、重大安全事故隐患以及一些负面的新闻报道等。

赛后评价主要内容如图 10-6 所示。

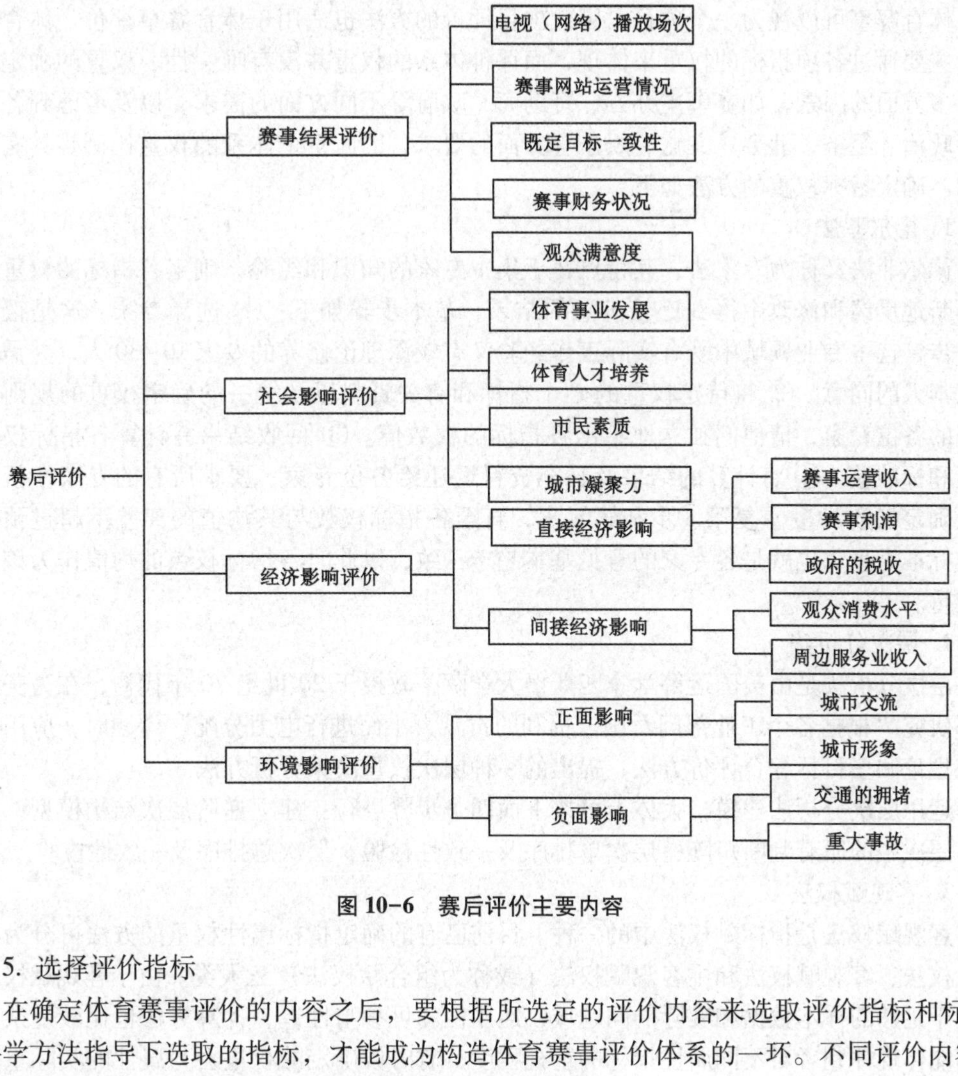

图 10-6　赛后评价主要内容

5. 选择评价指标

在确定体育赛事评价的内容之后，要根据所选定的评价内容来选取评价指标和标准。在科学方法指导下选取的指标，才能成为构造体育赛事评价体系的一环。不同评价内容其指标选取也各有不同，应根据实际情况选取相应指标。

6. 专项评价与综合评价

评价指标和评价标准确定之后，就可以对体育赛事相关内容进行评价。

首先应进行体育赛事的专项评价，在此过程中，检验决策正确与否往往是通过评价某个具体层面或具体问题。体育赛事专项评价工作通常有赛事运营情况评价、赛事对周边经济影响的评价、赛事财务评价等。

体育赛事的综合评价建立在专项评价的基础之上，专项评价对综合评价具有一定参考意义。综合评价的目的是最终给出决策可行与否以及体育赛事举办的成败优劣评价。

7. 撰写评价报告

在之前所有工作都完成之后，就要撰写评价报告，评价报告必须真实可靠。报告的内容应既包括定性部分，又包括定量部分。定性部分应以事实为依据，定量部分应依靠真实的数据，评价报告的结果须直观而准确展现出来，避免报告内容泛泛而谈，或出现内容上的错漏。

（三）体育赛事评价的方法

体育赛事可以视为一个项目，因此项目评价的方法也适用于体育赛事评价。体育赛事评价主要通过各项指标的权重来体现，而评价体系的权重并没有唯一性。权重的确定需要考虑多方面的因素，如赛事主办方、赞助商、政府等不同方面的需求，以及考虑到各方对赛事政治、经济、社会、文化、娱乐等方面的要求，因此整个体系的权重比例是具有浮动性的。确定指标权重的方法如下。

1. 德尔菲法

德尔菲法又称为专家法，其特点在于集中专家的知识和经验，确定各指标的权重，并在不断地反馈和修改中得到比较满意的结果。基本步骤如下：① 选择专家。这是很重要的一步，选本专业领域中既有实际工作经验又有较深理论修养的专家10~30人，并需征得专家本人的同意。② 将待定权重的 P 个指标和有关资料以及统一的确定权重的规则发给选定的各位专家，请他们独立地给出各指标的权数值。③ 回收结果并计算各指标权数的均值和标准差。④ 将计算的结果及补充资料返还给各位专家，要求所有的专家在新的基础上确定权数。⑤ 重复第③步和第④步，直至各指标权数与其均值的离差不超过预先给定的标准为止，也就是各专家的意见基本趋于一致，以此时各指标权数的均值作为该指标的权重。

2. 层次分析法

层次分析法是由美国运筹学家匹斯堡大学萨蒂教授于20世纪70年代初，在为美国国防部研究“根据各个工业部门对国家福利的贡献大小而进行电力分配”课题时，应用网络系统理论和多目标综合评价方法，提出的一种层次权重决策分析方法。

运用层次分析法建模，大体上可按下面四个步骤进行：建立递阶层次结构模型；构造出各层次中的所有判断矩阵；层次单排序及一致性检验；层次总排序及一致性检验。

3. 客观赋权法

客观赋权法是指标赋权法中的一种。目前已有的确定指标属性权重的方法可分为：主观赋权法、客观赋权法和主客观赋权法（或称为组合赋权法）三大类。由于客观赋权法要依赖于足够的样本数据和实际的问题域，通用性和可参与性差，计算方法也比较复杂，而且不能体现评判者对不同属性指标的重视程度，有时候确定的权重会与属性的实际重要程度相差较大，因此应用受到一定限制。

复习思考题

1. 简述体育赛事风险评价及处理方法。
2. 简述如何做好体育赛事的收尾工作。

参考文献

［1］ 张宇.生态学视域下中国大型体育赛事发展研究［D］.长沙:湖南师范大学,2014.

［2］ 董丽丽,田静,徐成立.历史回顾:近现代以来大型体育赛事与中国城市化［J］.湖北体育科技,2014(7):567-570.

［3］ 徐成立,刘买如,刘聪,等.国内外大型体育赛事与城市发展的研究述评［J］.上海体育学院学报,2011(4):36-41,73.

［4］ 王守恒.体育赛事管理［M］.北京:高等教育出版社,2007.

［5］ 余守文.体育赛事产业对城市竞争力的影响［D］.上海:复旦大学,2007.

［6］ 张瑞林.体育品牌管理［M］.北京:高等教育出版社,2015.

［7］ 党挺.国外体育竞赛表演市场发展分析及启示［J］.体育文化导刊,2017(6):139-143.

［8］ 樊智军.体育赛事的组织与管理［M］.北京:人民体育出版社,2007.

［9］ 田刚.大型体育赛事项目管理研究［D］.南京:南京理工大学,2008.

［10］ 黄海燕,骆雷.近年来我国体育赛事管理研究进展［J］.体育科研,2012(3):40-45,77.

［11］ 王守恒,叶庆晖.体育赛事的界定及分类［J］.首都体育学院学报,2005(2):1-3,21.

［12］ 刘清早.体育赛事运作管理［M］.北京:人民体育出版社,2006.

［13］ 秦椿林.体育项目管理［M］.北京:高等教育出版社,2005.

［14］ 孔庆波,张玲燕.体育赛事产品及其特性分析［J］.浙江体育科学,2011(4):44-47.

［15］ 刘清早.体育赛事运作管理手册［M］.北京:人民体育出版社,2009.

［16］ 张业安,肖焕禹,冉强辉.大型体育赛事媒介传播效果影响因素的多维考察［J］.体育学刊,2013(1):38-41.

［17］ 张业安,肖焕禹,冉强辉.大型体育赛事媒介传播的相关利益主体分析［J］.体育科学,2013(3):71-80.

［18］ 北京奥组委.我参与了北京奥运征文集［M］.北京:北京体育大学出版社,2008.

［19］ 张永韬.大型体育赛事对城市(区域)的影响研究述评［J］.体育与科学,2013(3):18-23.

［20］ 谭艺,王广进,胡晓庆,等.西方国家对大型体育赛事与城市(国家)研究述评［J］.体育与科学,2012(1):70-77.

［21］ 董杰.中国举办大型体育赛事存在的主要问题、原因与对策［J］.体育与科学,2012(3):42-51.

［22］ 李南筑,袁刚.体育赛事经济学［M］.上海:复旦大学出版社,2006.

［23］ 体育赛事管理编写组.体育赛事管理［M］.北京:北京体育大学出版社,2017.

［24］ 黄海燕.体育赛事管理［M］.北京:人民体育出版社,2012.

［25］ 李海,姚芹.体育赛事管理［M］.重庆:重庆大学出版社,2018.

［26］ 姚颂平.体育赛事原理和市场［M］.北京:北京体育大学出版社,2015.

[27] 张孝平.体育竞赛组织编排[M].北京:北京体育大学出版社,2008.
[28] 李晗,赵立军.运动竞赛组织与实施[M].沈阳:东北大学出版社,2009.
[29] 第29届奥林匹克运动会组织委员会.北京奥运会场馆运行通识知识读本[M].北京:北京体育大学出版社,2007.
[30] 田麦久.运动训练学[M].北京:人民体育出版社,2000.
[31] 张百振.体育竞技裁判学[M].北京:高等教育出版社,2000.
[32] 汪玮琳.运动竞赛学[M].北京:中国经济出版社,2004.
[33] 胡亦海.竞技运动训练理论与方法[M].武汉:湖北人民出版社,2005.
[34] 陆红.运动竞赛学[M].北京:清华大学出版社,北京交通大学出版社,2005.
[35] 王烨.应用场馆运行模式组织大型体育赛事中竞赛组织的特征[D].北京:北京体育大学,2009.
[36] 王炜华.大型综合体育赛事场馆运行团队建设研究[J].运动,2015(22):140-143,84.
[37] 蒋国瑞.项目人力资源管理[M].北京:中国建筑工业出版社,2009.
[38] 王永阳.现阶段体育赛事组织与管理现状及对策分析[J].当代体育科技,2018(18):206-207.
[39] 李圣鑫.大型赛事组织机构的解散及其路径选择:以北京奥组委为例[J].北京体育大学学报,2010(10):1-4.
[40] 王洪秋.关于奥运大学生志愿者培训模式的构建[J].首都体育学院学报,2007(3):12-17.
[41] 刘东波.我国承办大型体育赛事风险管理机制研究[D].长春:东北师范大学,2010.
[42] 黄海峰.大型体育赛事风险管理研究[D].武汉:武汉体育学院,2009.
[43] 王牧青.北京2022年冬奥会风险管理前瞻研究[D].北京:北京体育大学,2016.
[44] 史悦红.我国大型体育赛事风险管理的研究[J].广州体育学院学报,2016(1):30-33.
[45] 张森,王家宏.基于利益相关者视角的大型体育赛事风险管理问题识别[J].首都体育学院学报,2017(2):105-109.
[46] 叶庆晖.体育赛事运作研究[D].北京:北京体育大学,2003.
[47] 温阳.大型体育赛事场馆运行风险识别与评估[M].北京:北京体育大学出版社,2013.
[48] 王周伟.风险管理[M].北京:机械工业出版社,2011.
[49] 张玉超.我国体育赛事新媒体转播权市场开发的回顾与展望[J].体育科学,2017(4):5-8.
[50] 张亚辉.我国体育赛事电视转播权的市场开发[J].武汉体育学院学报,2008(8):49-55.
[51] 张玉超,李红卫.我国体育赛事新媒体转播权的法律保护[J].体育学刊,2011(4):71-77.
[52] 王凯,张林.体育赛事市场化运作中无形资产流失与规避机制构建:以全运会为例[J].体育与科学,2013(4):67-73.
[53] 蒋家珍.体育赛事品牌传播价值评估系统的研究[D].北京:北京体育大学,2007.
[54] 耿力中.体育市场营销[M].北京:人民体育出版社 ,2004.
[55] 王良炬.我国现代体育产业发展研究[D].天津:天津大学,2003.
[56] 王言昭.新媒体背景下我国体育赛事转播权的保护研究[J].山东体育学院学报,2015

(1):30-33.
[57] 费瑛,刘静春.中外企业体育赞助投资策略的比较研究[J].辽宁体育科技,2006(5):14,18.
[58] 高晓波,乔柱.我国城市政府赛事运营的现状与效益分析[J].山东体育学院学报,2006(4):8-11.
[59] 华燕.关于大型体育竞赛的资源开发:对“十运会”的案例分析[J].南京体育学院学报(社会科学版),2006(2):51-54.
[60] 鲍明晓.中国体育产业发展报告[M].北京:人民体育出版社,2006.
[61] 王晓东.体育赛事门票经营开发策略的研究[D].北京:北京体育大学,2005.
[62] 何志林.现代足球运动[M].上海:体育人民出版社,2000.
[63] 高宝华.足球[M].天津:南开大学出版社,2010.
[64] 篮球运动教程编写组.篮球运动教程[M].北京:北京体育大学出版社,2013.
[65] 中国篮球协会.篮球规则[M].北京:北京体育大学出版社,2019.
[66] 中国篮球协会.篮球裁判员手册[M].北京:北京体育大学出版社,2018.
[67] 赵子建.排球[M].重庆:重庆大学出版社,2017.
[68] 杨娅男.排球教学与训练[M].厦门:厦门大学出版社,2018.
[69] 何维彦,谢大伟,孙成.排球[M].北京:清华大学出版社,2015.
[70] 黄汉升.球类运动:排球[M].3版.北京:高等教育出版社,2015.
[71] 刘江.排球裁判员手册[M].北京:北京体育大学出版社,2018.
[72] 孟霞.现代网球竞赛概论[M].北京:中央编译出版社,2015.
[73] 殷剑巍,万建斌,黄珊.网球裁判法解析[M].北京:人民体育出版社,2015.
[74] 朱晓龙,李立群.健美操[M].北京:人民体育出版社,2014.
[75] 中国游泳协会.游泳竞赛规则(2010—2014)[M].北京:人民体育出版社,2010.
[76] 中国乒乓球协会.乒乓球竞赛规则(2016)[M].北京:人民体育出版社,2017.
[77] 中国田径协会.田径竞赛规则(2018—2019)[M].北京:人民体育出版社,2018.
[78] 中国羽毛球协会.羽毛球竞赛规则(2017)[M].北京:北京体育大学出版社,2016.